时代心理　致敬经典

Sigmund Freud

精神分析学的创始人

史上最著名的心理学家

无意识领域的开拓者

时代心理　大师名作

[奥]弗洛伊德 著

杨韶刚 译

遗忘与失误

——日常生活的心理分析

The Psychology of Everyday Life

全 国 百 佳 图 书 出 版 单 位

APUTIME 时代出版传媒股份有限公司

安徽人民出版社

图书在版编目(CIP)数据

遗忘与失误:日常生活的心理分析/(奥) 弗洛伊德著;杨韶刚译.—合肥:安徽人民出版社,2018.12

ISBN 978－7－212－10325－5

Ⅰ.①遗… Ⅱ.①弗… ②杨… Ⅲ.①精神分析-通俗读物 Ⅳ.①B84-065

中国版本图书馆 CIP 数据核字(2018)第 290058 号

遗忘与失误:日常生活的心理分析

Yiwang Yu Shiwu Richang Shenghuo De Xinli Fenxi

(奥)弗洛伊德 著　　杨韶刚 译

出 版 人:徐　敏　　　　　　　　　　责任印制:董　亮
责任编辑:张　旻　郑世彦　　　　　　版式设计:宋文岚
封面设计:异一设计

出版发行:时代出版传媒股份有限公司 http://www.press-mart.com
　　　　　安徽人民出版社 http://www.ahpeople.com
地　　址:合肥市政务文化新区翡翠路 1118 号出版传媒广场八楼
邮　　编:230071
电　　话:0551－63533258　0551－63533292(传真)
印　　刷:安徽省瑞隆印务有限公司

开本:710mm×1000mm　　1/16　　印张:22　　字数:250 千
版次:2018 年 12 月第 1 版　　2019 年 1 月第 1 次印刷

ISBN 978－7－212－10325－5　　　定价:50.00 元

中译者序

　　西格蒙德·弗洛伊德(Sigmund Freud，1856—1939)是奥地利著名精神病学家，心理学家和精神分析学派的创立者。《遗忘与失误：日常生活的心理分析》(*The Psychopathology of Everyday Life*)这本书是弗洛伊德在创立精神分析之初的早期重要代表作，有人认为本书可以与《梦的解析》和《性学三论》相提并论，但也有人认为本书与弗洛伊德稍微后期一点的《精神分析引论》相媲美。但不管怎么说，读者完全可以通过对本书的阅读而得出自己的正确判断，加深对弗洛伊德思想演变的深切了解。

　　本书不仅提供了大量的实际生活中的鲜活案例，而且运用精神分析的方法进行了分门别类的理论阐释。其中的论点虽然不能说是完全正确，学术界对此也有各种不同的声音，但至少提供了一家之言，对人们从个体无意识心理学的角度来理解人类的某些看似不可理喻的行为提供了重要的思想启示。相信读者自会从阅读本书中得出自己的独特判断和结论。

　　译者从事西方心理学史研究 30 多年，尤其是对弗洛伊德的精神分析心理学、荣格的分析心理学、罗洛·梅的存在一人本主义心理学研究较多,也分别翻译过这几位著名学者的学术专著。在 20 世纪 90 年代中期,译者曾协助导师车文博教授翻译了《弗洛伊德文集》五卷本,全部文集共计 300 余万字。我个人翻译了 50 多万字,校对了 60 多万字。那时候我还没有电脑,全部译稿都是一个字一个字地爬格子写出来的,至今我还清晰地记着那一个一个挑灯夜战的日日夜夜。

然而,今天呈现在读者面前的这本《遗忘与失误:日常生活的心理分析》却不是我当时翻译和校对的。20 多年后的今天,承蒙安徽人民出版社郑世彦编辑的盛情邀请,尽管我现在正忙于《荣格全集》的翻译,手头上的工作、教学和其他行政事务依然非常忙碌,但出于对精神分析心理学的热爱和学术兴趣,我还是欣然接受了本书的翻译任务。我的博士生刘建金利用在美国加州大学伯克利分校访学的时机,帮助我从《弗洛伊德全集标准版》复制了这本书,从而使本书的翻译可以有最权威的英文版本作为学术依托,这比目前国际上流行的布里尔(Brill)的译本更为专业和权威(两者的具体区别请读者参见本书英文编者注),因而比 20 多年前的中文译本增添了很多弗洛伊德后来增补的内容和脚注。

为了准确地翻译和体现原著的学术内涵,在英文原版中凡是使用德文或者其他语种来表述的地方,本译者都尽可能地采用了德语的原文并翻译成中文,遇到实在费解的德文,我还多次请教我校西语学院的德语老师林璐博士,她总是非常耐心地给以答复和尽可能全面的解释。因此,在本书出版之际,我对她为本书的翻译提供的热情帮助表示诚挚的感谢。安徽人民出版社的郑世彦编辑为本书的翻译出版付出了辛勤的劳动,他一直非常耐心、宽容大度地和译者沟通联系,将本书的翻译质量放在第一位,这才使我得以比较从容地将本书翻译好。值此本书出版之际,我向郑世彦编辑深表谢意。

尽管迄今已经翻译出版了 20 多本译著,在承担本书翻译任务之时,我也力求翻译出一本高质量的译著,但仍然难免会有疏漏和译文不尽如人意之处,恳请学界同仁不吝赐教,当不胜感激。愿各位读者在本书中获得有益的精神价值和思想的启示。

杨韶刚

南国商学院

2018 年

英文编者序

目前这本全新的译著是由艾伦·泰森（Alan Tyson）翻译的。

在弗洛伊德的著作中，只有《精神分析引论》（1916—1917）可与这本书——《遗忘与失误：日常生活的心理分析》相媲美，二者在德文版的印刷次数和被翻译成其他文字的版数方面都几乎相同。[①] 目前这个版本几乎把该书以前每一个版本中所新增加的材料都包括进来了，而且在这一点上，人们认为它与《梦的解析》和《性学三论》这两本书很相似，弗洛伊德用其毕生的精力不断地对这两本书加以补充。但实际上，它们的情况并没有任何相似之处。在这后两本书中增补的新材料，大部分都是由临床发现和理论结论的重要扩展与修正所构成。在《遗忘与失误：日

---

① 《遗忘与失误：日常生活的心理分析》，在弗洛伊德生活的时代除 1914 年的英文版本之外，还被译成俄语（1910 年）、波兰语（1912 年）、荷兰语（1916 年）、法语（1922 年）、西班牙语（1922 年）、匈牙利语（1923 年）、日语（1930 年，两个版本）、塞尔维亚—克罗地亚语（1937 年）、捷克语（1938 年）以及葡萄牙语和瑞典语（日期不详）。

常生活的心理分析》中，几乎全部的基本解释和理论已在最早期的版本中出现过；[①]后来增补的大量材料只不过是一些相关的例子与说明而已（一部分是弗洛伊德自己提供的，但大部分则是他的朋友和学生提供的），用来进一步阐明他已经讨论过的问题。毫无疑问，他对那些例子本身和以这些广泛的实例来证实其观点的阐述方式感到特别高兴。但读者有时却会感到，这些大量的新的例证阻碍甚至混淆了具有潜在论点的主流思想。

在这里，与翻译弗洛伊德关于"梦"和"诙谐"的那些书籍的情况一样，但或许在极大程度上，译者不得不面对这样的事实：对大部分材料的论述要依赖于如何处理那些完全不能翻译的文字。在以前的版本中，布里尔（Brill）是以极端的方式解决这个问题的；他省略了那些含有无法转换成英语词汇的实例，插进了一些他自己可以对省略的部分做相似解释的例子。毫无疑问，在那些情况下，这种做法是完全合乎情理的。在布里尔翻译弗洛伊德著作的时期，弗洛伊德的著作在英语国家几乎无人知晓，尤其重要的是，此后因为没有设置一些不必要的障碍，从而使弗洛伊德自己特意为一般读者所写的这本书得以传播（参见英文版第 272 页的脚注）。布里尔在多大程度上成功地达到了这个目的，这可由他的译本到 1935 年发行了 16 次这个事实来证明，而且随后又发行了很多次。他自己的例子大部分也都是非常出色的，实际上其中有两三个例子为弗洛伊德在后来的德文原版中所收录。不过，也有一些明显的意见反对把这种情况保持下去，尤其是为那些对弗洛伊德作品要求更严厉的学者们所设计的任何版本就更是如此。在某些情况下，例如，省略了一则弗洛伊德

---

① 一些新的理论观点在本书后来版本中的最后一章做了阐述。

用作说明的例子,就会不可避免地省略掉一些伴随该例子的重要或者有趣的理论评述。此外,虽然布里尔在这本书的序言中宣称,他的意图只是"更正或替代作者的某些实例",但译著本身通常并没有揭示出哪些实例被替换了,读者有时或许无法确定他是在读弗洛伊德的书还是在读布里尔的书。必须补充说明的是,布里尔的译本是译自 1912 年的德文版本,而在所有后来发行的版本中一直没有改动,因此它完全忽略了弗洛伊德在随后10 年或更多年的时间里对这本书所做的非常大量的补充。由于这些不同的原因而导致的省略,其整体性影响是令人吃惊的。该书的最新版本共有 305 页,正如在《弗洛伊德全集》(*Gesammelte Werke*)中印刷的那样,其中有 90 页到 100 页(几乎占这本书的三分之一)迄今为止从未在英文版本中出现过。因此,现在的这个译本注重译文的完整性,无疑会对可读性造成损失,这是由《弗洛伊德全集标准版》的政策引起的,这种政策通过保留德语原文,并借助加方括号和注释的方法对德语原文加以解释,用这种普遍性的方法来处理文字。

我们发现弗洛伊德在 1898 年 8 月 26 日写给弗利斯(Fliess)的一封信中(弗洛伊德,1950 年,第 94 封信)第一次提到"失误行为"(parapraxis)[1]。在这封信中,他谈道:"我终于抓住了我怀疑已久的一件小事"——它以那样一种方式使一个名字有时被人们所避开,而且在原来的地方用一个完全错误的名字来代替那

---

[1] 德语"Fehlleistung",英语为"faulty function",即有缺陷的功能。这是一个令人好奇的事实,在弗洛伊德写这本书以前,这个一般性的概念在心理学中似乎还不存在,在译成英文时,就不得不发明一个新的英文单词以适应德语原词。

个被避开的名字。[①] 一个月以后,9月22日(同上书,第96封信),他给弗利斯提供了另一个例子,这次他用的是"西诺雷利"(Signorelli)这个熟悉的名字。在同一年,他把这个例子作为研究失误行为的预备性材料发表在《精神病学与神经病学》(1898b)杂志上。后来,他在本书的第一章里使用了这个例子。第二年,弗洛伊德在同一份刊物上发表了关于"掩蔽性记忆"(screen memories)的论文(1899a),他在本书的第四章用相当不同的话语进一步讨论了这个主题。但是,他当时的时间完全被完成《梦的解析》(1900a)占据了,被他为其短篇研究《论梦》(1901a)准备材料所占据。直到1900年年底,他才开始认真地为《遗忘与失误:日常生活的心理分析》这本书花费时间。在这一年10月(弗洛伊德,1950年,第139封信),弗洛伊德征得弗利斯的同意,引用了《浮士德》(Faust)中的话作为其著作的题词,实际上《浮士德》的这段引文出现在了其著作的扉页上。1901年1月30日(第141封信),他报告说:这本书"正处于停顿状态,已完成一半,但很快会继续写下去",[②]2月15日(第142封信),他说,再过一些日子,他的著作就完成了。实际上,他于7月和8月,在同一份《柏林期刊》上就发表了两期他的初步研究成果。

---

① 由于弗洛伊德在其他地方从未使用过这个例子,或许可以在这里重复一下,尽管对这个例子的解释并不是既定的:"不久前,我恰巧对安德里亚斯·霍夫尔(Andreas Hofer)(Zu Mantua in Banden…)这位作家的名字发生过失误。我确信,这个名字一定是以'au'结尾的——或是Lindau,或是Feldau。当然,这个男人是朱利叶斯·莫森(Julius Mosen,1803—1867,戏剧家与诗人);'朱利叶斯'这名字并没有在我的记忆中消失。我可以指明的是:(1)我之所以会压抑莫森这个名字,是因为它具有的某些联系所致;(2)幼年期的事件对这个压抑过程发挥了作用;(3)被篡改的替代的名字跟症状一样,是由两组材料引起的。这种分析是相当完善的,但遗憾的是,我无法使它比我做的大梦更具有知名度……"

② 整个1月份,他都在为"杜拉"("Dora")这个病例的写作做准备,尽管这个写作实际上在以后4年都没有发表(1905e)。

三年以后,1904 年,这本书第一次作为一个分卷得以发行,内容几乎没有任何改动,但在此后的二十多年里却几乎一直在不断地加以增补。1901 年和 1904 年,该书共有十章。1907 年首次增加了两章(即现在的第三章、第十一章)。在弗洛伊德图书馆里,我们发现了 1904 年版本的一张插页的拷贝,弗洛伊德在这上面对增补的例子做了一些初步的注释。这些注释中的大多数被收编在后来的一些版本中,其余的则在它们令人感兴趣的范围内,在本书适当的地方作为脚注而包含在内。

弗洛伊德怀着特别的感情去看待"失误行为"(parapraxes),这毫无疑问应归因于以下这个事实:它们与梦一道使他能够把与神经症有关的重要发现扩展到正常的心理生活之中。由于同样的原因,他常常把"失误行为"用作将非医学人员引入精神分析领域的最好的预备性(入门)材料。这种材料既简单,而且至少从表面上看又不惹人讨厌,同时又与每一个正常人都曾体验过的现象有关。在弗洛伊德的某些带有说明性的论著中,他有时对"失误行为"的偏爱甚至超过对"梦"的偏爱,因为梦会涉及更复杂的机制,而且势必会将人迅速地引入深水区。于是,他在 1916—1917 年的《精神分析引论》的系列大作中,开宗明义地发表了 3 篇专门论述"失误行为"的文章,顺便提一句,在这 3 篇文章中,有很多例子都在本书后面重复出现;而且,他在给《科学》(Scientia)杂志(1913j)和马尔库塞(Marcuse)的百科全书(1923a)投稿时,对"失误行为"的稿件予以同样的优先考虑。但是,尽管这种现象简单而又很容易解释,弗洛伊德还是能够用它们来论证在《梦的解析》中所建立的基本论点究竟是什么,即两种不同形式的心理功能的存在,他把它们描绘为原发性与继发性心理过程。此外,弗洛伊德还有一个基本信念——他相信"决定论"普遍适用于心理事件,这个信念可以通过对"失误行为"的考察而令人信服地得到支持。在本书的最后一章,他捍卫着这样的真理:发现心理过程中的每一个最微小细节中的心理决定因素,在理论上应该是可能的。在"失误行为"的事例中似乎更容易实现这个目的,或许这个事实就是为什么"失误行为"对弗洛伊德特别有吸引力的另一个原因。的确,这使他在其晚期作品之一"失误行为的奥妙"(The Subtleties of a Faulty Action)(1935b)这个短篇论文中再次提到了这个非常重要的论点。

目　录

遗忘与失误——日常生活的心理分析

一、专有名词的遗忘①

1898 年,我曾在《精神病学与神经病学杂志》上发表过一篇题为"遗忘的心理机制"的短文(弗洛伊德,1898b),现在我想在这里旧话重提,并将其作为进行更广泛讨论的出发点。文章中,我用精神分析的方法对生活中人们所熟悉的专有名词的暂时遗忘这种现象进行了分析,通过自我观察,我找出了很多有关的事例;经过多次尝试,我得出了这种结论:这种特殊的现象(似乎微不足道,也没有什么重要的实际价值),即记忆拒绝操作的心理功能,并非仅仅可以用普通的方法加以说明,我们完全可以进行更深远的解释。

如果人们让一个心理学家解释这样一个问题:为什么在很多情况下我们会记不起我们知道、我们完全应该记住的某个专有名词?除非我的估计有错,否则他会满足于做出这样的回答:专有名词比其他种类的记忆内容更容易遗忘。他会列举出很多

---

① 除了以下记录的极少数改动之外,本章的全部内容都可以追溯到 1901 年。

理由来说明为什么要把专有名词挑选出来进行特殊的处理。但他却不会怀疑在这些现象背后，还有其他条件在发挥其重要作用。

我密切关注专有名词的暂时遗忘现象，源于我的观察分析；在这些遗忘现象中，绝大多数都表现出一些共同的特点，虽然这些特点并非适合所有专有名词的遗忘情况，但是可以在个别的案例中相当清楚地识别出来。在某些情况下，人们实际上不仅会遗忘一个名字，而且还会出现"记忆错误"（wrongly remembered）。在我们努力回忆一个名字时，尽管付出了极大的努力，企图回忆起已经遗忘的名字，但这个名字却没有出现，这时出现在意识中的是其他的名字——替代的名字（substitute name）；我们立即就认识到这肯定是错误的，但这个名字却以极大的力量强迫性地出现在他的脑海里。我们将这种用另一个名字取代遗忘的名字的过程称为"替代"（displacement），不过这种替代是一种错误替代。我的假设是：这种替代并不是一种人为的心理选择，而是遵从着一些能够预测的、与规则相一致的方式。换句话说，我怀疑，在替代名词和遗忘的名词之间以一定的方式发生着联系，而这一方式我们是可以察觉到的；而且我希望，如果我能成功地解释这种联系，那么，对专有名词遗忘的情况就能进行阐明了。

我还是选用1898年文中的例子来对此加以说明。我虽然付出了很大努力却还是没有成功地回忆起来一个名字，那是一个艺术家的名字，奥维多大教堂（Orvieto cathedral）上的巨幅壁画"四种最后结局"①便是他创作的。当时，我虽然没有回忆起西

---

① 四种最后的结局是死亡、审判、地狱和天堂。

诺雷利(Signorelli)这个名字,但另外两个画家的名字——波提切利(Botticelli)和波特拉菲奥(Boltraffio)却在我脑海中浮现出来,虽然我的判断立刻就明确地予以拒绝,认为这两个名字是错误的。当我从其他人那里获悉这个名字时,我立刻而且毫不犹豫地认识到就是这个名字。那么,是什么影响了替代名字的产生呢?替代名字 Botticelli、Boltraffio 和真正的名字 Signorelli 之间存在着什么联系呢?我对此进行的研究导致我得出了如下研究结果:

(一)我对西诺雷利(Signorelli)这个名字产生遗忘,原因并不在这个名字本身,因为这个名字没有什么特殊的地方,而且当时这一名字出现的背景也没有任何心理的特征。实际上,我对这个被遗忘的名字和其中的一个替代名字波提切利(Botticelli)一样熟悉,而且就西诺雷利(Signorelli)和波特拉菲奥(Boltraffio)这两个名字而言,我更熟悉前者,对后者我实际上并不了解多少,只知道他是一个属于米兰学派(Milanese school)的艺术家。再者,就当时的情景而言,对这个名字的遗忘,实际上对我并没有什么伤害,对我也没有什么进一步的启迪。我当时和一个陌生人做伴,驱车行驶在从达尔马提亚的拉古萨到黑塞哥维那某地的路上:我们的话题转到了在意大利的旅行,我问我的同伴是否去过奥维多大教堂,是否看过由某人画的那幅著名的壁画。

(二)当我回忆起来在此之前我们直接谈论的话题时,我才豁然开朗,原来对这一名字的遗忘反映了一种特殊的现象:刚才提出的话题受到了先前谈论的话题的干扰。在我问我的旅伴是否去过奥维多大教堂这一问题之前不久,我们谈论的是居住在波斯尼亚和黑塞哥维那的土耳其人的风俗。我曾对我的旅伴说:在那些人当中,行医的一位同行曾对我谈起过当地人的一些风俗,他们都十分信任医生,而且都顺从于命运。如果一个医生告诉人们,他对这个病人已经做出了他能做的一切,他们都会做出这样的回答:"先生(Herr),还能说些什么呢?如果他有救的话,我知道你一定会救活他。"在这些句子中,我们首先遇到的是波斯尼亚(Bosnia)、黑塞哥维那(Herzegovina)和先生(Herr)这些单词和名字,而这些词又可以插入到西诺雷利(Signorelli)和波提切利(Botticelli)——波特拉菲奥(Boltraffio)之间的一个联想系列之中。

(三)我认为,关于居住在波斯尼亚的土耳其人的风俗的这一系列想法,获得了一种使后继的想法脱离下述事实的能量,这个事实就是:在这个话题结束之前,我的注意力已经从这一系列想法中移开了。我又回忆起来,实际上我想要讲述第二件轶事,这件事情与我的记忆中的第一件事情有着密切的联系。这些土耳其人认为性快乐(sexual enjoyment)的价值高于任何其他事情,如果出现性障碍,无法完成性行为,他们会感到极度失望,这等同于命运让他们去死。我的同行的一个患者曾对他说过这样的话:"先生(Herr),你一定要知道,如果没有了那种快乐,那么生命就没有了价值。"我把我对这种性格特质的说明压抑下去,因为我不想在和一个陌生人的谈话中谈论这样的话题。但是,我做得更多的是:我也把我的注意力从追寻一些想法中转移开,这些想法可能已经在我心中从"死亡和性欲"这个话题中产生出来了。当时,我还没有摆脱几个星期以前我获得的一条新闻的影响,那时,我在塔弗伊(Trafoi)①做过短暂的停留,我付出很大的努力为一个性障碍的患者进行治疗,由于难以治疗,他还是结

---

① 位于意大利北部提洛尔(Tyrol)的一个小村。

束了自己的生命。我当然知道,在去黑塞哥维那的旅途中,这种悲惨事件以及与此有关的一切都没有进入我的意识记忆之中,但是"塔弗伊(Trafoi)"和"波特拉菲奥(Botraffio)"之间的相似性却迫使我认识到,这种记忆在(那次谈话)时就已经在我心中活动,尽管我的注意力有意地避开了这种记忆内容。

(四)对我而言,我再也不能把对"西诺雷利(Signorelli)"这个名字的遗忘作为一个偶然事件来看待,我不得不承认在这个过程中有某种"动机"在产生影响。这是一种使我扰乱了我自己的思绪的动机,与此同时,这种动机又详细叙述了我心灵中(关于土耳其的风俗,等等)的一切,也正是这种动机进一步影响了我,以致我把与之有关的想法——那种与在塔弗伊(Trafoi)的经历有关的想法——赶出了我的意识。这样,我就想要遗忘一些东西,我已经压抑了(repressed)一些东西。实际上,我要忘掉的、要压抑的,并不是奥维多大教堂的那位艺术家的名字,而是其他的内容,因为他的名字会使我联想到这个内容,致使我做出意志努力丢失了这个靶子,忘掉了与我的意志相悖离的某件事情,同时我想要有意地忘掉其他的事情。不想记住的目的是避开与此有关的内容;不能记忆则完全是另一码事。如果不想记忆和不能记忆涉及的是同一内容,那么问题就简单了。再者,这种替代名字的出现并非如我以前的解释,是一种不合情理的现象,实际上这个替代名字一方面向我提示了我要尽量遗忘的内容,另一方面,又向我提示了我要记忆的内容,而且它也向我表明,我想要忘掉某些东西,既没有取得完全的成功,也并非完全失败了。①

———————————

① 只有在1901年版中,句子的结尾才是这样写的:"我想要忘掉某些事情,却并没有完全成功。"

(五)遗忘名字和被压抑的话题[波斯尼亚(Bosnia)、黑塞哥维那(Herzegovina)和塔弗伊(Trafoi)的名字出现在死亡和性等话题中]之间的联系方式是很明确的,我用 1898 年论文中的图解来说明这一问题会更清楚些(图 1—1)。

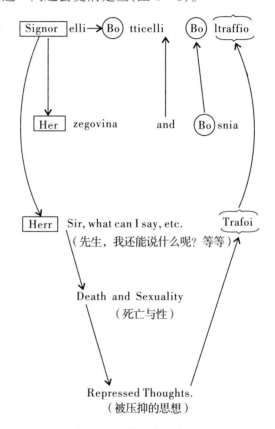

图 1—1 (被压抑的想法)

西诺雷利(Signorelli)这个名字可以分成两个部分:一是与替代名字中的一个音节完全一样的音节"elli";而另一个则借助于把"Signor"(有"先生"的意思——中译者)转换成为德语的"先生(Herr)",而获得了许多混杂的关系,这些关系与包含在被压抑的话题中的那些名字有关,但是这个原因还不能用来说明(有意识的)的记忆再现(reproduction)。对它(即 Signor)的替代是以下述方式达到的,这种方式暗示着,沿着与"Herzegovina, Bosnia"①有关的名字而发生了某种替代,而没有考虑到对音节的感觉或者对音节的声学划分。所以,在这个过程中对这些名字的处理就像一个句子中的象形文字,而这个句子必须要转化成一种图谜(或谜画)。

在整个事件过程中,这些事件都以诸如此类的方式产生了那些替代的名字,而没有产生西诺雷利(Signorelli)这个名字,意识也没有得到任何关于这种替代的信息。初看起来,除了一些相同的音节(或者一些字母系列)以这种方式一再出现之外,在出现西诺雷利(Signorelli)这个名字的话题和先前被压抑的话题之间似乎不太可能发现有任何联系。

或许,这样的说明并非多余:心理学家一般认为再现和遗忘必须要有一些条件,他们在某些关系和先天倾向(dispositions)②中寻找这些条件,这些条件与上述解释并非不相一致。我们所做的只不过是于某些情况下在引起遗忘的因素中增加了一个动机因素,而且我们还进一步说明了错误回忆[记忆错误(paramnesia)]的机制。这些先天倾向对我们的这种情况而言也是必不可少的,目的是为了使这一过程的实现成为可能:被压抑的内容通过联想而控制住遗忘的名字,并将其和它本身一起压抑下去。在另一种情况下,如果有更合适的条件可以使我们再现这个名字,这种压抑也许就不会发生。这种情况确实很有可能发生,某种被压抑的成分总是千方百计地想要在别的地方表现出来,但

---

① 奥匈帝国的这两个部分过去在习惯上是在一起说的,仿佛它们几乎构成了一个单词似的。

② 意即"心理痕迹"。参见斯图尔特(Stout),1938 年,第 21 页。

是,只有当适当的条件在这样一种半隐半露的情境中满足其要求时,这种被压抑的东西才能够成功地表现出来。在另一些情况下,这种压抑也会获得成功,而不会造成任何功能上的混乱,或者,我们更精确地说,不会表现出任何症状。

当遗忘一个名字伴随着记忆错误的时候,我们就可以把遗忘名字的必要条件总结如下:(1)遗忘这一名字的某种先天倾向;(2)在此之前不久产生的一个压抑过程;(3)这个名字与先前被压抑的成分建立某种"外在"联系的可能性。满足最后一个条件可能并不太困难,因为,如果建立这种联系的标准较低的话,几乎在所有的情况下,我们都可以建立这样的联系。但是,这里有一个更深刻的问题,建立的这样一种外在联系是否真的就是这一结论的充分条件,即被压抑的成分干扰了这个被遗忘名字的再现——在这两个话题之间是否不需要有任何更密切的联系。若从表面上来考虑,人们就会倾向于拒绝这后一种要求,而把两者之间暂时的接近性作为充分条件来接受,即便其内容完全不同。但是,经过深入思考,我们会越来越经常地发现:通过某种外部联系而结合在一起的这两个成分(被压抑的成分和新的成分)还另外存在着某种内容上的联系,而且这种联系实际上在我们以上列举的关于西诺雷利(Signorelli)的例子中也有明显的表现。[①]

我们在分析西诺雷利这个例子中获得这种洞见的价值,当然依赖于我们对这一问题的看法,即,这个例子是典型的案例还是一个孤立出现的案例。因此,我必须确定,发生名字的遗忘,伴随着记忆错误,都是经常发生的普遍现象,其表现方式就是我们在西诺雷利(Signorelli)的例子中已经解释过的那种方式。在

---

① 参见英文版第 13 页脚注。

我自己能够观察到这种现象的几乎每一个例子中,我已经可以用上述的方式去进行解释了,即认为这是由压抑来驱动的。我还注意到另外一种解释,这一解释也支持我们对这一典型特点的分析。我认为,在以下两种情况之间做出某种理论上的分离是不合理的:对名字的遗忘伴随着记忆错误,以及不正确的替代名字没有表现出来的情况。① 这些替代的名字在很多情况下均是自发出现的;而在另一些情况下,它们却没有自发地出现,很可能要通过集中注意力才有可能迫使它们出现,而且,这样它们就表现出与被压抑的成分有某种同样的关系,如果这些替代的名字自发地出现,它们和被遗忘的名字之间也会存在某种同样的联系。在使替代的名字进入意识方面,这两种因素似乎是有决定性的:首先是注意力;其次是与心理材料有关的内在条件。我们可能要付出或多或少的努力来寻找后者,在这两个成分之间必要的外部联系就是通过这种努力而建立起来的。在很多情况下,人们对名字的遗忘并非伴随着记忆错误,可以把这种情况添加到形成替代名字的情况之中——我们对西诺雷利(Signorelli)的例子中遗忘机制的解释,也适用于这种情况。但是,我当然绝不敢冒昧断言,所有名字遗忘的情况都可以分类到同一组当中。毫无疑问,肯定存在着更简单得多的此类情形。我认为,如果我们可以确定:与专有名词被遗忘这些简单的情况相伴随,还有一种典型的遗忘,这种遗忘是由压抑的动机驱使的,我们已经足够小心地②对这一情况的许多事实做出了说明。

---

① 弗洛伊德在下章又回到了这一问题,英文版第 12 页。

② 只是在 1901 年,才出现了"正确地"这个词,用来代替"足够小心地"——弗洛伊德在 1898 年 9 月 22 日写给弗利斯的一封信对西诺雷利(Signorelli)的例子作了简短的说明(弗洛伊德,1950a,第 96 封信),这是他在沿着达尔马提亚海岸(Dalmatian coast)旅行回到维也纳之后立即写的,而这个例子就是在旅游期间出现的。

二、外语单词的遗忘①

若把我们自己语言中的词汇限制在正常使用范围内时,现在流行的词汇似乎会受到保护而很少会出现遗忘。② 但外语中词汇的遗忘却是众所周知的。遗忘外语单词的先天倾向可以扩展到言语的所有方面。由于我们在掌握外语单词方面有很多起伏波动——根据我们普遍的健康状况和我们的疲劳程度——这种遗忘表现为一种初级的心理功能混乱。在很多情况下,这类

---

① 除了在下一个脚注中记录下来的那种改变,英文版第11页上一个新的脚注,以及对英文版第12—13页上的脚注作了一个简短的添加之外,本章的全部内容都可以追溯到1901年。

② 在1901年和1904年,在这个地方有一个很长的脚注,它开宗明义地说:"我怀疑,是否经常使用本身就能说明这种保护作用。不管怎么说,我已经观察发现,人们并没有限制对名字的使用,但它们却和专有名词(姓氏)一样很容易被遗忘。"现在可以在第三章找到这样的例子,英文版第23页(遗忘一位女病人的兄弟的名字)。这个脚注又继续解释说:"自己本人的某种被压抑的想法或者自己家人的某种被压抑的想法,经常会给人们提供遗忘某个名字的动机,仿佛一个人经常在自己和他人之间进行比较一样(参见英文版第24页)。莱德勒(Lederer)先生曾为我提供了这样一个最好奇的例子……"现在可以在第三章找到的这个例子,英文版第25页,就是在当时引用的。1907年,本书增加了新的一章,关于名字的遗忘和系列单词的遗忘(目前是第三章);这两个例子就被转移到那里了,而其他的脚注却不见了。

遗忘表现为和我们用西诺雷利(Signorelli)那个例子所揭示的机制是一样的。为了证明这一点,我将只提供一个简单的分析,但是,这是一个很典型的分析,有一些很有用的特点:它与一段拉丁引文中的某一虚词的遗忘有关。或许我应该对这一不起眼的事件做一个充分而具体的说明。

去年夏天——这也是一次假日的旅行,我遇到了一个熟人,一个有学术背景的年轻人。我很快就发现,他对我的某些心理学著述十分了解。我们开始谈论一些事情——至于如何引发的,我记得不太清楚了——谈论的问题是我们各自所在的民族的社会地位;雄心勃勃的情感使他产生了对现实的不满,他悲观地认为,他这一代人注定(正如他所表述的那样)要走向衰落,他们的才华得不到展现,他们的需要无法得到满足。最后他用维吉尔(Virgil)的著名诗句的最后一句结束了这个令人伤感的话题。这句诗的意思是:不幸的狄多(Dido)要让她的后代向艾尼阿斯(Aeneas)复仇。我的朋友用了"Exoriare……",或者说他想要以这种方式结束,因为他已记不清这段引文了,而且他试图通过改变词序,对他所记住的东西中那个明显的缺失予以掩盖,他说出的句子是这样的:"Exoriar(e) ex nostris ossibus ultor."最后他急躁地说:"请不要用那么轻蔑的眼神了,你好像在欣赏我的窘迫。为什么不帮我一下呢?在这个诗句中,我肯定漏掉了什么,这个完整的句子实际上应该是什么呢?"

"我很高兴帮你,"我回答说,并以其正确的形式把这个引文告诉他,"Exoriar(e) ALIQUIS nostris ex ossibus ultor."①

"忘掉这样一个词真是太蠢了! 顺便问一下,你说一个人不

---

① 维吉尔(Virgil)《埃涅阿斯纪》(*Aeneid*),第4卷,第625页。字面的意思是:"让某人(aliquis)作为一个复仇者从我的骨头里出来吧!"

会毫无原因地遗忘某件事情,我很好奇,想要知道为什么在这种情况下我会将这个不定代词 aliquis 忘掉呢?"

我最轻而易举地接受了这种挑战,因为我正希望收集这方面的材料,因此我说:"这并不会占用我们多少时间,我必须问你一些事情,你要坦白而又不带任何偏见地告诉我出现在你头脑中的一切,你需要做的只是没有任何明确目的地将你的注意力集中在这个被遗忘的单词上。"①

"好的,当时出现在我脑中的是那个荒谬的念头,将遗忘的那个单词分成两个部分,即 a(无的意思)和 liquis(液体的意思)。"

"那是什么意思呢?"

"我不知道。"

"然后在你脑中还出现了什么呢?""接下来出现的是 reliquien(遗物),liquefying(溶解),fluidity(流动性),fluid(液体),到目前你发现了什么吗?"

"没有,还没有任何发现,请继续。"

他笑了,带着嘲讽的语气继续说道:"我正在想的是'特伦特的西蒙'(Simon of Trent)。两年前我在特伦特的教堂里看到过他的遗物。我想到了对血祭仪式的指责,现在人们用这种仪式来反对犹太人,我想到了克莱因保罗(Kleinpaul)的书(1892年),他在这本书中指出,所有这些假定的牺牲者都是救世主(耶稣)的化身,人们可以说这是一个新的翻版。"

"这个想法和我们刚才讨论的那个拉丁词从你的记忆中消失之前的话题并非完全没有联系。"

---

① 这是把隐藏着的理念成分引入到意识中来的普遍方法。参见我的《梦的解析》,《弗洛伊德全集标准版》,第 4 卷,第 101 页。

"的确,下面的一些想法与我最近在意大利报纸上读过的一篇文章有关,我想,它的题目是'圣·奥古斯丁(St. Augustine)谈女人',你有什么发现吗?"

"我在听你说。"

"现在出现的事情似乎与我们的话题没有任何联系。"

"请不要拒绝这些想法,不带任何评价地说出来。"

"好的,我懂了,我想到了我上周旅行时遇到的一个很不错的老绅士,他是一个真正的处男(ariginal),其外表看上去像一个寻找食物的大鸟,如果你对此感兴趣的话,他的名字叫本尼迪克特(Benedict)。"

"不管怎么说,这些可都是圣人和教会之父,圣西蒙(St. Simon),圣奥古斯丁(St. Augustine),圣本尼迪克特(St. Benedict)。我认为,有一个名叫奥利金(Origen)的教父。这些名字中有三个也都是姓,例如,克莱因保罗(Kleinpaul)中的保罗(Paul)。"

"现在,我的头脑里又出现了圣·贾纽埃里克斯(St. Januarius)的名字和他的神奇的血——在我看来,我的这些想法似乎是自动出现在我头脑中的。"

"稍等一下,圣·贾纽埃里克斯(St. Januarius)和圣奥古斯丁(St. Augustine)两人都与月份有关。① 但是,你能告诉我一下有关神奇的血的事情吗?"

"当然,你从来没有听说过吗? 他们将圣·贾纽埃里克斯(St. Januarius)的血装入一个瓶子,把它放到那不勒斯的一个教堂里面,在某一个特定的神圣节日来临之际,它就会神奇地变成

---

① 贾纽埃里克斯(Januarius)和英文的一月(January)相似;奥古斯丁(Augustine)和英文的八月(August)相似。——中译者注

液体(liquefies)。人们认为这种奇迹是非常重要的,如果这种奇迹被推迟了,人们就会深受刺激,在法国军队侵占这座城镇的时候,这种现象曾出现过一次。因此,当时的指挥官——是叫加里波第(Garibaldi)吗,或许我记错了吧? ——他把这个虔诚的绅士叫到一边,一边向站在外面的士兵做着某种明确无误的手势,一边设法使这个绅士明白,他希望(hoped)很快就能看到这个奇迹的发生。而且事实上,这个奇迹确实发生了……"

"好,继续说下去,为什么停下来呢?"

"好,又有一些东西在我脑中出现了……不过,这是我的隐私,很难说出;而且,我认为这与我们谈论的问题没有什么联系,也没有必要说出来。"

"它们的联系由我来考虑,当然,我不能强迫你将那些你发现使你不愉快的事情讲出来;但是,要是那样的话,你一定不可能从我这里了解到你是怎样开始遗忘你的这个 aliquis 的。"

"真的吗? 你真是这样想的吗? 那么好吧,我突然想起了一个女士,我可以很容易地从她那里听到一个使我们两个都非常烦恼的消息。"

"是她没来月经的事吗?"

"你怎么猜到的?"

"这并不难,你给我提供了这方面的足够的信息,想一想和月份同名的那些圣人吧,在一个特殊的节日里才开始流出的血,当事件没有发生时出现的干扰,奇迹有幸出现时的公开的威胁,等等……实际上,你利用圣·贾纽埃里克斯(St. Januarius)的奇迹来形象地表示女人的月经。"

"我并没有意识到这一点,你的意思真的是说,正是这种焦急的期待才使我忘掉了像 aliquis 这样一个微不足道的单词,是吗?"

"对我来说,这是不可否认的,你只需回忆一下你把这个词划分成 a 和 liquis,以及由此产生的联想就明白了,如遗物(relics)、溶化(liquefying)、液体(fluid)。圣·西蒙在孩子的时候就牺牲了——我还继续说下去吗?你是否还让我告诉你,他是怎么出现的?是你提及的遗物这个话题引导我想到了他。"

"不,请不要再说了,如果我真的存在这些想法,我希望你不要把它看得那么严重,我要坦白地承认这位女士是个意大利人,我和她一起去的那不勒斯。但是,所有这一切会不会是巧合呢?"

"这种联系是否是巧合,还是留给你自己判断吧,以便确定,你是否可以通过假设它们是巧合来解释所有这些联系。但是,我能够告诉你的是,对所有的诸如此类的现象的分析,都会使你认为这是一种同样令人吃惊的巧合。"①

我有多种理由看重这个简单的分析,也因此很感谢我以前的这位旅伴向我提供了这个分析素材。首先,这是因为,这个素材是我平时很难得到的。我在这里收集的关于日常生活中心理功能紊乱的例子,主要地都是依靠我的自我观察得到的。我实际上也很担心我会受到这些材料的明显操控,因为这些丰富得多的素材都是由我的神经症患者提供的,我也担心别人会对此提出质疑,认为这些现象只是对神经症患者进行分析的结果和

---

① [1924年增注]这个短短的分析引起了人们对这一问题的高度关注,并展开了对这个问题的激烈讨论,也正是基于这一点,布洛伊勒(Bleuler,1919)企图从方法论上证明这种精神分析式的解释的有效性,而且得出结论认为:这种分析比从未接受过挑战的医学"事实"有更大的潜在价值,而且,从科学上,我们已经考虑到人们的心理潜能,就这一点而言,这也具有特殊的意义。

表现。① 因此,我希望我的分析能够在神经症患者以外的人的身上取得成功,对他的分析最终使我如愿。这次分析在另一个方面也很有意义:它可以阐明单词遗忘,而在记忆中又没有出现替代单词的案例。由此可以证明我在前面提出的主张(英文版第 7 页):在记忆中是否出现错误替代,并不能构成具有任何重大区别的依据。②

但是,"aliquis"这个例子的最重要之处在于它与西诺雷利(Signorelli)这个例子在表现方式上的另一种区别。对后者而言,一个名字的再现被以前刚刚开始的一系列想法的后效干扰

---

① 参见弗洛伊德在为《梦的解析》第一版所写的序言中对他选择梦作为分析的主题而做的一些类似的说明。《弗洛伊德全集标准版》,第 4 卷,第 xxiii 页。

② 进一步审视一下我们就会发现,对"Sigorelli"和"aliquis"这两个例子而言,在替代记忆上二者几乎没有什么区别;对后者而言,实际上,遗忘也伴随着替代的形成。当我因此而询问我的旅伴,在他努力回忆遗忘的单词过程中,是否有一些替代的信息出现在他的脑海中,他回答说,首先,他觉得他受到了诱惑,想要将 ab 放到那个诗行中去(或许就是 a-liquis 中分离开的那个部分)——nostris ab ossibus;而且,他继续说道,exoriare 非常清晰而且固执地闯入了大脑,他以其特有的怀疑补充说,"显然,因为它是这一行中的第一个单词。"当我让他仍然注意那些从 exoriare 开始的联想时,他想到了 exorcism(驱邪)。我因此确信,当 exoriare 再现时产生的强化,具有这种替代形成的价值,这种替代也许是通过对"驱邪"的联想从这些圣者的名字那里得到的。但是,这或许是一些人们认为无关紧要的精炼。(另外两个句子是 1924 年增补的。)(另一方面,在 1922 年,威尔逊强调指出,对 exoriare 的强化对我们理解这个例子具有非常重要的意义,因为"驱邪"是对这种被压抑的想法的最好的象征性替代,这种被压抑的想法是:通过流产而打掉这个不想要的孩子。我很感激地接受了这种更正,因为这并没有降低分析的价值)。但是,任何一种替代记忆的出现都是一个永恒的信号——尽管它可能只是一种独具特色的和有启示作用的信号——是由压抑所驱动的蓄意遗忘的信号。看起来似乎是这样的:即便没有明显地出现错误的名字作为替代,替代形成也会出现,而且其中的关键在于,对某一成分的强化与被遗忘的名字有密切的联系。例如,在西诺雷利(Sigorelli)的例子中,只要我没有记起这个画家的名字,我对壁画的一系列视觉记忆和位于一幅画的一角的他的肖像的记忆就会异常清晰(ultra-clear)——不管怎么说,它都比正常情况下出现在我头脑中的视觉记忆痕要强烈得多。在另一个例子中,也是在 1898 年我的论文中描述的,这里案例与一次访问有关,当时,我很不愿意在一个陌生的小镇讲演,我已经遗忘了那个街道的名字,根本就没有希望恢复对它的记忆,但是,具有讽刺意味的是,我对那里的门牌号码却记得格外清楚,而在正常情况下我是很难记住这些号码的。(参见以下,英文版第 41 页和第 267 页。)

了,然后又被阻断了,然而,其内容又与包含着西诺雷利(Signorelli)这个名字的新主题没有任何明显的联系。时间上的接近性构成了被压抑的主题和被遗忘名字的主题之间唯一的联系,但是,这就足以能够使这两个话题在外部联想中找到某种联系了。[①] 另一方面,在"aliquis"的例子中,我们并没有看到任何这类被压抑的主题,这种主题在此以前与有意识的思维直接关联,之后又将其反响遗留在某种干扰上。在这个例子中,再现的障碍是由引用的拉丁文中偶然发现的那个主题的根本性质所致,因为对立的观念无意识地产生出来,表现出了这种希望表达的观念。对这些情况我们必须做如下解释:讲话者一直在表达以下这个事实,现在他这一代人的几乎所有权利都被剥夺了;他曾像狄多(Dido)那样预言说,新的一代将会向这些压迫者复仇。就在这一时刻,他突然冒出了一种相反的想法。"你真的对后代有这样强烈的期望吗? 并非如此。如果你刚才得到的消息是,你想要从自己熟悉的角度对后代作出这样的期望,那么你是何等的尴尬啊。不,不要这样期待后代——无论我们多么需要他们为我们复仇。"因此,这种矛盾也恰好是以和在西诺雷利(Signorelli)的例子中相同的方式表现出来的——即,通过在它的一种理念成分和被拒绝的愿望中的某一成分之间建立某种外部联系;这一次,它的做法确实是最任意的,利用了看起来完全是人为的间接联想的途径。现在分析的这个例子和西诺雷利(Signo-

---

① 在西诺雷利(Signorelli)的例子中,我并不完全确信,在这两组想法之间不存在任何内部联系。如果我们仔细地追踪那些被压抑的关于死亡和性生活的主题,我们就会被引导着面对以下这种观念:这种观念和奥维多大教堂里壁画的主题并没有多少不同。——[理查德·卡普(Richard Karpe)博士曾暗示说,在这里可能与在《梦的解析》(1900a)中提到的到奥维多大教堂附近的伊特拉斯坎人的墓地拜访这件事有某种联系,《弗洛伊德全集标准版》,第 5 卷,第 544－545 页。也请参见弗洛伊德早期的论文(1898b)。]

relli)的例子相一致的第二个基本点是,这种矛盾根源于被压抑的想法,是从会导致注意力分散的各种想法中派生出来的。

单词遗忘①的这两个典型的例子之间既有不相似之点,又有内在的一致性,对这些异同我就说这些了。我们已经开始了解了遗忘的第二种机制——某种想法由于受到被压抑的某种内在矛盾的干扰所致。我认为,对这两种过程而言,这一种过程理解起来比较容易;在以后对这个问题进行讨论的过程中,我们将再次重复地涉及这一问题。

---

① 弗洛伊德写的德语是"Namenvergessen",意为"名字的遗忘",但是,这无疑是一种疏忽。

三、姓名与词组的遗忘①

正如前面一章(第二章)所述,当外语单词中一部分词组被遗忘时,对所发生的诸如此类事情的观察可能会使我们非常好奇地想要知道,对我们自己语言中词组的遗忘是否需要做某种完全不同的解释呢?确实如此,如果我们曾下功夫记住的一个公式或一首诗歌,在以后回忆的时候可能会出现不准确的现象,会出现错别字或出现漏字现象,对此我们通常并不感到惊讶。但是,既然这种遗忘对我们整体的学习和记忆并没有什么影响,而是似乎相反,会阻断我们对其中一部分的回忆,那么,我们努力对这种错误再现的少数实例做进一步的分析研究,可能是很有价值的。

在一次谈话中,我的一位年轻的同事告诉我说,他认为可以做这样的解释:对我们自己语言中的诗歌的遗忘,和对外语词组

---

① 这一章是 1907 年为本书增补的。许多新的材料是后来才包括进来的,其具体内容在下文可以找到。更早期的那一部分,从英文版第 15 页到第 19 页,可追溯至 1907 年。

中某些成分的遗忘有完全类似的动机。与此同时,他自告奋勇地担任实验被试。我问他愿意用什么诗歌做测验材料,他选择了"科林斯的新娘"(Die Braut von Korinth)①,这是他很喜欢的一首诗,而且他认为他至少对这首诗的某些段落能熟记于心。再现的时候,从一开始他就表现得很不确定。他问我,这个句子是"从科林斯到雅典的旅行"(Travelling from Corinth to Athens)还是"从雅典到科林斯的旅行"(Travelling to Corinth from Athens)? 当时我也有片刻的犹豫,直到我高兴地观察发现,这首诗的题目——科林斯的新娘——就可以使人确信他走的是那条路线。因此,他对诗的第一节的再现比较顺利,或者,不管怎么说,没有任何明显的错误。我的同事思考了一会儿后,回忆起了第二节的第一行;他很快就继续下去,背诵出了以下诗句:

Aber wird er auch willkommen scheinen,

Jetzt,wo jeder Tag was Neues bringt?

Denn er ist noch Heide mit den Seinen

Und sie sind Christen und-getauft.②

在他背诵出这些诗句之前,我已经十分惊讶地竖起了耳朵;在他背完最后一行时,我们两个都认为其中的某些部分在这里被歪曲了。但是,我们并没有成功地对此予以纠正,而是很快地到书架上去找歌德(Goethe)的诗,使我们吃惊的是,我们发现,

---

① "科林斯的新娘"(The Bride of Corinth),歌德的民谣。

② 诗的字面意思是:但是,他是否真的会受到欢迎,现在,岁月改变了一切? 因为他和家族仍不信上帝,而他们是基督徒要参加洗礼。除了第二行的意思完全相反外(这一点将在下一段予以讨论),第三和第四行也有轻微的错误,正确的应该是这样的:Er ist noch ein Heide mint den SeinenUnd sie sind schon Christen und getauft.诗的意思是:他和他的家族仍不信上帝而他们是基督徒要参加洗礼。

第二行的诗节与此完全不同,可以说,这些词已经从我的那个同事的记忆中消失了,取代它的是一些似乎不属于这里的一些东西,正确的应该是这样的:

Aber wird er auch willkommen scheinen,

Wenn er teuer nicht die Gunst erkauft?[①]

最后一行的"Getaut"("施洗礼",在两个诗行以下)和"erkauft"押韵,使我格外难以理解的是,与此有关的这一组词——heathen(异教徒),Christian(基督教徒),baptized(施洗礼)——竟然对他恢复对这个文本的回忆没有任何帮助。

我问我的同事:"你能否解释一下,既然你认为你对这首诗记得很好,为什么你却把其中的一行诗完全改变了? 你有可能是从哪种背景关系中找到这种替代的呢? 对此你有什么看法吗?"

尽管有些不太情愿,但他还是站在某种立场上对此提供了一种解释,他说:"我对这一行诗——Jetzt,wo jeder Tag was Neues bringt(他是否真的会受到欢迎)——似乎更熟悉一些;在我不久前提到这个练习时,我一定是使用过这些语词——正如你知道的,我对现在所取得的进展极为满意。但是这个句子怎么会适合于插入到这里呢? 我可能想到了某种关联。这一行诗'如果他不买一个可爱的礼物'显然是我很不满意的一句诗。它和一桩求婚有关,这次求婚第一次就遭到了拒绝,鉴于我的物质生活状况发生了很大改善,我在考虑想要再次求婚。我不能再给你讲更多的了,但是,如果现在我的求婚被接受了,这当然不会使我感到高兴,因为似乎是我的这种算计使它发生了改变。"

---

① 但是,如果他不买一个可爱的礼物(if he does not buy the favour dearly),他是否真的会受到欢迎?

　　他的解释明白易懂,但这种解释却使我感到很惊奇,尽管我不需要知道更多的细节。但是,我还是提出了我的问题:"不管怎么说,你和你的隐私是怎样包含在'科林斯的新娘'这个文本之中的呢?你的隐私或许就是这种情况,它包含着在这首诗中发挥某种重要作用的诸如此类的宗教信仰的差异吗?"

(Keimt ein Glaube neu,

Wird oft Lieb' und Treu

Wie ein boses Unkraut ausgerauft.)[①]

　　我的猜测并不正确,但我们却惊奇地发现,一个目标非常明确的问题突然给他提供了洞察力,这样他才能够将我引入在此之前他当然没有觉察到的某种答案。他给我做了一个痛苦的,甚至带有愤怒的表情,结结巴巴地说出了这首诗的后面一段:

Sieh Sie an genau!

Morgen ist sie grau.[②]

　　不久他又补充说:"她的年龄比我大得多",为了避免让他产生不好的情绪,我就中断了这次询问。但这种解释已经足够使我震惊的了。真正使我吃惊的是,试图追溯这种毫无伤害的回忆失败的原因,竟然不得不突然涉及主体的私密生活,这种私密

---

①　"当某种信仰重新萌发之际,爱和婚姻常常像一棵毒草那样被拔出来。"

②　"仔细地看着他,他明天将会两鬓斑白。"我的同事突然对这些美丽的诗句做了些改变,不仅改变了用词,而且也改变了意思。这个幽灵似的少女对她的新郎说:

Meine Kette hab' ich dir gegeben;

Deine Locke nehm' ich mit mir fort.

Sieh sie an genau!

Morgen bist du grau,

Und nur braun erscheinst du wieder dort.

我的项链已经给你,你的发卡被我拿走,仔细看看吧,明天你会两鬓斑白,只有在那里才会再变成黑色。[这首诗的上下文表明,第三行的"sie"(它或她)是指发卡。在某种不同的上下文关系中,这行诗的意思可能是:"仔细地看看她吧。"]

生活是如此的遥远和隐秘，以至于竟然用这种伤心的感情发泄出来。

这里是荣格(Jung,1907)给我提供的另一个例子，与一个著名诗句中一系列词组的遗忘有关。下面我将引用作者自己说的话：

"一个人正想要背诵那首名诗，其开头的一句是'Ein Fichtenbaum steht einsam…'①当他背诵到开头是'Ihn schläfert'②时，他突然陷入困境；他完全忘掉了这样的一些词'mit weisser Decke'(盖着白色的被单)。使我吃惊的是，他竟然遗忘了这么熟悉的一句诗文，因此，我让他再现与'盖着白色的被单'有关的一切，这时他产生了一系列的联想：'白色的被单使我想到了一块布单——一块亚麻布做的盖尸体的布单子'——(停顿)——'现在我想到了我的一位很亲密的朋友——他的哥哥前不久突然死了——据说死于心脏病——他也很肥胖——我的朋友也很肥胖，在此之前我也曾想到过，这种事也可能会发生在他的身上——很有可能他平时很少锻炼——当我听到他哥哥的死讯后，我突然感到很焦虑，我怕同样的事也可能会发生在我身上；因为，我们家族的人都有肥胖的倾向，而且，我的爷爷也是死于心脏病；我已经注意到，我也过于肥胖了，因此最近我已经开始减肥，使自己变得瘦一些。"

"荣格解释道：'如此说来，这个人立刻就无意识地将自己与

---

① "一棵枞树孤单地耸立着。"海涅（Heine），《抒情的插曲》（*Lyrisches Intermezzo*），第33行。

② 有关的诗句是这样的：Ihn schläfert；mit weisser DeckeUmhüllen ihn Eis Und Schnee.意思是：他在安睡，盖着白色的褥子，冰雪覆盖着他。

被尸衣覆盖着的枞树相认同了。'"

以下这个例子的获得应感谢我在布达佩斯的朋友费伦茨（Sándor Ferenczi），这个例子也和一系列语词的遗忘有关，不过与上面的例子有些区别。他遗忘的不是其他诗人写的某一个诗句，而是与他自己杜撰的一个短语有关。这也可能给我们提供了一个多少有点不同寻常的例子，在这个例子中，这种遗忘往往与人们的良知有密切联系。当人们的良知威胁要屈从于某种暂时的欲望时，这种遗忘行为就会产生某种有益的功能。当我们再次冷静下来时，我们就会非常赏识这种内在心理活动的正确性，这种内在心理活动以前只能通过这种功能的失败——即遗忘而表现出来，这是一种心理上的无能（psychical impotence）。

"在一次聚会上，有人引用了这样的诗句，'Tout comprendre c'est tout pardonner'（了解一切，就是宽恕一切），我做了这样的评论：这句话的第一部分已经足够了；因此，'pardoning'（宽恕）有点多余：应当把它留给上帝和牧师。其中的一个在场者，认为这种观察发现非常好，这使我很受鼓舞，因此我接下去又说——很有可能自己是想要保护某种善意批评的良好观点——最近我想到了一件更好的事情。但是，当我想要把这句话说出来时，它却突然溜掉了，我立即从这个聚会中退出，并写下了这些电影般的联想（即，一些替代的观念）。首先出现的是我在布达佩斯的那位朋友的名字和那条街道的名称，这些名称见证了我正在寻找的那个观念的出现；然后出现的是另一个朋友的名字，马科斯（Max），我们平时都叫他马科西（Maxi），这使我想到了'格言'（maxim）这个词，想起了与此有关的很多东西，就像我最初所说的，我们所追求的就是对一句著名格言的修改。相当奇怪的是，我接下去的想法却并不是一个格言,而是下面这个句子:'上帝用他自己的形象创造了人'和另一个意思相反的句子:'人也用他的方式创造了上帝',这时,我正在寻找的记忆内容马上出现了。当时,在安德斯大街,我的朋友对我说:'关于人的一切我都不陌生',我回答他时引用了精神分析的发现:'你应该做进一步的阐述,应该承认,动物的一切对你来说并不陌生'。"

"但是,在我终于回忆起我想要的东西时,我却再也不能在这个聚会上说出来了。我的朋友的年轻妻子也在这个聚会上,我曾经提醒她注意这种无意识的动物本性,而且我不得不承认,她根本就没打算接受这些令人不快的真理。我的遗忘使我摆脱了她有可能向我提出的一些令人不快的问题,以及某种毫无意义的讨论,正是这一点——并非其他的什么——才是使我患上'暂时遗忘症'的动机。"

"有趣的是,某种电影般的联想是由一个句子提供的,在这个句子中,上帝的地位也被下降为是人类的一种发明,而在这个遗忘的句子中暗示了人的动物本性。因此,Capitis diminutio(意即,一个人的地位的剥夺)便成为二者共同的成分。很明显,整个主题都只不过是这次谈话所引发的关于理解和宽恕这一系列想法的继续而已。"

"在这个例子中,我正在寻找的内容之所以能够很快地表现出来,或许也与我立即离开这个聚会有关。在这个聚会中,我处在监督之下,而在一个空房子里,这种监督是不存在的。"

我已经①做了很多其他的分析,在这些分析中有很多词组的

---

① 从这里开始一直到以下英文版第 26 页的内容都可以追溯到 1907 年,只有第 23—24 页和第 25 页的两段话是个例外。

遗忘或错误再现发生的例子,这些研究的一致性结果使我倾向于这样假设:我们从前面"aliquis"(英文版第 8 页)和"科林斯的新娘"(英文版第 15 页)中所例证的遗忘机制,具有某种几乎普遍的有效性。一般地说,对这些分析做出某种说明有点让人尴尬,因为,正如我们刚才所提到的,这些材料往往会导致某种与隐私有关的事情,以及使被分析者感到伤心的事情。因此,我不准备提供更多的例子了。所有这些案例——不管是什么样的案例——都有一个共同之处,遗忘或被歪曲的事情都是通过某种联想的途径而与某种无意识的思想内容联系起来的——这种无意识的思想内容就是在遗忘的形式中所表现出来的那种效应的根源。

现在,我将话题再转回到对名字的遗忘上。到目前为止,我们还没有充分认识到这种遗忘背后的个案材料或动机。因为这恰恰就是我可能经常在我自己身上观察到的那种失误行为,我自己就可以提供很多的例子。我至今仍然患有轻微的偏头疼,[①]而且一般在我遗忘名字之前的几小时发生,特别是在我并没有强迫自己放弃我的工作时,头疼的程度更大,这种情况经常发生,往往会使我把所有的专有名词忘得一干二净。现在,正是像发生在我身上的这种情况,才有可能为原则上反对我们的分析努力奠定基础。难道我们不一定会从这些观察中得出这样的结论:遗忘的原因,尤其是对名字的遗忘,是否与循环系统和大脑的一般功能紊乱有关呢? 因此我们是否就不需要再费力地寻求对这些现象进行心理学的分析了呢? 在我看来,绝对不是这样

---

① 弗洛伊德一生中一直患有偏头疼。参见琼斯(Jones),1953 年,第 339 页。

的;这会将所有例子中都相同的某一过程的机制和适合于这一过程的那些因素相混淆,因为那些因素是多变的,而且不一定是根本性的。但是,我不再进行讨论了,我将提出某种类比来应对这种反对意见。

我们不妨假设,有一天晚上,我在一个城市散步,很不谨慎地来到一个很偏僻的地方,结果遭到了歹徒的袭击,手表和钱包被抢走。我到最近的警察局报了案,对警察说了下面这段话:"我在如此、如此的街道上,'孤独'(loneliness)和'黑暗'(darkness)抢走了我的手表和钱包。"尽管我的表述没有什么不对的地方,但我所报告的这番话却会使人认为我的神经出了问题。正确的描述只能是这样说:由于地点的偏僻和夜幕的笼罩,毫不相识的罪犯(unknown malefactors)抢走了我的贵重物品。在这种情况下,对名字的遗忘也没有什么不同,这时我可以说是疲劳、循环系统的功能紊乱、饮酒和自己不清楚的心理动力等促使我将记忆中的专有名词遗忘了——实际上在我们身体健康、精力旺盛的情况下,这种特殊的心理力量也会使我们表现出类似的记忆失误。

如果我对在我自己身上观察到的这种名字遗忘的现象进行分析的话,我几乎必然会发现:被我遗忘的这个名字总是与对我个人来说至关重要的某个主题有关,而且这个主题有可能在我身上引起过强烈的、常常令人伤心的情感。根据苏黎世学派(布洛伊勒、荣格、瑞克林[Riklin])的那种方便而又值得称赞的实践做法,我也可以对这个事实做如下解释:名字的遗忘触及我的"个人情结"(personal complex)。[①] 名字和我自己的联系是我本

---

① 这个类比是弗洛伊德在其《精神分析引论》(1916—1917)的第三讲中引用的。

人无法预期的,而且通常只有通过表面的联想才能够找到(如同音联想和同意联想);一般而言,这是一种间接的联系。其本质可以通过一些简单的例子而得到最好的例证。

(一)一个患者让我在里韦拉(Rivera)为他推荐一个疗养院,我知道有一所疗养院距热那亚(Genoa)很近,我也记得在那里行医的一位德国同行的名字。但是,我却忘记了这个疗养院本身的名字,我认为我自己对这个名字记得很好,但我无论如何也想不起这个名字。我没有别的办法,只好让这个患者等一下,同时,我赶紧询问家里的女士们:"N先生曾短期住过的那所位于热那亚附近的疗养院到底叫什么名字?某某人曾在那里治疗过很长时间。""你当然会和所有的人一样忘记这个名字。这个地方就叫'Nervi'(神经)。"我必须承认,我和神经问题(nerves)的联系很密切。

(二)另一位患者正在谈论附近的一个避暑胜地,他宣称,除了这两个著名的旅馆之外,在他的记忆中还有第三个;过了一会儿,他就说出了这个旅馆的名字。我当时曾怀疑这第三个旅馆的存在,并且诉诸以下这个事实来说明,我在这个地方度过了七个夏天,因此我一定比他更了解这个地方。但是,由于我的反对意见的刺激,他已经想起了这个旅馆的名字——哈奇瓦特(Hochwartner),这时我才不得不认输,而且我甚至不得不承认,我在这个旅馆的附近度过了七个夏天,但却否定了它的存在。在这个例子中,为什么我会将这个旅馆的名字和这件事情忘掉呢?我认为,这是因为这个名字在发音上和我的一位同事的名字实在太相似了,他是维也纳的一名专家,这好像再次触及我的"职业情结"(professional complex)。

(三)还有一次,当我在赖兴哈尔(Reichenhall)火车站的售票处要预订一张车票时,下一个主要车站的名字我怎么也想不起来。我对这个车站很熟悉,我曾经常从这里经过。实际上我只好从时刻表上找到了它,原来是"罗森海姆"(Rosenheim)。但是,此时我立刻就找到了是什么联想导致我遗忘的原因。一个小时前,我去看望了我住在赖兴哈尔的妹妹;因为我妹妹的名字叫"罗莎"(Rosa),这个车站则叫"罗森海姆"(罗莎的家)(Rose-home)。原来是我的"家庭情结"(family complex)使我遗忘了这个名字。

(四)我还可以列举出很多例子来进一步说明这种"家庭情结"所导致的这类主动遗忘活动。

有一天,一个年轻人来到了我的咨询室,他是我的一位女患者的弟弟。[①] 我见过他无数次了,通常都喊他的名字。当我要谈他的这次来访时,我却发现我忘掉了他的名字(我知道这个名字并非不常见的名字),怎么也无法使我回忆起这个名字。后来我走到了一条街上,当我读商店的名称的时候,才想出了这个年轻人的名字,这是第一次使我偶然发现这个名字的。对这一事件的分析向我表明,我将这位来访者与我的弟弟联系起来,产生了类比,这种类比试图提醒我存在这种被压抑的问题:"在同样的情况下,我的弟弟是否也会和他一样,他是否会做出与此相反的事情?"[②]因为在这两种情况下,我的母亲和这个年轻人的母亲的姓是一样的,都是阿玛莉娅(Amalia),这个偶然的事实有可能使这些和我自己有关的想法和与其他家庭有关的想法建立了外部

---

① 在1901年和1904年,这个例子曾在第二章的第一个句子的一个脚注中发现。参见上文英文版第8页第2个脚注。1907这个例子被转移到现在这个位置,第三章就是在那时为本书增补的。

② 只有在1901年和1904年,这个句子才是这样写的:"在同样的情况下,我的弟弟是否也会和他一样,对一个患病的姐妹做出这样的行为。"

联系。后来，在我进行反省的时候，我也理解了那些替代的名字，丹尼尔（Daniel）和弗朗茨（Franz），这些名字不明原因地强迫性地进入了我的大脑。这些名字也和阿玛莉娅一样，都来源于席勒（德国剧作家）的戏剧《强盗》（*Die Raube*），而这部作品又受到了"维也纳旅行家"（Vienna walker）丹尼尔·施皮策（Daniel Spitzer）的嘲讽。①

（五）还有一次，我无法回忆起我的一位患者的名字；这种情况与我年轻时的一些联想有关。在我找到这个名字之前，我的分析经历了一段非常曲折的道路。这个患者表现出对失明的恐惧；这唤起了我对一个年轻人的记忆，这个人曾经被枪打瞎了眼睛；而这又使我联想到另一个年轻人，他也被枪打伤过。后者和我的第一位患者同名，虽然他们之间一点关系也没有。但是，当我意识到，是我的这种焦急的期盼从这两个受伤的年轻人身上转移到我自己的一位家人身上时，我才想起了这个患者的名字。

这是我通过对一系列"个人资料"的思考完成的，我对个人资料通常也没有什么了解，但这种个人资料却通过我遗忘名字这种现象而无意识地显示出来。仿佛我被迫把我听到的关于其他人的一切和我自己的情况进行了比较；仿佛每当另外一个人进入我的注意范围时，我的个人情结便表现得十分敏感。这不可能是我自己这个个体所特有的；它一定包含着我们理解"我们之外的材料"时所表现出的共性。我有理由设想，其他人在这一

---

① 丹尼尔·施皮策（Daniel Spitzer）（1835－1893）是一个著名的记者，他经常以"在维也纳行走"为名撰写文章。在弗洛伊德关于《诙谐及其与无意识的关系》（1905c）（《弗洛伊德全集标准版》，第8卷，第33和第44页）一书第二章的第三节曾多次引用到他。在这里提到的是施皮策对和一位风流寡妇的谈话所做的说明，这次谈话很快乐，给他留下了这样的印象：席勒戏剧中的多个人物都是以她的家庭成员的名字命名的。参见施皮策，1912年，第134页及以下。

方面与我的表现是极其相似的。

最近,莱德勒先生(Herr Lederer)也向我报告了一个同类型的例子。这是他自己亲身经历的事情。[①] 当时他正在威尼斯度蜜月,他巧遇了一个绅士,表面看来他认识这位绅士,他不得不向他的年轻妻子引见这位绅士。然而,他却忘掉了这个陌生人的名字,第一次,他唠唠叨叨地想了好半天,也于事无补。在他第二次遇见这个人时,他将这个绅士拉到一边,问了他的名字,以帮助自己摆脱这个尴尬的局面,因为他已经将这个名字忘掉了。这个陌生人的回答提供了证据,使我对人的本性有了不同寻常的了解。他说:"我可以很容易地想象出你对我的名字的遗忘,我和你的名字一样——都叫莱德勒(Lederer)。"当在一个陌生人面前听到自己的名字时,一个人不禁会产生某种不愉快的情绪。最近,一个名叫 S. 弗洛伊德的先生(Herr S. Freud)在咨询中向我介绍自己的时候,我也非常强烈地觉察到这一点。(然而,我必须对此提出不同的意见,在这种情况下,他的情感和我的正好相反)。[②]

(六)在下面由荣格报告的例子中,我们也可以看出这种由个人资料引发的效应(1907,第 52 页):

"一位姓 Y 的先生爱上了一位女士,但他并没有获得成功,而且此后不久她和一位姓 X 的先生结婚了。尽管 Y 先生和 X 先生已经是老相识了,而且还和他有生意上的来往,但从此以后,他却一而再、再而三地忘掉他的名字,以致有好几次,当他要与 X 先生联系时,他不得不从他人那里询问他的名字。"

―――――――――

① 在 1901 年和 1904 年,这句话可以在第二章的第一句话的一个脚注中找到。参见上文英文版第 8 页,第 2 个脚注。1907 年才转移到现在这个位置的。

② 这个评论是 1907 年增补的。

　　在这个案例中,人们遗忘的动机比前面的例子中表现出的由个人隐私引发的遗忘更加明显。在这里,遗忘似乎是 Y 先生对他的这位幸运的竞争对手的憎恨所致;他不愿意知道关于对方的一切,"绝对不会考虑他未来是什么样子"。

　　(七)遗忘名字的动机也可能是精炼的;它可能存在于所谓对对手的某种"升华的"妒忌之中,布达佩斯的一位名叫Ⅰ.冯·K.的小姐曾做过以下描写:

　　"我曾提出过我自己的一个小理论,我注意到,有绘画才能的人往往对音乐没有感觉,反之亦然。不久前,我曾就这一观点同某人做过交谈,当时我指出:'到现在为止,我的观察一直和我的理论一致,但只有一个例外。'当我要回忆这个人的名字时,我发现我已经将这个人的名字彻底地忘掉了,尽管我知道这个人是我的一位最要好的朋友之一。几天后,当我非常偶然地听到这个人的名字时,我马上意识到,遗忘的原因是因为他是我的理论的毁灭者。我对他的这种无意识的怨恨是通过我遗忘他的名字而表现出来的,而在此之前,我对这个名字一直有很好的记忆。"

　　(八)下面这个案例是由费伦茨报告的,这个例子表明了一种多少有点不同的方式,个人的隐私就是以这种方式而引起名字遗忘的。这种分析特别有意义,因为它是通过替代联想来解释的[就像波提切利(Botticelli)和波特拉菲奥(Boltraffio)是对西诺雷利(Signorelli)的替代一样](英文版第 2 页)。

　　"一位也曾听说过精神分析的女士,她无法回忆起精神病学家荣格(Jung)的名字。"①

----

① 荣格(Jung)这个词在德文中也表示"年轻的"(young)。

"相反,闯入她的大脑的是下面的名字——Kl——(一个名字),王尔德(Wilde)、尼采(Nietzsche)、豪普特曼(Hauptmann)。"

"我没有将荣格的名字告诉她,而是请她按每个名字出现的顺序进行自由联想。"

"从 Kl 这个名字开始——她立刻就想到了'Kl 夫人'——一个一本正经,甚至有点做作的女人,但是,就她这个年龄来说,她看起来还不错,'她似乎并没有衰老'。她认为王尔德(Wilde)和尼采(Nietzsche)的共同特点是'疯狂'。然后她带着嘲弄的口吻说道:'你们这些弗洛伊德学派的人将会继续寻找疯狂的原因,直到你们自己也发疯为止。'然后又说:'我无法容忍王尔德和尼采,我对他们难以理解。我听说他们两个都是同性恋者,而且王尔德(Wilde)的对象往往是年轻人'(尽管她唠唠叨叨地说出了这个正确的名字——确实,在这个句子中她用的是匈牙利语——但她仍然无法将它回忆起来)。"

"从豪普特曼(Hauptmann)开始,首先她想到了哈尔贝(Halbe)①,然后是《年轻人》(*Jugend*);当我将她的注意转向《年轻人》(*Jugend*)这个词语时,此时她才第一次认识到,她在追踪'荣格'(Jung)这个名字。"

"这位女士在 39 岁的时候失去了丈夫,从此没有再婚的打算。这样她当然会有足够的理由去避免使她联想到与'年轻'(youth)或'衰老'(age)有关的东西。很明显,掩蔽这个遗忘的名字的想法完全与其内容有关,由发音引起的联想是不存在的。"

---

① 豪普特曼(Hauptmann)和哈尔贝(Halbe)都是德国著名的剧作家。哈尔贝的一个著名的剧本之一是《年轻人》(*Jugend*)。

(九)①这里有一个遗忘名字的例子,它有另一种非常微妙的动机。案主自己对此是这样解释的:

"当我考哲学辅修课时,考官让我回答关于伊壁鸠鲁的理论这个问题,然后又问我是否知道,在以后的几个世纪中,谁继承了他的理论。我回答说是皮埃尔·伽桑狄(Pierre Gassendi),几天前,我坐在一家咖啡店里听人说他是伊壁鸠鲁的弟子。对这个奇怪的问题,我怎么会知道,但我却大胆地回答说,我很早以前就对伽桑狄感兴趣。这次考试的结果是,我的成绩很好(magna cum laude)。但不幸的是,以后我却固执地出现了遗忘伽桑狄这个名字的倾向。我想,这是我那感到内疚的良心使我不能记住这个名字,尽管我做出了很大的努力;因为我当时对此的确一无所知。"

为了探寻我们的这位信息提供者对回忆这次考试所产生的厌恶情绪的程度,读者就必须知道,这次的好成绩使他为其博士学位付出了高昂代价,因为这种代价替代性地表现在其他的事情上。

(十)②在这里我将再增加另外一个例子,关于对一个城镇名字的遗忘。或许这个情况并非如上述例子那么简单(英文版第22和23页)。但是,任何人,如果精通于研究这种真实可靠且有价值的例子的性质,都会对此感到非常震惊。这个案主之所以会忘掉这个意大利城镇的名字,是因为这个名字在发音上和一个女人名字的发音很相似,很多充满情感的记忆都与这个女人的名字有关,毫无疑问,这些东西无法在这里全部说出来。布达

---

① 这个例子可追溯到1907年。
② 这个例子是1910年增补的。

佩斯的桑多·费伦茨曾在自己身上观察到这种遗忘现象,他用分析一个梦或一个神经症观念的方式来对此进行分析——这是一种完全合理的治疗程序。

"今天,我和一个我熟悉的家庭在一起,话题转到了意大利北部的一些城市。有人观察发现:这些城市仍然表现出奥地利影响的一些痕迹。大家提到了其中的一些城市,而且我也很想说出一个城市的名字,但这个名字却溜掉了,尽管我知道我曾在那里度过了两天愉快的时光——这个事实似乎和弗洛伊德关于遗忘的理论不完全相符。在我寻找那个名字的地方,以下的自由联想强迫性地进入了我的大脑:卡普亚(Capua)、布雷西亚(Brescia)、布雷西亚的狮子(The Lion of Brescia)。"

"这个'狮子'的画面出现在我眼前,其形式有点像大理石的雕塑,就像一个固定的物体矗立在我的眼前。但是,我立即注意到,它不太像布雷西亚的自由纪念碑上面的狮子(实际上我只看过描写它的画册),更像另一个著名的大理石狮子——我在卢塞恩(Lucerne)市的死者纪念碑上看到过这个狮子,这个纪念碑主要是纪念在杜乐丽宫(Tuileries)阵亡的瑞士卫兵,在我的书架上有一个小的复制品。现在这个被我遗忘的名字终于出现了:它就是维罗纳(Verona)。"

"与此同时,我很快就明白了谁应该为我的记忆缺失负责。除她之外不会是其他人,她就是我的那家亲戚的前任女佣,当时我曾在他们家做客。她的名字叫维罗妮卡(Veronika)(等同于匈牙利语的维罗纳),我非常讨厌她,因为她面目可憎,她说话尖锐刺耳,声音沙哑,以及她的那种令人难以忍受的武断个性,厌恶她因在这家做佣人的时间长而产生的那种自信。同时,使我无法忍受的另一个方面是,她经常用专横、残暴的方式(tyrannical way)对待这个家里的孩子们。现在我也理解了这些替代联想的意义。"

"我由卡普亚(Capua)直接联想到的是 caput mortuum(死人的头)。我经常将维罗妮卡的头比作一个死人头,这个匈牙利词'kapzsi'(贪婪的)无疑为这种替代提供了另外一种决定因素。当然,我也发现了许多更直接的联想路径,这些路径可以将卡普亚(Capua)和维罗纳(Verona)作为地理观念而联系起来,而且,作为意大利词,它们的发音也是一样的。"

"对布雷西亚(Brescia)也同样如此。但在这里,要想把这些观念联系起来也有一些曲折蜿蜒的小路。"

"有时,我的敌对情绪是那样的强烈,以致我发现维罗妮卡实在令人作呕,而且,只要她表现出某种爱欲的生活以及别人表现出对她的爱,我便不止一次地流露出我的惊讶之情,我会这样说,'为什么吻她会使人感到恶心(nausea)!'①无论如何,从此以后,我确实总将她和瑞士阵亡卫兵的想法联系起来。"

"布雷西亚是我们经常提起的城市,然而在匈牙利,这个城市与狮子并没有什么联系,但却与另外一种野生动物有关。在这个国家,以及也在意大利北部,人们最憎恨的名字是'海瑙将军'(General Haynau)的名字,即人们通常熟知的'布雷西亚土狼'(Hyaena of Brescia),我的这些想法中有一条线索,从这个令人痛恨的暴君海瑙(tyrant Haynau),通过布雷西亚又转到了维罗纳小镇,而另一条线索,则通过这种发出沙哑的叫声,且出没于死者坟墓的动物(这些有助于确定我大脑中出现的死者的纪念碑),而导致了死人头和维罗妮卡的令人不快的声音的出

① "恶心"(nausea)这个德文单词的前半部分的音节(Brechreiz)和布雷西亚(Brescia)的第一个音节发音相似。

现——维罗妮卡成为我无意识地表达这种粗俗辱骂的对象——她在家里表现出的这种残暴与奥地利将军在匈牙利和意大利为自由而战后所表现出来的残酷毫无二致。"

"卢塞恩与那年夏季的想法有关,那时,维罗妮卡和她的主人一起在卢塞恩城镇附近的一个湖畔度假。瑞士卫兵进而又使我想到:她不仅知道如何残暴地对待孩子,而且也知道如何残暴地对待这个家里的成人,她想象自己扮演着'Garde-Dame'(奶妈,字面的意思是,'女人的卫士')的角色。"

"我必须明确指出,我对维罗妮卡的这种敌对或厌恶情绪——在意识层面上——实际上是一种早已经被克服了的东西。因为那时她的外表和态度已经有了变化,这对她很有好处,我能够怀着真正的温情去见她,尽管我实际上很少有机会这样做。通常,我的无意识会比较固执地坚持我(最初的)印象:即'往事的回忆'和憎恨。"[1]

"杜乐丽宫则是对另一个人的暗示,这是一个上了年纪的法国女人,她实际上曾经多次'保护'(guarded)家庭妇女;人人都尊敬她,无论大人还是小孩——无疑她也多少有点令人畏惧(feared)。有一段时间我是她的 élève(学生),主要学习法语对话。这个单词 élève 使我回忆起这样一件事,我去看望我现在的主人在波西米亚北部的一个妹夫,使我感到有趣的是,当地的村民将那所林地学校的学生(élève)称为'Löwen'[2](狮子)。这段有趣的记忆对于从土狼移置到狮子也发挥了某种作用。"

---

[1] 用德语表示就是"'nachtraglich' und nachtrgend"。

[2] 这个词的第一个音节的方言发音与学生(élève)这个词的第二个音节的发音相似。

(十一)①下面的例子也表明,在一定时期对某人起支配作用的个人情结,由于某种非常遥远的联系,可能会导致我们对名字的遗忘。

两个男人,一个老人,一个年轻人,6个月前,他们一起到西西里岛做了一次旅游,他们曾相互交换了在那段愉快而令人留恋的日子里收集的东西。"让我想一下,"年轻人说,"在我们去塞利农特(Selinunte)旅游前的那个晚上,我们住过的那个地方的名字叫什么? 是不是卡拉塔菲米(Calatafimi)?"老者否定了:"不是,肯定不是,但是,我也忘掉了这个名字,尽管我仍清楚地记得我们在那里停留的所有细节。我只要发现其他人忘掉了一个名字,这立刻就会使我也将这个名字忘掉。(参见下文,英文版第40页以下。)我们不妨寻找一下这个名字。但是,出现在我脑海中的唯一的东西就是卡尔塔尼塞塔(Caltanisetta),这肯定也不是。"

"不是,"年轻人说,"这个名字以'W'开头,或者中间有一个'W'。""但是,意大利文中没有'W'。"老者表示反对。

"我的意思是实际上可能是一个'V'。之所以说成'W',因为在我自己的语言中,我对这个字母非常熟悉'。"老者仍然不同意这是字母"V"。"实际上,"他说,"我相信我已经将西西里岛上的很多名字都遗忘了;这或许是一个做实验的好机会。例如,在古代被称为恩纳(Enna)的地方,那个小山上的一个地方叫什么名字? 噢,我知道了——Castrogiovanni(卡斯特罗乔瓦尼)。"

---

① 这个例子是1912年增补的。以前曾作为一个不同的论文出现过,在1911年以"对专有名词的忘的贡献"(A Contribution to the Forgetting of Proper Names)为题发表。(弗洛伊德,1911i)。这段情节是自传式的,与弗洛伊德在费伦茨陪伴下于1910年秋季访问西西里岛有关。

接着那个年轻人也回忆起了那个被遗忘的名字。他大声地喊叫起来："是 Castelvetrano(卡斯特尔维特拉诺)。"他很高兴他能够坚持提到"V"这个字母。

在短时间内这个老者仍没有表示认同。但是,当他接受了这个名字后,就该到他解释他遗忘这个名字的原因了。"很明显,"他说,"它的后半部'-vetrano'听起来很像是'veteran'(老的)。我知道我很不喜欢想到衰老(growing old),而且每当我涉及这一问题时,我便会有很奇怪的反应。例如,最近我曾用这种最奇怪的语言攻击我的一个很亲密的朋友,'他的青春已经一去不复返了',因为有一次在奉承我的时候他说过这么一句话,说我'不再是一个年轻人了'。[①] 我的抗拒针对'Castelvetrano(卡斯特尔维特拉诺)'这个名字的第二部分,其中的另一个迹象是,最初的发音反复出现在那个替代的名字'Caltanisetta(卡尔塔尼塞塔)'上。"

这个年轻人问道:"Caltanisetta(卡尔塔尼塞塔)这个名称本身又有什么意义呢?"老者承认:"它似乎很像我对一个年轻女人的爱称。"

过了一会儿,他补充说:"当然,恩纳这个名字也是一个替代名字,现在我明白了,Castrogiovanni(卡斯特罗乔瓦尼)——是在理智的帮助下而强行出现的一个名字——听起来很像'giovane'(年轻)这个词,就像被遗忘的 Castelvetrano(卡斯特尔维特拉诺)听起来像单词'veteran'(年老的)一样。"

---

① 这位朋友是普特纳姆(J. J. Putnam),弗洛伊德说的话出现在他翻译普特纳姆的一篇论文的一个脚注中(1910 年)。这个脚注(弗洛伊德,1911j)在《弗洛伊德全集标准版》第 17 卷,第 271—272 页上全文给出了。从普特纳姆那里引用的这个短语将在他的另一篇论文中发现(1909 年)。全部的情节是在琼斯(Jones)写的弗洛伊德传记中讨论的,1955 年,第 82—83 页。

老者认为,用这样的方式他就解释了他对名字的遗忘。但他并没有说明这个年轻人同样出现记忆失败的动机。

不仅仅是动机,而且控制名字遗忘的机制也应该引起我们的兴趣。[①] 在很多情况下,一个名字之所以被遗忘,并不是因为名字本身唤起了这样的动机,而是因为——由于发音上的相似性,或者由于谐音等——它触及了另一个名字;而这些动机又确实与这个名字相抵触。如果这些决定性的因素以这种方式而得到放松,那么,对这个现象的解释显然就容易多了,正如以下这些例子所示。

(十二)这个例子是由爱德华·希奇曼(Eduard Hitschmann)博士报告的(1913a):"N 先生企图说出(维也纳)书商吉福尔(Gilhofer)和兰奇博格(Ranschburg)公司的名字。但是,无论他多么冥思苦想,他想到的却只有兰奇博格的名字,尽管他非常熟悉这家公司。回到家里后,他感到有点不太满意,认为有必要问一下他的哥哥(他显然已经睡了)该公司名字的前半部分是什么。他的哥哥毫不犹豫地就将这个公司的名字告诉了他,这样,通过对'Gilhofer'的联想,'Gallhof'这个单词马上闯入了 N 先生的大脑。Gallhof 是一个地方,几个月以前,他曾在这里和一个很漂亮的年轻女士一起散步。作为纪念品,这个女士送给他一个礼物,上面刻着这样的字样,'纪念在 Gallhof 度过的快乐时光。'就在这个名字被遗忘的前几天,这份礼物被严重损毁了,看起来很偶然,在他过分用力地合上抽屉时,这个不幸的事件发生了。他怀着某种内疚感注意到了这件事,因为他很熟悉这种症状行为的意义。(参见第九章。)当时,他对这个女士的

感情有点矛盾:他当然很爱她,但是,当她提出他们应结婚时,他却犹豫不决。"

(十三)汉斯·萨克斯(Hanns Sachs)医生曾报告说:"在谈论热那亚及其周围的环境时,一个年轻人想要提到一个叫 Pegli(佩利)的地名,但他敲着脑袋费了很大劲才将它回忆起来。在回家的路上,他想到了如此熟悉的名字为何以这种方式令人伤心地溜掉,在这样做时他想到另一个发音很相似的单词:Peli(佩利)。他知道,在南海有一个岛就叫这个名字,那里的居民仍保留着一些不同寻常的习俗。最近,他在一本人种学著作中读到过有关他们的材料,那个时候,他就下决心想用这个材料来支持他自己的假设。他接着想到的是:佩利(Peli)也是一部小说里的一个地方,他曾很感兴趣而又津津有味地读过这本小说——小说的名字是《凡·赞坦的最幸福时光》(*Van Zantens glücklichste Zeit*),小说的作者是劳里兹·布鲁恩(Laurids Bruun)。那一天,占据他的大脑的想法几乎一直围绕着一封信展开,这封信是他在同一天早上收到的,是一个他很喜欢的女士寄来的。这封信给他提供了原因,使他担心自己将不得不放弃事先定好的一次约会。白天,他一直闷闷不乐,晚上,他出去散步,想摆脱这种使人厌烦的想法,而去尽可能情绪安稳地享受摆在他面前的社会机遇,但实际上,他对自己确定了一个极高的价值标准。很明显,他的这些想法都是由单词 Pegli 严重引发的,因为在发音上它与 Peli 是如此接近;而反过来,通过自己对人种学的兴趣,Peli 又与他自己建立了某种个人联系,不仅具体地表现为凡·赞坦的快乐时光,而且也表现了他自己的'最快乐时光',由此而导致了那一整天他都处于恐惧和焦虑之中。当他收到女友的第二封信后,使他的怀疑转变为幸福的确信,因为不久他就可以再见到她了,只有这样才能使这种简单的解释变得清晰。"

这个例子可以使人想起所谓地理上接近之因素的影响,在这种情况下"Nervi(奈尔维)"这个小城镇的名字是不可能被记住的(英文版第22页,例1)。这样,我们就发现了,两个发音相似的名字竟然能够产生和有两种含义的某个单词同样的效果。

(十四)1915年,和意大利的战争爆发后,我能够对我自己进行观察了,结果发现,相当数量的意大利地名却突然从我的记忆中消失了,虽然我以前对这些名字记得很好。和如此众多的其他德国人一样,我也习惯于在意大利的国土上度过我的一部分假期,毫无疑问,对这些地名的大范围的遗忘,表明了我对意大利抱有某种可以理解的敌对态度,现在这种态度取代了我以前的偏见。但是,除了这种遗忘名字的直接动机外,还可以检测出一种间接的记忆缺失,可以把它追溯到受同样的影响所致。我还表现出一种遗忘非意大利地名的倾向;对这些事件进行研究时,我发现,这些名字以某种方式借助于发音上遥远的相似性而与有危险的敌人的名字联系起来。因此,有一天,我就非常痛苦地试图回忆起在比森茨(Bisenz)的摩拉维亚镇(Moravian)的名字。当我最后想起来的时候,我突然发现,这种遗忘与在奥尔维耶托(Orvieto)的比森支大厦(Palazzo Bisenzi)有关,比利·阿提(Belle Arti)旅馆就位于这个大厦里,我的所有的奥尔维耶托之行都住在这里。① 最宝贵的记忆当然被我的情绪态度的这种变化严重地破坏了。

还有一些例子也可以有助于提醒我们这种名字遗忘的过失行为所可能导致的目的的多样性。

---

① 现在这个例子是弗洛伊德在其《精神分析引论》(1916—1917年)的第四讲中简要报告的。

（十五）这是斯托夫（A.J.Storfer）报告的一个案例（1914）：
"一天早上，一个住在巴塞尔（Basle）的女士得到消息，她年轻时
的一位朋友，柏林的赛尔玛·X.，当时正在度蜜月，将路过巴塞
尔，但只停留一天。这个巴塞尔的女士匆忙地径直来到她的旅
馆，当这两位朋友要分手之际，她们约定下午再见一次，直到柏
林的这位女士离开为止。"

"到了下午，巴塞尔的这位女士却忘记了这个约会。我不知
道是什么使她忘掉了这个约会，但是，在这个特殊的情境中（和
自己刚刚结婚的中学朋友的聚会），任何典型的情况都有可能发
生，这可能是促使她拒绝或忽略再次约会的决定因素。这个案
例的兴趣点就在于某种进一步的记忆缺失，这表明这个女士有
一种无意识的安全防卫。当她要会见她的柏林朋友时，这位巴
塞尔的女士恰好还在地处另一个地方的公司里。最近维也纳戏
剧演员库茨（Kurz）[①]的婚姻成为人们谈论的热点；这位巴塞尔的
女士曾对这个婚姻发泄过某些批评性的言辞（!），但是，当她想
要提出这个歌唱家的名字时，她却发现自己陷入了一种难以言
表的尴尬境地，她竟然想不起她的名字了（众所周知，有一种特
殊的倾向，人们倾向于称呼名字，尤其是在姓是单音节的情况
下）。这种记忆受阻使巴塞尔的这位女士感到非常心烦意乱，因
为她经常听到库茨唱歌，而且通常她对她的名和姓都记得很好。
还没等某人提到这个遗忘的名字，谈论的话题却改变了。"

"就在同一天的晚上，我们的这位巴塞尔女士和很多人在一
起，有些人是那天下午在场的同一拨人。很偶然地，谈话的话题
又转到了这位维也纳歌唱家的婚姻；这时这个女士很容易地就

---

① 她是著名的花腔女高音。

想起了这个名字'赛尔玛·库茨(Selma Kurz)'。'哦,天哪!'她大声地喊叫起来,'这真使我吃惊——我完全忘掉了今天下午和我的朋友赛尔玛(Selma)的约会。'她瞟了一下表,这时她的朋友肯定已经离开了。"

我们或许还不想对这个恰当的例子的所有方面评头论足。以下是一个更简单的例子,虽然在这里不是对名字的遗忘,而是对一个外语单词的遗忘,而遗忘的动机产生于当时的情境。(我们可能已经发现,我们应对的是一些同样的过程,既适合于专有名词,也适用于名字、外语单词或词组的遗忘。)这个例子是说,一个年轻男子忘掉了一个英语单词"黄金"(Gold)——这个词和德语中的词是一样的——目的是找一个机会,使他可以实施他所渴望的行为。

(十六)这个例子是汉斯·萨克斯医生报告的:"一个年轻男子在一所公寓认识了一个英国女士,他似乎爱上了她。在他们认识的第一个晚上,他用这位女士的本国语言与她交谈,他知道这次谈话相当不错,但在他们用英语谈话的过程中,他想要使用英语单词'黄金'。任凭他付出多大努力,就是想不起来。而出现在他脑海中的是法语或者是拉丁语的 aurum(黄金)和希腊语 chrysos(黄金),这些词顽固地作为替代词而强行在他脑中出现,以致他不得不下功夫抛弃这些词,尽管他明确地知道这些词和他正在寻找的单词没有任何联系。最后,他发现,唯一使他的意思能够被人理解的方式就是他抚摸这个女士手上的金戒指,而且他非常尴尬地从她那里获悉,黄金这个早已遗忘的英语单词和德语的单词是完全一样的,都是'gold'。这种抚摸的重大价值(由于遗忘提供的机会)并不仅仅在于,在女士不拒绝的情况下通过抓住和触摸而满足了自己的本能欲望——因为对恋人而言还有许多可以用来满足这种本能的机会。其主要意义可能在于,这种方式有助于表明他在向她求爱。尤其是,如果她的无意识被富有同情心地引向和她交谈的这个男人时,这位女士的无意识就会预测到这种遗忘的性爱目的,而这个目的又被其纯真清白的面具隐藏着。她对待他抚摸她的这种方式,以及她对其动机的接受,就以这种方式成为一种手段——这对双方都是无意识的,但又充满了意义——通过刚刚开始的这种调情,他们达成了某种理解。"

(十七)从斯塔克(J. Stärcke)(1916)那里我报告了另一个有趣的观察发现,它和某一个专有名词的遗忘以及随后的恢复记忆有关。这个例子的典型特点是:这个名字的遗忘与错误地引用一首诗的诗句有关,就像前面的"科林斯的新娘"中的例子一样。

"Z先生,一位老法学家和哲学家,当着别人的面讲述他在德国学生时代的经历,他是怎样认识了一个格外愚蠢的学生,而且有很多轶事都可以说明他的愚蠢。然而,他却想不起来这个学生的名字;他相信这个学生名字的开头一个字母是'W',但后来他收回了这个想法。他想起来这个愚蠢的学生后来成为一个酒商。接着他又讲述了这个学生的另一件蠢事,然而,使他惊奇的是,他仍然没能想起他的名字。'他是这样一个愚蠢的家伙,'他接着说道,'我不知道我是怎样成功地将这些拉丁语装进他的脑袋的。'过了一会儿,他想起来他正在寻找的这个名字好像是以'…man'结尾的。这时我们问他是否想到了一些以'…man'结尾的其他的名字,他说出了埃德曼(Erdmann),(Earthman,地球人)这个名字。我们问:'他是谁?'他说:'也是那个时候的一个学生的名字。'但是,他的女儿却观察发现,有一个教授的名字也叫埃德曼。通过仔细询问我们发现,这个埃德曼教授是一份杂志的主编,最近他拒绝了 Z 先生提交的一篇论文,而 Z 对此不太满意,除了一些形式上的缩减之外,Z 还因此非常心烦意乱。(此外,后来我发现,几年以前,Z 就有很大的可能被接受为埃德曼任教的那个系的教授。因此,这可能是他产生遗忘的另一个原因,因为这个名字触及了他较敏感的地方)。"

"这时,那个愚蠢学生的名字突然回到他的脑海中,他叫'林德曼'(Lindeman)。自从他回想起这个名字的结尾是'…man'以来,长期处在被压抑状态的正是'Linde(菩提树,欧椴树)'。当我们问他,当他想到'Linde'这个词时他联想到了什么? 他最初说:'绝对什么也没有想。'当我催促说,他头脑里肯定出现了与这个词有关的东西时,他向上看了一下,并挥动了一下手,说:'是一棵菩提树——对,菩提树是一种很漂亮的树',此外,他再没有想到其他什么。这时没有人讲话,人们继续看书或做其他的事,过了一段时间后,Z 先生梦呓般地引用了这么一段诗:

> *Steht er mit festen*
>
> *Gefügigen Knochen*
>
> *Auf der Erde,*
>
> *So reicht er nicht auf*
>
> *Nur mit der Linde*
>
> *Oder der Rebe*
>
> *Sich zu vergleichen.* [①]

"我好像获得了胜利似的叫了起来,'这里有我们的埃德曼(地球人)。'我说:'那个站立在地球上的人,这就是说,那个地球

---

① 字面的意思是:"如果他以坚定、柔和的身躯站立在地球上,他就不可能忍受和菩提树或葡萄树相媲美。"

人或埃德曼,不可能忍受与菩提树[林德曼(Lindeman)]和葡萄树(酒商)相媲美。换句话来说,我们的林德曼,那个愚蠢的学生——后来成为一个酒商,仍然是一个愚蠢的家伙,但是我们的埃德曼要伟大得多,就是这个林德曼也是无法比拟的。'——这种表现在无意识中的讥讽和攻击性的语言是相当不同寻常的;这样,在我看来,现在很有可能已经发现了名字被遗忘的主要原因。"

"我这时又问,这段诗中的诗句是从哪里引用的,Z说是歌德的诗,他认为这首诗的开头是这样的:

Edel sei der Mensch

Hilfreich und gut ![①]

后面还包括以下的诗行:

Und hebt er sich aufwärts

So spielen mit ihm die Winde.[②]

"第二天我查阅了歌德的这首诗,结果这个故事表现得比原先似乎更加动人(尽管也更为复杂)。"

(1)"他引用的这首诗的前几行是这样写的(参见上文):

Stehn er mit festen

Markigen Knochen···[③]

'Gefügige Knochen'(柔枝弯曲)是一个很特殊的组合,但是我不准备对这一点进一步细说。"

(2)"这个诗节接下来的诗句是:

···Auf der wohlgegründeten

---

① "让人变得高尚、互助和美好。"
② "如果他挺身而起,风儿就会向他献媚。"
③ "如果他站着,有坚定、强壮的身躯⋯⋯"

Dauernder Erde，

Reicht er nicht auf，

Nur mit der Eiche

Oder der Rebe

Sich zu vergleichen. [1]

所以，在整个这首诗里，根本就没有提到菩提树，而他却将'橡树'换成了'菩提树'（在他的无意识中），目的只是为了能够做这样一种文字游戏：地球——菩提树——葡萄树。"

（3）"这首诗的题目是：'Grenzen der Menschheit（人类的局限）'，将上帝的全能和人类微不足道的力量进行了比较。但诗的开头却是：

Edel sei der Mensch，

Hilfreich und gut！

这是另一首诗，全诗有几页长。诗的题目是'Das Göttliche'（神圣的大自然），它也包含着神和人的思想。由于这件事情不可能进一步深究下去，我至多只能提供某种看法，关于生和死、暂时和永恒、主体自己脆弱的生命和未来的死亡等想法，也在这个例子中发挥了较大的作用。"

在我们列举的某些例子中，为了解释人们对名字的遗忘，我们不得不使用了精神分析技术中所有的精髓。如果你想对此有更多的了解的话，建议你看一下伦敦的厄内斯特·琼斯（Ernest Jones，1911a）的文章，这篇文章已被译成德文。[2]

（十八）费伦茨已经观察发现，对名字的遗忘也可能是一种

---

① "……在坚实、有韧性的地球上，他不屑奋力往上长，甚至与橡树和葡萄树媲美。"

② 这一段话是 1912 年增补的。下面这个例子(18)是 1920 年增补的。

癔病症状的表现。在这种情况下,它表现出一种与其他失误行为大相径庭的机制。这种差别的本质可以从他以下所言中看出来:

"当时我正在接待一个患者,一个治疗多年的老处女,她经常记不起来一些最为熟悉的名字和众所周知的专有名词,尽管她的记忆力在其他方面都很好。在分析过程中,我们清楚地发现,这种症状是她存心的,以此来证明她受到的忽视。但是,这种证明她受到忽视的表现,实际上是她对父母的谴责,因为他们不让她接受任何高等教育。她之所以痛苦地强迫性地清洗东西('家庭妇女'的精神病),也是部分地由于这个原因引起的。通过这种方式她想要表达的意思是:'是你把我变成了家庭妇女'。"

如果我想在这个第一阶段证明所有这些观点的话——我们将在以后的主题中对这些观点进行讨论——我就会引用①更多名字遗忘的例子,对这种现象做更为全面的探讨。但是,请允许我用几句话从这里所报告的分析中得出一些结论:

名字被遗忘的机制(更确切地说,是名字溜出记忆的机制,或暂时被遗忘的机制)就在于,通过某种当时不在意识中的一系列不相容的想法,来干扰这个名字有目的的再现。在被阻止的名字和这种干扰情结(interfering complex)之间从一开始就存在着某种联系,或者这种联系常常是通过看似人为的,通过表面的(外在)联想的方式而确立下来的。

在这些干扰情结中,个人情结(如,个人的、家庭的、职业的情结等)被证明具有最大的作用。

---

① 以下内容一直到下一页的末尾都可以追溯到 1907 年。

一个名字有多重含义,因而它就分属于不同的思想(情结)系统之中,当它由于参与到另一种更强烈的情结之中而与某一思想系列联系时,名字的出现就会受阻。

在这些干扰动机当中,通过回忆而避免唤起痛苦的情绪,这个目的是显而易见的。

总之,名字的遗忘可以分为两大类:一种情况是,名字本身触及了一些令人不愉快的东西;另一种情况是,名字与另一个有同样作用的名字建立了联系。这样,出于自己的考虑,名字的再现便受到干扰,或者由于名字引起的更为密切或更为遥远的联想关系而产生了遗忘。

对这些普遍现象的分析向我们表明,为什么在几乎所有的失误行为中,名字的暂时遗忘是最经常观察到的现象。

(十九)然而,我们还远没有列举出这一现象的所有特点。在这里我想说明另一点。名字的遗忘具有很强的感染性。在两个人谈话时这一现象经常发生,例如,只要他们中有一个人提到,他忘记了某个名字,结果往往是这样的,这个名字也会从另一个人的大脑里溜出去。但是,在诸如此类的情况下,遗忘都是被引导出来的,然后被遗忘的名字又会很快地出现。[①] ——这种"集体的"遗忘(collective forgetting),严格地说是一种群体心理现象,还没有成为精神分析研究的主题。我们仅举一例(但它是一个很精妙的例子)对此加以说明。瑞克(Reik,1920)已经能够对这一有趣的现象进行很好的分析。

"在大学里的一次小型聚会上,有两个哲学系的女大学生,大家正在讨论在宗教研究领域中提出的很多问题,以及通过讨

---

① 参见英文版第30页和第62页——这一章的其他部分,除了最后一段之外,都是1920年增补的。

论基督教的起源来阐释文明的历史问题。其中一个年轻的女士加入了这个谈话,她回想起,在她最近读到的一本英国小说中,她发现了一幅带有很多宗教色彩的有趣的画,画中的年代已经模糊不清了。她补充说,这本小说描绘了基督的整个一生,从出生到死亡,但是她怎么也想不起来这本书的名字(她对这本书的封面以及标题的每一个字母的视觉记忆都是十分清晰的),在场的三个男大学生也说,他们知道这本小说,而且他们说——有一种奇怪的联系——他们也想不起这本书的名字了。"

这个年轻的女士是唯一一位使自己对这一现象进行分析的人,她的目的是想要发现这个名字被遗忘的原因。这本书的题目是《我是一个妓女》(*Ben Hur*),作者是路易斯·华莱士(Lewis Wallace)。她发现另外一些想法替代性地出现在她的脑中:"Ecce homo"—"Homo sum"—"Quo vadis"。这个女孩自己认识到,她之所以将这个名字遗忘掉,"是因为它包含着某种我(和其他女孩一样)不在乎使用的表达方式——尤其是在有年轻男子陪伴时"。[1] 根据这种非常有趣的分析,这种解释便具有了某种更为深刻的意义。在已经暗示过的上下文关系中,对"homo"(男人)这个词的翻译也有某种不太体面的意思。瑞克得出的结论如下:"这个年轻女士对待这个单词的方式是这样的,仿佛通过在这些男性面前提出一个有疑问的标题,她就已经表明了她的这些愿望,她拒绝了这些愿望,认为这些愿望与她的性格不合,而且会引起她的伤心。更简单点说:说出这些单词'Ben Hur'[2],被她无意识地等同于性方面的提供,而她由此产生的遗忘,与她拒绝了那种无意识的诱惑相对应。我们有理由假设,这

---

① "Hure"是德语词,意思是"男妓"(whore)。

② 德语词汇"bin Hure"("我是一个男妓")在发音上听起来很像是"Ben Hur"。

些年轻的男大学生的遗忘也是由这些类似的无意识过程决定的。他们的无意识已经理解了这个姑娘产生遗忘的真正含义，可以说，对此作了解释。这些男子的遗忘表明了对这个女士礼貌行为的尊重……好像这个正在和他们对话的姑娘，通过她突然的记忆丢失而表达出某种清晰的信号，这些男士们的无意识也对此有了足够的理解。"

有时，我们也会持续不断地遗忘一类名字，这一系列的名字从我们的记忆中逃了出去。[①] 如果想要恢复这个被遗忘的名字，必须首先寻找与此相联系的其他很多名字，通常发生的情况是，这些新的名字——作为另一个名字产生的基础——也以同样的方式消失了。这样，遗忘就从一个名字转移到另一个名字，仿佛是要证明，这个障碍的存在是不可能轻易清除的。

---

① 这一段话可以追溯到 1907 年。

四、童年记忆和掩蔽性记忆[①]

在《精神病学与神经症学月刊》杂志上发表的第二篇文章中（1899a），我在一个未曾预料到的方面证明了我们的记忆活动的倾向性本质。我从一个很明显的事实开始讨论，这个事实便是：人们童年早期保留下来的记忆似乎都是一些无足轻重的和不重要的东西。另一方面（通常如此，尽管不敢肯定普遍都是如此），成年的记忆印象中没有任何线索能够说明这些早期的记忆中，有哪些是重要的、印象深刻的以及对我们的影响比较大的。或许可以由此做出这样的假设——因为众所周知，记忆要从提供给它的印象中做出选择——在童年时期，这种选择的进行所依据的原则与理智成熟时期采用的原则完全不同。但是，仔细的研究表明，这种假设是没有必要的。童年期这些琐碎的记忆之所以存在，应归因于某种替代（displacement）过程：这些记忆，在

---

① 在1901年和1904年，这一章的标题只是"掩蔽性记忆"，而且只由前面四个自然段组成。其他的全部内容都是1907年增补的，除了一个自然段（英文版第49页）和最后一个脚注之外，这一段可以追溯到1920年。

(记忆)再现中,是对另一些有真正重要性的印象的替代。对这些重要印象的记忆可以通过精神分析的方式从一些微不足道的内容中开发出来,但是,有一种抵抗却阻止其直接地再现出来。这些不重要的记忆内容保留下来,不应归咎于它们的内容,而应归咎于它们的内容和另一种被压抑的内容之间的联想关系,我们必须把它们称为掩蔽性记忆(screen memory),我已经用这个名称描述过它们了。

在我提到的这篇文章中,我只是触及了这种掩蔽性记忆,但对其间的关系和意义的复杂多样性并未做深入的探讨。文中我曾引用一例对此予以较详细的分析,[①]我特别强调了掩蔽性记忆和被它掩蔽的内容之间在时间顺序上的独特性。在那个例子中,掩蔽性记忆的内容是童年最早期的记忆内容,而那些心理经验却在记忆中被这种内容所取代了,而且一直处在几乎无意识之中,这些心理经验在主体后来的生活中才表现出来。我把这种替代称为倒摄性(retroactive)或退行性(regressive)移置。那种相反的关系或许更为常见:某种最近形成的无关紧要的印象在记忆中作为一种掩蔽性记忆而确定下来,虽然这样做的好处只是因为这种记忆与抵抗阻止它直接再现的某种早期的经验有关。这些掩蔽性记忆就被称为前推性(pushed ahead)或前移置性(displaced forward)掩蔽记忆。[②] 这里的关键是,被占据的记忆在时间上要先于掩蔽性记忆。最后,我们发现还有第三种可能性,掩蔽性记忆与以下这种印象有关:它不仅通过其内容来掩蔽,而且也通过时间上的持续性来掩蔽:这些掩蔽性记忆就是同

---

① 和本章末尾的那个例子一样,这个例子实际上源自弗洛伊德自己的经验。请参见这篇论文的编者注(《弗洛伊德全集标准版》,第3卷)。

② 就是说,在这些情况下的移置是向前推进的。

时性掩蔽记忆(contemporary screen memory)或接近性掩蔽记忆(contiguous screen memory)。

在我们的记忆储存中,究竟有多大一部分处在掩蔽性记忆的范畴之中,它们在各种神经-思维过程中起什么样的作用,诸如此类的重要问题,我在早期的文章中并没有予以讨论,在此也不想涉及。我关心的只是想要强调伴有失误行为的专有名词的遗忘和掩蔽性记忆的构成之间的相似之处。

初看起来,这两种现象之间的差异性要比可能发现的任何类似性明显得多。前一种现象与专有名词有关;而后一种现象则与全部印象有关,即要么在现实中要么在思想中体验到的事物。在前者中,我们有一种明显的记忆功能的失败;在后者中,某种记忆活动会使我们觉得很陌生。在前者中这是一种暂时紊乱的情况——因为刚才遗忘的那个名字可能在以前曾数百次地再现过,而且第二天早上有可能再次出现;在后者中,这是一种永恒的和固定的记忆现象,因为这种似乎微不足道的童年记忆有巨大的力量可以和我们一起度过我们一生中相当长的时间。在这两种情况下问题的焦点看起来大相径庭。就前者而言,是一种遗忘,后者则是应唤起我们的科学好奇心的保持。更仔细的研究揭示,尽管在它们的心理材料以及保持的时间上,这两种现象之间存在很多差异,但它们的一致之处却远超过差异。两者都与记忆中的错误有关:记忆再现的东西并非是它应该正确再现的东西,而是出现了作为某种替代的东西。在名字遗忘的情况下,尽管出现了替代名字的形式,但是记忆确实在活动;掩蔽性记忆的形成,这种情况把其他更重要印象的遗忘作为其基础。在这两种情况下,理智的感受通过某种干扰因素而把这种干扰的信息提供给我们,但它采取了两种不同的形式。对名字的遗忘而言,我们知道这个替代的名字是错误的;但对于掩蔽性记忆而言,我们会惊讶地发现,我们竟然拥有所有这些材料。现在,如果心理学的分析确定,这两种替代形成的方式是一样的,即通过某种表面联想的移置来实现,这恰恰就是这两种现象之间的不相似之处,即在它们的材料、它们的持久性和它们的焦点上的差异,而这又提高了我们的期望,我们从中发现了某种更重要的东西和具有普遍有效性的东西。这个普遍原则就会宣称:当再现的功能失败,或误入歧途时,通过有目的性的因素——其目的是认同一种记忆而力图对抗另一种记忆——这种干扰便出现了,而且这种干扰往往是我们难以预料的。[①]

在我看来,童年期记忆这个主题是如此重要和有趣,以致我期望超脱我迄今已表明的观点,对此进行一些另外的观察研究。

我们的记忆可以扩展到童年的什么时期呢? 对这个问题我有一些熟悉的研究材料,例如亨瑞夫妇(V. Henri & C. Henri, 1897)的研究和波特温(Potwin, 1901)的研究。他们的研究表明,在进行考察的这些人当中存在着很大的个体差异:有些人把他们最早期的记忆追溯到出生 6 个月时的生活经历,而有些人则对他们 6 岁甚至 8 岁以前的生活记忆完全是一片空白。但是,在保持童年记忆中的这些差异究竟与什么因素有关呢? 其重要影响因素是什么呢? 显然,通过问卷的方式来收集材料以回应这些论点是不够的;除此之外,我们应对这一过程进行仔细的研究——在这个过程中必须有本人参加并向我们提供信息。

在我看来,我们将婴儿时期的记忆缺失(amnesia)这个事实——也就是,我们最初几年生活经历的记忆缺失——太简单

---

① 在 1901 年和 1904 年的版本中,这一章就是在这里结尾的。参见英文版第 43 页脚注。

化了；我们并没有把它看作是一个奇怪的谜。我们忘记了一个 4 岁左右的孩子可能具有的理智成就有多么高，可能具有的情绪冲动有多么复杂。我们应该感到惊讶的是，在后来的生活中，我们保留的这种童年心理过程的记忆是如此得少，尤其是当我们完全有理由假设，这些童年期同样被遗忘的成就不会悄然溜走，而在它们没有给主体的发展留下任何的影响时更应如此，甚至我们已经证明，这些东西会对他后来的全部生活产生某种决定性的影响。尽管，他们已经忘记了这种独特的影响效果！这也表明，对某种相当特殊类型材料的记忆（在意识状态下的再现）是有条件的，现在我们有待于认识这些条件。根据我们最近的发现，童年时期的遗忘完全有可能给我们提供理解这些记忆缺失的钥匙，而记忆缺失又是构成所有神经症症状的基础。[①]

在已经保存下来的童年记忆中，有一些是我们完全可以理解的，而另一些则似乎是奇怪的和不可理喻的。我们不难更正这两种情况中的某些错误。如果把一个人保存下来的童年记忆进行某种分析探究，那就很容易确定，其准确性是无法验证的。有些记忆形象当然是错误的、不完整的，或在时间和地点上都发生了移置。如果进行探究的主体认为，他们最初回忆起来的材料可以追溯到两岁，这种说法显然是不可相信的。再者，我们很快就会发现这种记忆经验的歪曲和移置可以被人理解的动机所在，但这些动机同时也会表明，这些回忆错误不可能只是由于某种不可信的记忆引起的。后期生活中一些强有力的力量对能够

---

① 弗洛伊德在 1898 年 3 月 10 日写给弗利斯的一封信中宣称，在婴儿期记忆缺失和精神神经症之间有某种关联（弗洛伊德，1950a，第 84 封信）。他在其《性学三论》（1950d）的第二篇论文中更全面地讨论了这个问题（《弗洛伊德全集标准版》，第 7 卷，第 174－176 页。）

记住童年时期的经历产生着影响——很有可能,正是这些同样的力量,才使我们如此普遍地难以理解我们的童年早期。

众所周知,成人的记忆利用的是各种不同的心理材料。有的人以视觉形象为主进行记忆;他们的记忆具有视觉性的特点。而另一些人在他们的记忆中则很少再现他们所经历事物的甚至一点点(视觉的)轮廓。根据沙可(Charcot)的假设,这些被称为是听觉型的(auditifs)和动觉型的(moteurs),以区别于视觉型的人(visuels)。但在梦中,这些区别却消失不见了;我们梦中的形象绝大多数是视觉性的。但这种差异的形成[①]在童年期的记忆中则同样是相反的;童年的记忆是可塑的视觉性记忆,即使那些后来失去视觉性记忆功能的人也是如此。视觉记忆相应地保留着婴儿记忆的那种类型。就我自己的情形而言,我最早的童年记忆内容只是一些具有视觉特点的内容;它们是一些以可塑的形式表现出来的固定情景,只可比作是舞台上的一幕幕场景。在这些童年期的情景中,无论它们实际上被证明是正确的还是错误的,一个人所看到的永远是作为孩子的自己,有孩子的形体,穿着孩子的衣服。这种情况一定会使我们感到惊异;在后来成人收集的这些视觉型的记忆材料中,却很难看到他们自己了。[②] 这又和我们已经学会假设的所有那些情况正好相反,即在孩子的经验中,孩子的注意指向的是自己本身,而非完全指向来自外界的印象。因此,基于上述的种种考虑,我们不得不承认:在所谓最早期的童年记忆中,我们拥有的并非是真正的记忆痕迹,而是后来对它的修正,这种修正可能是由于后来生活中的各种心理力量的影响所致。这样,个体的这种"童年记忆"便普遍

① 也就是,沙可所提出的这些差异的形成。
② 这个声明是建立在我做的许多探究基础上的。

获得了掩蔽性记忆的意义,在这样做时,这些童年记忆提供了一种与童年期记忆的明显类比,这些童年期记忆是一个民族保留在其传说和神话中的记忆。[①]

任何用精神分析的方法对许多人做过心理学研究的人,在其工作过程中,都会收集很多各种类型的掩蔽性记忆的例子。然而,正如我刚才讨论过的,由于童年期记忆和后来生活之间的这种关系的性质,对这些例子进行报告就显得格外困难。为了说明应该把童年期记忆看作某种掩蔽性记忆,就常常有必要对这个人全部的个人历史进行考察。只有在很少的情况下才能够将某种单一的掩蔽性记忆从其背景中提取出来,以便对此加以说明,就像在下面这个很好的例子中那样。

一个 24 岁的男人保留着下面这个他在 5 岁时的情景记忆。他在避暑山庄的花园里,坐在一个小椅子上,旁边是她的姑姑,她正在教他认识字母表上的字母。他很难区分字母 m 和 n,因此问她如何将这两个字母区分开。她的姑姑对他说,m 比 n 整体上多了一笔——第三笔。看起来对这种童年记忆的真实性没有必要去怀疑;但是,它本身肯定已经获得了后天生活的意义,这时也表明它适合于象征性地代表这个男孩的另一种好奇心。因为正是在那时他想要了解 m 和 n 之间的区别,所以,后来他便急切地想要发现男孩和女孩之间的区别,而且非常想让这个特殊的姑姑成为给他讲授这些区别的人。当时他也还发现,这种差别是类似的——男孩在整体上比女孩多了那一部分;当他获得了这样的知识后,他便唤起了这段与童年的好奇相平行的

[①]　关于个体的童年记忆和与一个民族史前期的传说和神话之间的类比,是弗洛伊德在其关于莱昂纳多·达·芬奇的那本书(1910c)的第二章中提出的,《弗洛伊德全集标准版》,第 11 卷,第 83～84 页。也请参见下文英文版第 148 页。

记忆。

这里还有一个例子,是源自童年后期。这是一个其性生活受到严重抑制的男人,现在,这个男人已经40多岁了,在9个孩子中,他是老大。在他最小的弟弟和妹妹出生时,他15岁,但是,他一直保持着这样的一个肯定而固执的印象,他从来没有注意到他母亲怀孕时的情景。我对此表示怀疑,在这种压力下,他产生了这样的回忆:在他11岁或12岁的时候,有一次他看到妈妈在镜子的前面很快地解下了裙子的带子。现在他自愿地补充说,妈妈刚刚从街上回来,好像做过很痛苦的体力活动。解下裙子(Aufbinden)是对分娩(Entbindung)的掩蔽性记忆,我们将在更多的案例中使用这种"言语桥"(verbal bridge)。①

现在,我想要再举一个简单的例子,在这个例子中,以前看起来没有什么意义的某种童年记忆,可以通过分析而获得某种意义。在我43岁时,我开始将自己的兴趣指向我的童年记忆中所保留下来的东西,有一个记忆情景已经保留很长时间了(对我来说好像是久远的过去),现在又经常不时地回到我的意识中,对这种记忆,我有足够的证据证明是我3岁后期之前的某个日

---

① 参见以下英文版第109页和第274页。——在弗洛伊德1904年的交叉版本中(参见编者导言,英文版第xiii页)可以发现关于掩蔽性记忆的以下注释。"B医生——在一个星期三[也就是,在'维也纳精神分析协会'的聚会上(参见琼斯,1955年,第9页)]非常巧妙地表示,可以把童话故事作为掩蔽性记忆来使用,使用的方式和寄生蟹把一些空的贝壳作为家来使用的方式一样。此时这些童话故事就变成了特别受喜爱的东西,谁也不知道是什么缘故。"——"从P的一个梦中表现出,冰实际上是勃起的对立面的一个象征;就是说,某个东西在冷的时候变硬,而不是——像阴茎那样——在热的时候(在兴奋时)变硬。性欲和死亡这两种相反的概念经常通过死亡使事物变得僵硬这个观念而联系起来。给亨利(Henri)提供信息的一个人提供了一个例子,把一块冰作为他的祖母去世的一种掩蔽性记忆。参见我关于'掩蔽性记忆'的论文(1899a),在那篇论文中更全面地讨论了V.亨利和C.亨利撰写的那篇论文(1897年)。"

期的记忆。[1] 我看到自己站在一个衣橱（"Kasten"）前面大叫着要找什么东西,大我20岁的异母哥哥把这个门打开了。这时,突然我的母亲——看起来很漂亮、很苗条——走进了房间,好像她刚从街上回来。这是我对这种有形画面的文字描述,但我并不知道从中能得到些什么。无论我的哥哥是想要打开还是要关闭这个衣橱——在我第一次对这幅图景进行解释的时候,我将它称为双门衣橱（"Schrank"）——为什么我要哭叫,母亲的到来与此有什么关系——我对所有这一切一概不知。

我给自己的解释是这样的:这就是被我的哥哥取笑的记忆和妈妈将这个情景结束的记忆。我们对在记忆中保留下来的某种童年情景的诸如此类的误解并不少见:回忆出某种情景,但是很不清楚其核心要点所在,人们也不知道这个心理落脚点应该放在其要素的什么地方。经过努力的分析,使我对这个画面产生了一个完全不曾预料的观点。我失去了母亲,因此开始怀疑她被关在衣橱里;正是由于这个原因,我才要求我的哥哥打开这个衣橱。当他按我的要求做的时候,我发现我的母亲没有在里面,因此我便开始哭。这时的记忆场景过得很快;接下来便是我妈妈的出现,这缓和了我的焦虑或渴望。但是,这个孩子是怎样获得这种观念:要在衣橱里寻找不在面前的妈妈呢?

在我对这个记忆进行分析的时候,我同时做了一些梦,梦中模糊地涉及一个保姆,我对这个保姆有一些其他的记忆,如她经常坚持让我将别人作为礼物送给我的硬币交给她——这个细节

---

[1] 这种掩蔽性记忆在弗洛伊德的自我分析中所发挥的重要作用,以及在对其进行阐释的发展阶段,可以在两封信中找到,这两封信是他在1897年10月3—4日和10月15日写给弗利斯的(弗洛伊德,1950a,第70封信和第71封信)。在那时弗洛伊德实际上是42岁。在这个故事中突显出来的那位保姆也在《梦的解析》中提到过(1900a),《弗洛伊德全集标准版》,第4卷,第247页。

本身或许有一种对后来经历的掩蔽性记忆的价值。[1] 相应地我也做出决定,这一次我要使这个解释的问题对我自己来说更容易些,我便去向我的母亲请教这个保姆的一些事情,当时她年事已高。从她那里我得到很多细节,这个精明但不忠实的人在我母亲分娩期间经常偷我们的东西,为此我的异母哥哥将她送上了法庭。这个信息对我解释自己童年的情景记忆带来了新的希望,使我能够理解它了。这个保姆的突然消失对我来说是一件微不足道的事情:为什么我将注意力特别转向了这位哥哥,并问他母亲在哪儿,这可能是因为我注意到,他在母亲的消失中发挥了某种作用;他用回避和俏皮的方式——这曾经是[2]他的特点——回答我说,她被"关了起来"(eingekastelt)。那时,我以孩子的方式(也就是,从字面上)理解了这种回答,但是我不再问任何更多的问题了,因为我知道也不会得到什么。当我的母亲不久后离开我时,我曾猜疑我那个可恶的哥哥用对待保姆的方式在对待我的母亲,因此我逼迫他将衣橱("Kasten")给我打开。现在我理解了为什么在我童年期的这种视觉情景的转换中,我特别强调母亲的苗条:给我留下的印象一定是,她好像刚刚恢复。我的一个妹妹是在那时出生的,我比她大两岁半,当我 3 岁

---

① 关于这个问题的更多细节将在写给弗利斯的两封信中找到,这两封信是在最后那个脚注中提到的。

② 在 1907 年,1910 年和 1912 年的版本中是这样写的:"甚至在今天也是。"

的时候,我和我的异母哥哥就不在一个地方生活了。[1]

---

[1] [1924年增注]任何一个对这些童年时期的心理生活感兴趣的人都会发现,人们很容易猜想,对这个哥哥提出的要求是一个更深层的决定因素。这个孩子还不到3岁,他就已经理解了,这个最近来到人世的妹妹曾经生长在母亲的身体里。他很不赞成在这个家庭里增加这么一个新成员,因此他便充满了不信任和焦虑,认为他的母亲身体里隐藏了很多孩子。对他来说,这个衣橱就是母亲的身体内部的象征。因此他坚持要看一下衣橱的里面。他将这种敌意又转向了哥哥,他(正如从其他材料中明显看出的)取代了父亲的地位,成了这个孩子的情敌。除了这个很有根据的疑虑之外——他的哥哥曾将那个失踪了的保姆关了起来——对他还有其他的猜疑,就是说,他要以某种方式把最近刚出生的孩子关到母亲的身体里。因此,当发现这个衣橱是空的时,失望感就从孩子要求的这种表面的动机中出现了。关于这种更深层的思想倾向,这种表现的地方是错误的。另一方面,在母亲回来时,看到母亲很苗条,这对他而言是一个巨大的满足,这种满足只有在更深的层面才能完全理解。——弗洛伊德曾反复地回到这个童年期记忆的主题。在他对莱昂纳多·达·芬奇的研究中(1910c)以及他关于纪念歌德的一篇论文中(1917b),他将其临床观察应用于某些历史人物。——对"正常"遗忘过程的某些讨论将在英文版第134—135页找到,以及在以下英文版第274页的一个脚注中找到。

五、口 误①

　　我们用本土语言讲话时常用的(语言)材料似乎受到某种保护,不太容易被遗忘;但是很容易出现另一种混乱,即众所周知的"口误"(slip of the tongue)。我们的观察发现,发生在正常人身上的口误给人留下的印象是,似乎是处在病理状态下所谓"语言错乱或失语症"(paraphasias)的初期阶段。②

　　这个课题使我发现我自己处在这样独特的地位,能够认识到以前某种研究工作的价值。1895 年,梅林格尔(Meringer)和迈耶尔(C. Mayer)发表了一项关于"讲话和阅读失误"的研究。他们的思想观点和我的大不相同。其中一个作者,他是这篇文章的代言人,实际上是一位语言学家,是他对语言学方面的兴趣

---

　　① 英文版第 55 页上的两个自然段和英文版第 64 页上的第 8 个例子例外,这一章的全部早期部分(一直到英文版第 67 页)可以追溯到 1901 年。

　　② 弗洛伊德曾在他关于失语症(aphasia)的书(1891b,第 13 页及以下)中讨论过"错语症"(paraphasia),认为这是一种器质性的脑紊乱;但是,在那本书中他也指出,在这类紊乱中的错语症症状"与在健康人身上也能观察到的单词的不准确使用和歪曲没有什么不同,健康人自己在疲劳状态下或在注意力分散时或者在受到混乱的感情影响时,也会出现用词不准确和歪曲"。

引导他企图发现控制这些口误产生的规则。他希望能从这些规则中得出这样的结论：这里存在着"某种心理机制，通过这种机制，单词的发音、句子的发音以及（全部的）单词都以某种相当独特的方式联系起来"。①

这两位作者收集起来的有关口误的例子，最初被他们以纯粹描述性的方式分成不同的类别。这些类别有：换位（transposition）（如用维纳斯的米罗［the Milo of Venus］来代替米罗的维纳斯［the Venus of Milo］）；前移（pre-sonances 或者 anticipation）（例如 "es war mir auf der Schwest … auf der Brust so schwer"②）；后移（post-sonances 或者 perseverations）（例如 "ich fordere Sie auf, auf das Wohl unseres Chefs aufzustossen" 替换 "anzustossen"③）；混合（contamination）（如 "er setzt sich auf den Hinterkopf"，将 "er setzt sich einen Kopf-auf" 和 "er stellt sich auf die Hinterbeine" 混合④）；替代（substitution）（例如 "ich gebe die Präparate in den Briefkasten" 替代 "Brütkasten"⑤）。除了这些主要的类别之外，还有其他一些无关紧要的类别（或者从我们自己的观点看来不太重要）。在上述的安排分类中，并没有找到什么很有差异性的东西，也未能说明这些换位、前移、后移、混合等与单词的发音、音节或组成句子成分的全部单词有什么

---

①　这一章的页码文献，除了特别指出的之外，都是梅林格尔和迈耶尔的（1895）。

②　这个短语预期的意思是："重重地压在我的胸（Brust）上"，替换词 "Schwest" 是一个并不存在的词。下面我们还会讨论和解释这个例子（英文版第 81 页）。

③　"为了我们校长的健康，我请你别喝（hiccough to）了"，替代 "喝酒（drink to）"。这个例子我们将在以下再次提到（英文版第 82 页）。

④　"他站在他的头部后面"（是一个无意义的短语）与 "他很固执"（字面的意思是：他戴上了花冠）与 "他抓住了他的后腿" 相混合。

⑤　"我将准备好的东西放在了信箱里"，替代了 "incubator"（字面的意思是 "孵卵器"）。

联系。

为了解释他观察到的多种类型的口误,梅林格尔提出了这样的假设:不同的发音有不同的心理价值。当我们要说出一个单词的第一个音节,或一个句子的第一个单词时,这个兴奋过程已经扩展到这个单词后面的音节或这个句子中其他的单词了,因为这种神经活动是同时进行的,而且相互发生着影响。语音的激活——从心理的角度而言,其活动的强度更为强烈——也就预示着后面的部分相应地也将被激活,这样就干扰了一些不太重要的神经过程,这里需要澄清的问题是:一个单词的什么发音具有最大的效价。梅林格尔的观点是这样的:"如果我们想要知道一个单词的什么发音具有最高的强度,当我们寻找一个遗忘的单词,如一个名字,我们就必须对我们自己进行观察。在这个单词被遗忘之前,首先进入我们意识的东西(语音),在所有的情况下都是强度最大的语音"(第160页)。"这个具有很高效价的语音是这个基本音节的第一音,是这个单词的第一音,是重读元音或几个重读元音"(第162页)。

在这里,我忍不住要对他予以反驳。名字的第一音是否就是一个单词中具有最高效价的因素呢?在遗忘的单词中,最先进入意识的是第一音,这种说法当然是不对的。因此上述规则并不是普遍适用的。在寻找一个被遗忘的名字时,如果我们对自己进行观察,我们比较经常地被迫表达出这样一种信念:它是以一个特殊的字母开头的。说我们有这种信念,这是没有证据的。我确实想要坚持这种主张,在绝大多数情况下,我们发出的第一音往往是错误的。在我们列举的例子"西诺雷利"("Signo-relli")(英文版第2页)中,事实上,替代的名字已经失去了第一音和基本的音节;在替代的名字波提切利(Botticelli)中回到记忆[1]中来的,正是这两个效价不太高的音节——elli。

替代的名字对被遗忘的名字的第一音根本就没有予以注意,[2]例如,这一点可以从下面这个例子中了解到:

有一天,我发现怎么都想不起来一个小国的名字,其主要城市是蒙特卡洛(Monte Carlo)。出现于大脑的是这些替代的名字:皮埃蒙特(Piedmont)、阿尔巴尼亚(Albania)、蒙得维的亚(Montevideo)、科利科(Colico)。不久,阿尔巴尼亚(Albania)在我心中被另一个词蒙特内格罗(Montenegro)取代了;接着我发现,除了最后一个词之外,所有的替代词都有一个"Mont"音节(发音为 Mon)。这样,从奥尔柏特王子(Prince Albert)(占统治地位的王子)入手,我就很容易地发现了这个被遗忘的名字,摩纳哥(Monaco)。科利科(Colico)好像很好地模仿了这个被遗忘的名字的音节和发音。[3]

如果我们可以做出这样的假设:与已经证明是名字遗忘的东西相似的某种机制,可能也在口误现象中发挥着某种作用,那么,这会引导我们对后面的这些案例做出更深刻的判断。表现在口误上的言语障碍可能首先是由另一个相同的语言成分的影响引起的,前移语音的影响,或者是某种持续言语症引起的——或者是由包括在句子或上下文中的那些观念的另一种阐释所致,而这才是一个人想要表达的意图。这就是从梅林格尔和迈

---

[1] 在 1924 年之前的版本中写的是"回到意识中"。

[2] 这个自然段和下一个自然段都是 1907 年增补的。

[3] 这个例子后来被弗洛伊德用在《精神分析引论》的第六讲中(1916—1917)。他在那本书中声称(对这个情节作了稍有不同而且或许更为清晰的说明),用蒙特内格罗(Montenegro)来取代阿尔巴尼亚(Albania)或许是因为黑人和白人之间的对比;而且,这是一种与慕尼黑(Munich)有关的想法——在意大利,慕尼黑也是摩纳哥——这些想法使他遗忘了这个地名。

耶尔那里借用的所有上述例子所属的产生口误的那种类型。但是,这种言语障碍可能还有第二类原因,类似于在西诺雷利(Signorelli)这个例子中的过程;口误可能来自于这个单词、句子或上下文之外的某些影响,而且产生于人们不愿意说出的某些因素,我们只是通过这种真实的言语紊乱才了解到它们是怎样激活的。上述产生口误的这两种方式既有共同之点,也有差别之处,其共同之点是,口误和这种干扰的兴奋是同时产生的;差别是在句子或上下文的内部或外部的兴奋点。初看起来,这些差异并不那么明显,因为它只关心从口误的症状中做出的某些推断。但是,很显然,只有在第一种情况下,才有希望从口误现象中得出结论,口误现象与单词和发音之间的相互联系的机制有关,这样它们才对其发音产生了相互影响——这就是那个语言学家在研究口误时想要得出的结论。在干扰来源于所说出的同样这些句子或上下文之外的影响时,首要的事情就是要了解这些干扰因素到底是什么——此后,就会提出这个问题:这种言语障碍的机制是否也能揭示这些假设的言语形成的规律。

我们也不能说梅林格尔和迈耶尔忽略了这种可能性:这些言语障碍可能是"复杂的心理影响"所致,可能是同一个单词、句子或语序之外的某些因素所致。他们一定可以观察发现,认为语音具有不同的心理效价,这种理论严格来讲只适合于解释语音障碍(Sound disturbance),以及声音的预期和持续言语症。在不能把单词障碍还原为发音障碍的地方(例如,单词的替代和传染),他们会毫不犹豫地在有意的上下文关系之外寻找口误产生的原因——这是一个他们可以通过一些很好的例子来说明的过程。下面我将摘录几段:

"鲁(Ru)谈到了发生过的一些情况,他在自己内部发出了单词'Schweinereien'(令人作呕的,字面的意思是,肮脏的)的音。但是,他试图谨慎地将这个意思表达出来,并且开始说道;但是当时的事实却是说出了'Vorschwein'①,迈耶尔和我都在场,鲁确认说,他思考的是'Schweinereien'。他认为这个词是在'Vorschwein'中表现出来的,而且是突然发挥作用的,关于这个单词的这个事实完全可以用这两个单词的相似性来解释。"(第62页)

"正如在口误传染(contamination)的情况下那样,在替代的情况下,'浮动'(floating)或'摇摆'(wandering)的言语表象也起着某种重要的作用——而且很有可能起的作用更大。即使它们处在意识阈限之下,但它们仍然足以发挥作用,而且会很容易地通过它们与想要说出的情结的任何相似性而发挥作用。在这种情况下,它们就会引起一系列的用词失误,或出现阻断现象。正如我们所说过的,'浮动'或'摇摆'的言语表象通常在言语过程开始之后蔓延开来,这些过程最近已经终止了(持续言语症)。"(第73页)

"当另外一个类似的单词半隐于意识阈限以下时,同时也没有做出决定是否将它讲出来时,相似的东西也会引起言语的失误或异常。替代就是由此引起的。——因此我希望我的规则在接受检验时必将得到证实。但是,为此,(如果讲话者是其他什么人)我们就必须要获得存在于讲话者思想中的所有明确的观点。这里有一个很有意义的例子。李(Li)是一个中学校长,他在

---

① 鲁想要说的是"came to 'light'",而且应该用"Vorschein"这个单词,但却使用了没有任何意义的单词"Vorschwein"。

我们的面前说:'Die Frau Würde mir Furcht einlagen'[①]。我吃了一惊。因为我觉得这个 L 的出现令人莫名其妙。我大胆地让说话者注意到他的这个失误,说应该是'einjagen',而不是'einlagen';但他马上回答:'是的,原因是这样的,我想我不应该 in der Lage(在一个层次或位置上)。"

"再举一例。我问希德(R. von Schid),他的那匹病马现在怎样了。他回答说:'Ja, das draut…dauert vielleicht noch einen Monat.'[②]。我不理解这个词'draut',用一个 r 来代替'dauert'里的 r,不可能产生这样的效果。因此我将他的注意力转移到这个地方,然而他解释道,他是这样想的:'das ist eine traurige Geschichte'(这是一个伤感的故事)。所以,在他的头脑中有两个答案,而且它们被混合在一起了。"(第 97 页)

很明显,"摇摆"的言语意象位于意识阈限之下,不想被讲出来,对这些意象的考虑,以及对讲话者头脑中所具有的全部信息的要求,都是构成对我们"分析"的这一时态的非常重要方法的一些程序。我们也在寻找无意识的材料;而且我们甚至沿着同样的路径不停地寻找,此外,一些观念进入了要求他发现其干扰因素的那个人的头脑中,在开始对这些观念进行探究时,我们就不得不走一条更加漫长的路,通过一系列复杂的联想来进行。

我还想再耽搁一会儿,对另一个有趣的过程做一下说明,梅林格尔的例子也证明了这一点。作者自己坚持认为:在想要讲出的句子中的单词和不想讲出的单词之间有某种相似之处,正

---

① 他想说:"这个女士会向我大发雷霆(einjagen)"。但是,代之以"einjagen",他却说了"einlagen",这是一个不存在的动词——尽管"Lage"是一个较熟悉的名词,意思是"位置"(position)。

② 他原先想要说的是:"哦,或许还要再持续[英文是(last),德文是(dauert)]一个月。"他没有使用 dauert,而是使用了一个毫无意义的"draut"。

是这种相似性,才使后者通过产生某种扭曲、某种组合图形,或者某种妥协的形式(传染)使这种现象本身在人的意识中被感觉到:

$$Jagen \text{,} dauert \text{,} Vorschein$$
$$lagen \text{,} traurig \text{,} \cdots schwein$$

现在,我已经在《梦的解析》(1900a)一书中证明了凝缩(condensation)活动在从隐梦想法中形成所谓显梦内容中所发挥的某种作用。在无意识材料的这两个成分之间的任何一种相似性——在这两个事物本身之间或其言语表现之间的某种相似性——就被视为一种机会,用这种机会可以创造出第三个成分,这是一个混合的观念或者妥协的观念。在梦的内容中,这第三个成分就是这两个组成部分的代表;由于它是以这种方式起源的,因此,梦经常会表现出各种矛盾的特点。在口误中出现的替代和传染的形成也相应地成为这种凝缩工作的开始,我们发现,这种凝缩作用与梦的构成极为相似。[1]

在一篇旨在为更广泛的读者圈设计的短文中,梅林格尔(1900)指出,一些特殊的案例具有某种独特的实践意义,在这些案例中一个单词被另一个单词所取代——也就是说,一个单词被另一个意思相反的单词所替代。"你可能还记得,"他写道,"在开幕前几分钟,奥地利国会下议院主席刚才宣布开会的方式,他说:'先生们,我注意到,应出席会议的成员都到了,因此我宣布会议闭幕!'大家的笑声使他注意到了自己的失误,并立即

---

[1] 参见《梦的解析》(1900a)第六章的第一节,《弗洛伊德全集标准版》,第 4 卷,第 279 页及以下。

做了纠正。[①] 毫无疑问,我们对这个特殊情形的解释是这样的:这位主席隐秘地希望自己已经处于要结束会议的状态了,因为他预期这次会议对他没有什么好处。正如经常发生的那样,这个相伴随的想法闯了进来,至少闯入了一部分,结果是'闭幕'替代了'开幕'——与自己想要表达的意思相反的一个词。现在,进行广泛的观察就会发现,在通常情况下,意思相反的词是可以经常发生相互替换的;它们已经在我们的语言学意识中形成了联系;它们相互之间非常接近,很容易就会引起错误的产生。"[②]

我们也不能说,在所有的情况下,这种替代都会用反义词来替代,在上述例子中人们很容易发现,主席表现出这种口误,可能是由于他头脑中产生的反对说出这句话的矛盾心理所致。我们在分析"aliquis"(英文版第8页)这个例子时,也发现了一种类似的机制。这种内在的矛盾在一个被遗忘的单词中表现出来,而不是被其反义词所取代。但是,为了缓和这种差异,我们可能会注意到,"aliquis"实际上不可能有一个像"开幕""闭幕"这样的反义词,而且"开幕"这个词是不可能被遗忘的,因为人们对这个单词太熟悉了,已成为我们词汇的一部分了。

如果梅林格尔和迈耶尔的上述例子表明,言语障碍一方面是由于前移语音或者我们想要说出的同一个句子中持续发出的声音和单词的影响,另一方面是由于在这个想要表达的句子之外的其他单词的影响,对它的激活却不太容易揭示,我们想要了解的第一件事情是,这两类口误是否可以很严格地区分开来,怎

---

① 弗洛伊德后来在《精神分析引论》(1916—1917)的第二讲中引用过,而且在其去世后发表的论文"精神分析的一些基本教训"(1940b)中再次出现,这篇论文是1938年写的。

② 参见弗洛伊德自己后来撰写的论文"原始词汇的相反意思"(1910e)。

样才能把某一类例子和另一类例子区分开呢？但是，在讨论这一问题时，我们必须记住冯特（Wundt）所表达的那些观点，他在全面讨论言语的形成和发展规律的过程中探讨过口误现象。

根据他的看法，某种特征绝不会从这些或其他有关的现象中丢失，这个特征就是某些心理①影响的活动。"首先，它们有一种积极的决定因素，以不受抑制的'声音联想'（sound-association）和'单词联想'（word-association）流的形式，被讲话的声音所唤起。另外，还有一个消极的因素，意志对这种联想流会产生某些抑制性影响，而这种消极因素就以压抑或放松的形式对这些影响发生作用，在这里注意作为意志的一种功能，也会发挥积极作用。因此，这种联想作用不论以什么样的形式表现出来：语音前移，语音重复，或一个语音插入其他的语音中间，或说出一个由这个音联想到另一个完全不同的词——所有这些都是表现在联想的方面，而且至多是在联想的范围方面的差异，但在一般本质上它们并没有什么区别。在某些情况下，人们似乎不知道将某种言语障碍归于哪一种形式，或者人们不清楚按照**导致这些症状原因的规则**②去追踪几种动机力量的同时存在是否合理。"（冯特，1900 年，第 380－381 页。）（参见下文，英文版第81 页。）

我认为冯特的这些观察发现是完全正确的，而且很有启发性。或许我可能会比冯特对此予以更明确的强调：适合于形成口误的积极因素（不受抑制的联想流[stream of associations]）和

---

① 这个词实际上冯特是用斜体字写的（1900 年，第 380 页）。

② 黑体字是我加的。[毫无疑问，弗洛伊德认为这等同于他自己的"过度决定"（overdetermination）这个概念。（参见，1895d，《弗洛伊德全集标准版》，第 2 卷，第 212 页注释。）]

消极的因素(使这种抑制作用的注意力放松)总是共同发挥作用的,这样一来,这两种因素就变成了同一过程的两种不同的表现方式。由此而发生的情况就是,随着这种起抑制作用的注意力的放松——更明确地说,由于这种放松的作用——这种不受抑制的联想流便付诸行动。

在我自己收集的口误例子中,我几乎找不到一个例子能将言语障碍单纯地归于冯特(1900年,第392页)所谓的"声音的联系效应"(contac effect of sounds)。我几乎总是会发现某种另外的干扰性影响,这种影响来自要表达的东西之外的某些东西;这种干扰的因素要么是保持在无意识中的某种单一的想法,这种想法通过口误的形式表现出来,而且常常只有通过追寻分析的方式才能够进入意识,要么这个干扰因素是一种更普遍的动机力量,它反对把这句话全说出来。

(一)当我的女儿啃了一口苹果时,她做了一个鬼脸,这时我想引一首诗给她:

Der Affe gar possierlich ist,

*Zumal wenn er vom Apfel frisst.*①

但是我在诗的开头却用了"Der Apfe……"(一个并不存在的词)这个词。这看起来好像是将"Affe"(猴子)和"Apfel"(苹果)两个词混合起来了(一种妥协构成),或者可以说是把正在准备中的单词"Apfel"前移了。然而,实际情况却如下所述:在此之前,我已经将这首诗读了一遍;但并没有出现口误;而当我重复读它时却出现了口误。我之所以必须要重复一遍,是因为听我讲话的这个人将她的注意力从另一件事情上转移了,她并没有

———————

① 当猩猩表现出一副滑稽相,当它去吃苹果的时候。

听我在说什么。我必须把重复这个事实包括在内,对诗的重复以及对要说出的句子缺乏耐心是出现这个口误的原因,这种口误作为凝缩的一种产物而表现出来。

(二)我的女儿说:"我在给施莱辛格夫人(Frau Schresinger)……写信",这个女士的名字叫"Sch*l*esinger",之所以出现这种口误,很可能与某种倾向有关,这种倾向使发音更容易些,因为在重复了一个 r 之后再发一个 *l* 的音很困难。然而,我要补充一点,我女儿的口误出现于我的"Apfe 来代替 Affe"口误的几分钟之后。现在,就像名字的遗忘一样(英文版第 40 页以下),口误也有相当程度的传染性——这是在后面的例子中梅林格尔和迈耶尔也注意到的一种独特情况。对这种心理的传染性,我说不出任何理由。

(三)当治疗一开始,一个女性患者就对我说:"我像一把 Tassenmescher(一个不存在的词)一样合上了(I shut up like a Tassenmescher),我的意思是说一把小刀(Taschenmesser)"。这里也存在发音上的困难(请参考"Wiener Weiber Wascherinnen waschen weisse Wasche"[Viennese washer-women wash white washing]和"Fischfloss[fish-fin]及类似的绕口令"),这种困难可以作为她进行这种发音替换的一个借口。当我让她注意这个失误时,她马上回答说:"是的,就是因为今天你说了'Ernscht'这个词"。我接待她时确实说过这样的话:"今天,我们应该坦诚相见"(Today we shall really be in earnest'Ernst')(因为这是假日前的最后一次治疗面询),而且开玩笑地将"Ernst"扩展到"Ernscht"。[①] 在治疗过程中,她不断地出现口误,我最后发现,她不仅

---

① 发出这个音是一种没受过教育的表达方式。

仅是在模仿我的失误,而且还有一个特殊的原因,在她的无意识中,她老是想着作为名词的单词"Ernst"。[①]

(四)还有一次,同一个患者对我说:"我感冒得很厉害,我不能 durch die Ase natmen,我的意思是说 Nase atmen"。[②]她马上明白自己为什么会出现这样的口误了。"每天我都要在哈斯瑙尔(Hasenauer)大街乘电车,今天早上,在我等某人通过的时候,一件事使我吃惊,如果我是个法国人,我应该说'Asenauer',因为,如果一个单词以 h 开头的话,这个 h 音是不发的。"接着她谈了很多她熟悉的法国人的往事,用这种婉转的方式触及了这种记忆。在她还是一个 14 岁的小姑娘时,她在法国文学家皮卡德(Picarde)戏剧中扮演了一个角色的戏,戏的名字是 *Kurmarker und Picarde* [③]($《库尔马可与皮卡德》$),她扮演的皮卡德在舞台上说出了断断续续的德语。在她寄宿的公寓里,一位来自巴黎的法国客人把她全部这一系列记忆都唤起了。因此,这种语音的替换是由于来自完全不同的上下文关系中的某种无意识想法所致。

(五)在另一位女性患者身上,口误表现出了类似的机制。她的记忆使她在中年时无法再现早已失去的童年期的某种回忆。她的记忆不能告诉她,自己身体的哪一部分被一个试探和

---

① 事实上,她最终是受一些怀孕和避孕的无意识想法的影响。通过这些词——"像一把小刀一样合了起来",她在其意识中表达了某种抱怨。她想要描述的是子宫里面孩子的情况。在我的开场白里使用的单词"Ernst"使她想到了一个名字(S. Ernst),即位于维也纳的卡纳斯大街的一家著名公司的名字,这个公司过去经常做有关避孕工具的广告。

② 她的意思是说:"我不能用鼻子呼吸了。"实际上最后两个词 Ase natmen 没有什么意义。

③ 柏林戏剧家路易斯·施耐德(Louis Schneider,1805—1878)的一个《德国小歌剧》(*Singspiel*)。

猥亵的手抓住了。此后不久她却回忆起她的一个朋友的名字，她曾与其讨论过夏天的住所问题。当朋友问她位于 M 的小别墅在哪里时，她回答："在 Berglende(山腰)"，而不是 Berglehne(山侧)。

（六）在面询就要结束时，我问另一位女患者她的叔叔怎么样了，她回答道："我不知道，这些天我仅仅在 flagranti(现场)见到他。"第二天见到我时她一开始就说："给你提供了这样一个愚蠢的答案，我真的感到很不好意思。你一定会认为我是一个没有受过多少教育的人，总是在话里夹杂着一些外语单词，我的意思是说 en passant(顺道)。"我们当时还不知道她错误使用的这个外语单词源自何处。但是，在同一次面询中，我们又继续了前一天的话题，她回忆起来一些材料，在这些材料中现场(in fla-granti)被抓住发挥了主要作用。因此，她前一天的口误已经预见到了她当时还没有意识到这种记忆。

（七）我在对另一位女性患者进行分析的某一时刻，我不得不告诉她说，在我们刚才涉及她的家庭时，我猜想她对她的家庭感到羞愧，而且还用我们尚不知晓的某种话语来谴责她的父亲。她什么也想不起来，而且还宣称这是不可能的。然而，我们的谈话又继续下去，这时她对她的家庭说了这样的话，"这样说他们是不过分的；他们当然是不同寻常的人，他们都拥有 Geiz(贪婪)——我是说'Geist'(聪明才智)"。而这实际上就是她的记忆中被压抑的那种谴责。这样的情况经常发生，当一个人想要压制一个观念的出现时，这个观念便被迫以口误的形式表现出来。我们可以和梅林格尔的"zum Vorschwein gekommen"(英文版第 59 页)例子做一下比较，唯一的区别是，在梅林格尔的例子中，讲话者要压制存在于其意识中的某些东西，而我的患者却并不知道自己要压制的内容是什么,或者换言之,她不知道她正在把某种东西压抑下去,也不知道那种东西是什么。

(八)①下面这个口误的例子也可以追溯到人们对某一事物的存心压抑。有一次,我在多洛米蒂山脉(Dolomites)遇到两位老妇人,她们都穿着旅行服。我陪着她们走了一段路,我们讨论了用这种方式度假的快乐和经受的考验。一个女士说,"像这样过一天太痛苦了,如果一个人天天在太阳底下走来走去,汗水湿透了内衣和外衣,这一点也不愉快。"她说。在这个句子中,她不得不克服一个在某处的小小的犹豫不决,然后她继续说道:"但是,如果那时能够得到'nach Hose',情况就会改变了……",我想,已没有必要询问发生口误的原因了,这位女士的意向显然已经是想要更全面地展示她的服装:外衣,内衣,Hose(内裤)。出于礼貌的缘故,她压抑自己没有提到第三种衣服(内裤)。但是在下面的句子里,这个被压抑的单词却以另外一种主题表现出来,因为这个被抑制的单词的出现违背了她的意志,这样它便通过对另一个相似的单词"nach Hause"(房子)的扭曲而表现出来。

(九)一位女士对我说:"如果你想要买地毯的话,你一定要到玛修大街(Matthäusgasse)的考夫曼(Kaufmann,一个专有名词,指商店)去买。我想我可以在那里给你推荐一个。""在玛修大街……",我重复了一下,"我的意思是说考夫曼(Kaufmann)商店。"我在另一个地方重复一个名字,看起来好像是我的思绪被分散了所致。我的想法确实被这个女人的话分散了,因为她将我的注意力转移到某个东西上,而这个东西对我来说比地毯更重要。事实上,我妻子住的房子就在玛修大街上,那时,她还是

① 这个例子是 1917 年增补的。弗洛伊德以前曾在其《精神分析引论》(1916—1917)的第四章使用过。

我的未婚妻。房子的入口在另一条街上,我现在发现,我忘掉了
这个街道的名字,只能通过迂回的方式才使我意识到这一点。
因此,这个萦绕于我脑际的名字玛修是我忘掉的那个街道的名
字的一个替代名字。因为这个目的,这个名字比考夫曼(Kauf-
mann)更合适,因为玛修完全就是一个人的名字,而考夫曼则不
是,这条被遗忘的街道也是以人名命名的,这个名字就是:拉德
斯基(Radetzky)。

　　(十)下面的例子实际上应该是后面那个关于"差错"的章节
(第十章)讨论的,但是,我之所以在这里引用它,是因为这些语
音联系——用一个单词取代另一个单词的基础——非常明显。
一个女性患者告诉我一个梦:一个孩子决定通过被蛇咬伤来结
束自己的生命。她实施了这个决定。她看见这个蛇盘绕在一个
地方,等等。现在她发现了前一天的一些印象,梦把这些印象视
为其出发点。她马上回忆起来,前一天晚上,她听了一个公开的
演讲,内容是毒蛇咬伤以后如何进行急救。如果一个成人和一
个孩子同时遭到蛇咬,这时应首先处理孩子受伤的地方。她也
回忆起来,讲课的人借助于治疗而开出的处方。他说,这在很大
程度上依赖于是哪种蛇咬伤的。这时我打断了她,问道:他一定
说了这样的话,现在这类毒蛇在我们这个地方已经很少了,他一
定也告诉你哪一种蛇最危险,是吗?"是的,他特别提到了'Klap-
perschlange'(响尾蛇)",我的笑声使她注意到她说错了。她并
没有纠正这个名字,而是收回了她说的话:"是的,当然,这些蛇
在这里见不到了;他谈到的是蝮蛇。我怎么会说到响尾蛇呢?"
我猜想这可能是隐藏于她的梦之后的那种想法的干扰引起的。
用毒蛇咬伤的方法来自杀的方式只能是暗指漂亮的埃及女王克
里奥帕特拉(Cleopatra)(德语为:Kleopatra)。这两个单词在发

音上有很大的相似性,有相同的发音字母的顺序也是一样的,即"Kl…p…r",都有一个重音"a"。这两个名字——"Klapper-schange"和"Kleopatra"——之间的这种密切联系,导致她的判断暂时受到了限制,因此,对这一点她并无异议:这个讲课的人给他的维也纳听众讲了一堂如何对待响尾蛇咬伤的课。通过这种方式,她和我都明确了这一点,有很多蛇类都不在我们国家的动物种群中。我们不会去指责她同样毫不犹豫地用响尾蛇指埃及人,因为,通常我们也会将任何非欧洲人的和异国的东西与之联系起来,而且我在宣称响尾蛇指那个新世界(在这里弗洛伊德指的是美国——中文译者注)之前我也曾思考了片刻。

对此继续分析,我们得到了更多的信息。在此前的那一天,做梦者第一次观看了这条街上的马克·安东尼(Mark Antony)纪念碑,这个纪念碑就在她家附近。[①] 这可能就是这个梦产生的第二个原因(第一个是关于毒蛇的讲座)。在梦继续的过程中,她正摇着怀里的孩子。这个情景使她想到了葛雷琴(Gretchen)[②]。然后更多的想法在她脑中出现,使她想到了 *Arria und Messalina*。[③] 这么多戏剧的名字在她的梦的思想中表现出来,从这个事实我们就已经可以推断,这个做梦的人在童年时期就有一个隐藏着的激情,想成为一名职业演员。梦的开头——一个孩子想要通过被蛇咬的方式结束自己的生命——其含义实际上是这样的:当她还是个孩子的时候,她就下定决心,某一天自己要成为一个著名的演员。最后,从这个名字"麦瑟琳

---

①　这是在维也纳的一组青铜塑像,代表马克·安东尼的胜利,由奥地利雕塑家阿图尔·斯特拉瑟(Artur Strasser,1854—1927)雕塑。

②　在歌德的悲剧《浮士德》中。

③　由维也纳剧作家阿道夫·威尔布兰特(Adolf Wilbrandt,1837—1911)创作的悲剧。

娜(Messalina)"开始,她的思路被岔开了,转到了梦的根本内容。最近的一些情况也可以帮助我们理解她的梦:她唯一的哥哥要有一个不太符合社会习俗的婚姻,即和一个非印欧语族人的门户不当的婚姻。

(十一)[①]我将在这里再现一个完全纯真的例子(或许是一个其动机还不太明确的例子),因为它表现出一种明确的机制。

一个在意大利旅行的德国人需要一根绳子来固定他那损坏了的箱子。对于"绳子"(英文是"strap")(德文是"Riemen")这个词,词典给他提供的意大利文是"coreggia"。他认为,这个词比较好记,因为这使他想到了一个画家"Correggio"。之后,他来到了商店,想要买"una ribera"。

显然,他用其记忆中的意大利文来取代德文单词并没有成功,但是,他的努力并非完全没有获得成功。他知道,他只要记住那个画家的名字就可以了,但他以这种方式记忆起来的却不是那位画家的名字——他的名字的发音和意大利的绳子的发音相似——而是另一个和德文单词"绳子(Riemen)"[②]发音相似的画家的名字。我引用当前这个例子作为名字遗忘的例子,而不是作为口误的例子,当然也是比较合适的。

在我为写本书的第一版而收集口误方面的例子时,我对有关的几乎所有能够观察到的例子都进行了分析,因此也包括一些给人留下的印象不太深刻的例子。从此以后,很多人热衷于完成收集和分析口误方面的例子这个有趣的任务,这样我便可以从丰富的材料中进行精选。

(十二)一个年轻的男子对他的妹妹说:"我现在和 D 彻底吵

---

① 这个例子和下面(十二)的例子都是 1907 年增补的。
② 里贝拉(Ribera),17 世纪西班牙著名画家。

翻了,我们已经一句话都不再说了。"她回答:"是的,真是这样啊!他们可是一家很好的 Lippschaft"。[①] 她的意思是想说 Sippschaft(家族);但在这个口误中,她浓缩了两层意思:一是她的哥哥曾经一开始就向这家人的女儿求爱;二是据说最近这个女儿卷入了一场严重而又不太正常的恋爱(Liebschaft)。

(十三)在大街上,一个年轻的男子向一位女士说了下面这些话:"夫人,如果你同意的话,我很愿意'begleit-digen'你",[②]他想要说的显然是:他很乐意和她 begleiten(做伴),但害怕他的这种举动会对她造成'beleidigen'(侮辱)。这两种相互冲突的情绪冲动在一个单词中表现出来——实际上,是在这个口误中表现出来,这表明,这个年轻男子的真实意图实际上并不纯洁,甚至对他自己来说,似乎也一定是想要侮辱这个女士。但是在他企图向她掩盖这一点时,他的无意识却和他开了个玩笑,反而暴露了他的真实意图。但是另一方面,他以这种方式也预感到,这位女士会做出习惯性的反驳:"真的吗!你要对我怎么样?你怎么竟敢侮辱我!"(这个例子是由奥托·兰克报告的。)

下面我将引用许多的例子,它们引自斯特科尔(Stekel)的一篇文章,题目是"无意识的闯入"(Unconscious Admissions),载于 1904 年 1 月 4 日的《柏林日报》。

(十四)下面这个例子揭示了我的无意识思想中的不愉快的一部分。我可能一开始先要声明,作为一个医生,我决不能考虑我的报酬,而只是把患者的利益放在心上;这一点是毋庸置疑的。我正在对一位刚患过重病处于康复期的女患者进行医疗关

---

① 这是一个并不存在的词。

② 这个例子是 1912 年增补的。弗洛伊德后来在其《精神分析引论》(1916—1917年)第二和第三讲中提到过这个例子。

注。我们在一起度过了那些艰难的昼夜。我很高兴地发现,她的病情好转了。为了使她很愉快地留在阿巴利亚,我给她画了一幅画,最后的结论是这样说的:"我希望,要是你不久不会下床就好了……"(实际上是说,我希望你不久就会下床)。这句话明显源自于我的无意识中存在的个人主义的动机,也就是说,我就能够继续治疗这个很随和的患者一段时间——这是一个完全存在于我清醒的意识之外的愿望,对此我应该予以愤慨拒绝的。

(十五)这里还有来自斯特克尔的另一个例子:"我的妻子今天下午预约了一个法语家庭教师,在授课的问题上达成一致后,要求她留下这些证书,而这个法国女人却请求自己携带这些证书。她的理由是:Je cherche encore pour les après-midis,pardon,pour les avant-midis(今天下午我还要找工作——我的意思是说上午)。她的意思很明显,她还要到其他地方看一下,或许能找到更好的工作——这是一个她实际上已经在实施的意图。"

(十六)同样来源于斯特克尔的文章:"我不得不为一个家庭主妇做一个颇为棘手的讲座,她的丈夫——我是在他的邀请下做此讲座的——站在门外听。在我的说教结束时,给我留下深刻印象的是,我说了这么一句话:'再见,先生。'对任何一个精明的人而言,我因此而背离了这个事实,我的这些话是说给这个丈夫听的,之所以这么做,完全是为了他。"

(十七)斯特克尔报告了自己的一个例子,有一次,他在治疗两个来自的里雅斯特(Trieste:意大利东北部的一个海港城市——中文译者注)的患者,但他在他们面前经常说错话。他对阿斯克利(Askoli)说:"早上好,佩洛尼(Peloni)先生。"而对佩洛尼(Peloni)却说:"早上好,阿斯克利(Askoli)先生。"最初他倾向于将这种失误归因于有任何更深层的动机,但却解释为,这是由于这两位先生在很多地方有相似之处。但是,他很容易就使自己确信,这种将名字混淆的方式在这个案例中与某种夸耀的动机有关:他能够通过这种方式,让每一位来自意大利的患者都知道,患者并不是唯一的来自的里雅斯特的来访者,他到维也纳来是为了听取其医学忠告的。

(十八)斯特克尔报告说,在一次有激烈争论的会议上,他说:"现在我们要 streiten(争吵)[替代了 schreiten(进行)],这个议程的第四点。"

(十九)一位教授在他的就职演讲中宣称:"我不 geneigt(愿意)(替代了 geeignet[没有资格])去描述我最尊敬的前任的功绩。"[1]

(二十)斯特克尔对一位怀疑患有格雷夫斯病(Graves)[2]的女士说:"你的'Kropf'(甲状腺肿)[替代了'Kopt'(个头)]大约比你的妹妹高。"

(二十一)[3]斯特克尔报告说:"某人想要描述两位朋友之间的联系,并且说出了这个事实:他们中间有一个是犹太人。他说:'他们像卡斯特(Castor)和波洛克(Pollak)[4]一样生活在一起。'这当然不是在说笑话。直到我提醒他注意此事之后,他才注意到自己出现了这个失误。"

(二十二)偶然的口误会代替对特征的详细描述。一个正在

---

① 这是弗洛伊德在《精神分析引论》(1916-1917 年)的第 2 讲中引用的。

② 格雷夫斯病是一种常见的自身免疫性甲状腺病,其症状表现为临床甲状腺功能亢进——中文译者注。

③ 这个例子以及以下的那个例子(第 22)都是 1910 年增补的。

④ 卡斯特和波洛克(Pollux)是古希腊神话中的一对双胞胎,Pollak 是维也纳的一个普通的犹太人名字。

房间里洗裤子的年轻女人告诉我,她那生病的丈夫去问医生,为了他的健康,在饮食上他应该注意些什么。但是,这个医生却说,特殊的饮食并不重要。她补充说:"他可以吃喝我想要的任何东西。"①

　　下面的②这两个例子是赖克(Reik,1915)提供的,源自于口误特别容易出现的情境——在这些情境中,更多的东西必须要予以隐瞒,而不是说出来。

　　(二十三)一位绅士向一位刚刚死了丈夫的女士说了一些悼念的话,他想要做一些补充:"你可以通过将自己的精力用在(devoting,德文为 widmen)孩子身上而得到一些安慰。"但他却用了"widwen"③这个词。被压抑的想法实际上指的是另一种安慰:一个年轻漂亮的寡妇(Witwe)很快就会享受到新的性快乐。

　　(二十四)在一次晚会上,还是这位先生与同一位女士谈话,话题是在柏林为复活节所做的大量准备。他问:"今天你看过在沃特海姆(Wertheim)④的展销(Auslage)了吗?这个地方完全被decollated(斩首)了。"他不敢表达他对这位漂亮女士的半裸胸脯(décolltage)的赞美,而展销(Auslage)在他的无意识中有两层含义。

　　(二十五)一位女士正在给我讲述她的一个常见的熟人。她说,她最近一次看见他时,他和以往一样衣着华贵,尤其是他的那双漂亮的棕色 Halbschuhe(短靴)。当我问她在什么地方见到他时,她回答说:"他在我的房子的外面按响了门铃,我是通过放

---

① 这是弗洛伊德在《精神分析引论》(1916—1917 年)的第 2 讲中引用的。
② 这个自然段和第 23—26 都是 1917 年增补的。
③ 这是一个并不存在的词。
④ 这是一家著名的百货商店。

下来的百叶窗看到他的。但是,我没有开门,或者假装家里没人,因为我不想让他知道我已经回到了镇上。"当我听她说话的时候,我有一种看法,她在向我隐瞒着什么,事实最有可能是这样的:她不给他开门的理由是表明她并不孤独,而且她的衣着也不适合接待来访者;我略带讥讽地问她:"这样你就能够通过落下的百叶窗赞美他的 Hausschuhe(拖鞋)——我的意思是想说Halbschuhe(短靴)——对吗?"用 Hausschuhe(拖鞋),我表达的想法是她的 Hauskleid(字面的意思是,女性的家庭便装,即女便服),对此我压抑着不说出来。另一方面我也企图消除"Halb"(半)这个单词,原因是这样的:正是这个单词中包含着那个被压抑的答案的核心:"你只是对我讲了实情的一半,而掩盖了另一事实,即你穿着半裸的衣服。"这个口误是由另一种情境引起的,在此之前,我们谈论了这位先生的婚姻生活,谈论了他的häuslich(家庭)幸福;这无疑有助于确定把("Haus")移置到他身上的原因。最后,我必须承认,我的妒嫉或许使这位在街上衣着考究的绅士"穿上了拖鞋";只是在最近,我自己也买了一双棕色的短靴,但看起来并非那么"特别的漂亮"。

像现在这样的战争时期使人们产生了很多口误,对这些失误我们也是不难理解的。

(二十六)"你的儿子在什么部队?"有人问一个女士,她回答说:"在第 24 杀手"(德文 Mörder——替代 Mörser,Mortars)。

(二十七)①亨里克·海曼中尉在前线写道(1917):"当我读一本很吸引我的书时,有人拉着我让我暂时做侦听电话操作员。当炮兵部队发来消息说,要检测一下线路时,我回答:'测试结果

---

① 这个例子是 1919 年增补的。

正常，Ruhe.'①根据常规，应该做出这样的反应：'测试结果正常，Schluss(完毕)。'我的这种失误可以这样解释，我在读书的时候很讨厌受到别人的打扰。"

（二十八）②一位中士让他的战友给家里人留下确切的地址，这样"Gespeckstücke"就不会寄错地方了。③

（二十九）下面这个例子非常好，鉴于这个例子最不幸的背景，也同样是很有意义的，我应感谢蔡泽尔(Czeszer)博士，战争时期，他生活在瑞士中部时观察到这一现象，并对此做了详细的分析。我逐字逐句地引用了他的信，只有一些不太重要的疏漏：

"我现在冒昧地将我对口误的某种说明送给你，这是 O 大学的 M. N. 教授的口误，这是他在刚刚结束的夏天这个学期开设的一个情感心理学讲座时犯的错误。我必须从这个讲座开始说起，这些讲座的地点是在那所奥拉大学里，听众是一大群被拘禁的法国战犯以及一些学生，他们中的大多数人都是法籍瑞士人，他们的同情心强烈地偏向于协约国(Entente)。在 O 镇，就像在法国一样，'boche'(德国兵)是一个普通的名字，专门用来指德国人。但在公开的场所，以及在讲座之类的活动中，高级公务员、教授以及有一定负责地位的人，出于中立的考虑，都会尽量避免使用这个不吉利的词。"

"N 教授在讨论感情的实践意义时，想要引用一个例子来说明，怎样才能有意地使用感情，用这样一种方式就可以使某种肌

---

①　"安静"；常被用作惊叹词"安静！"

②　这个例子和第 30 以及第 31 个例子都是 1920 年增补的；第 29 个例子是 1919 年增补的。

③　他的意思是想要说"Gepäckstücke"(包裹)，"Gespeckstücke"是一个不存在的词；但 Speckstücke 是指"一些熏肉"，在"p"后面的元音的发音实际上都是一样的(无论是写作"e"还是"ä")。

肉活动——人们对这种肌肉活动本身并不感兴趣——充满了愉快的情感,从而使之更为强烈。因此,他讲了一个故事——当然,他原来是想要用法语说的——这个故事当时已在一些地方报纸上被转载了,这些报纸是从一个德国人那里弄到的。说的是一个德国中学校长,他让他的学生在花园里参加劳动,为了鼓励他们以更大的热情去工作,校长让学生们想象,他们打碎地上的每一块泥土,就是在打烂法国人的脑袋。在他讲故事过程中,每当有'德国人'这个词出现的时候,N 教授当然会很清晰地说'allemand',而不是'boche'。但是,当他的故事讲到这个校长对学生说的话时,他却是这样的说的:Imaginez-vous qu'en chaque moche vous écrasez le cräne d'un Francais。就是说,用 moche 替代了 motte(法语是 clod[块])!"

"我们可以明确地看出,这个谨慎的学者对自己控制得很好,从故事一开始,他就避免使自己使用这些习惯了的词语——甚至避免受到诱惑——避免联邦政府实际上禁止表达的词汇出现在奥拉大学的讲台上!而就在这一刻,他很成功地说出了'intituteur allemand'(德国中学校长)这个词,他说得完全正确,用来作为最后的表达,并且匆忙地把在内心表现出的轻松放在了他的结论里,这个表现似乎没有什么危险性——他曾试图如此努力压抑的这个单词,以和'motte'的发音相似的方式发了出来,这样就不存在什么危险性。他害怕自己不小心说出这个有政治色彩的字眼,或许这是他对这个平时习惯用的单词的一种被压抑的欲望——人人都知道这个单词,而且是一个天生的共和党人和民主党人因为不能在一个地方自由地发表言论而表现出的某种愤恨——所有这些干扰了他的主要意图——对这个例证做一个谨慎的解释。这种干扰的倾向对讲话者而言是明确的,我们不得不假设,在他发生这种口误之前,他就已经直接想到过了。"

"N教授并没有注意到这个失误;至少他没有去纠正它,口误的出现非常自然。另一方面,这个失误被大多数法国听众接受了,他们得到了真正的满足,其效果就像是有意地做了一个文字方面的游戏似的。我自己也对这个表面看来很纯真的口误感到兴奋不已。虽然我由于显而易见的原因,没有用精神分析的方法向教授提出什么问题,但我却把这个材料作为验证你的理论之正确性的结论性的证据,即失误行为有内在的决定因素,在口误和玩笑之间存在着隐藏在深处的类似和密切的联系。"

(三十)下面这个口误的例子是一个奥地利军官T中尉在他回家的路上报告的,其原因也与令人悲愤的战争时代的印象有关。

"我作为一个战争的囚犯在意大利被关押了几个月,我们有两百多人被关押在一个小房子里。当时,我们中的一个人死于流感,这件事给人的印象当然很深,因为当时我们所处的环境缺少医疗服务,我们当时条件的无助表明,这种流行病很有可能会很快蔓延开来——我们将这个死者放在了地下室的一个小房间里。那天晚上,我和我的一个朋友在房子的周围散步,我们两个表达了一种愿望,想去看一下死者。走进小房子时我迎面看到的那一幕(当时我走在前面)使我极为震惊,因为我万万没有想到,那个尸体架距门口很近,我几乎就要这样近地接触到死者的脸了,放在活动的东西上的蜡烛发出的光线投射在死者的脸上,使这张脸完全变了形。之后我们又去绕着这所房子散步,但看到的那个情景一直萦绕在我的脑海。当我们来到另一个地方,从这里可以看到一个笼罩在月光之下的公园,以及月光下明亮的草地,草地的上面还浮着一层薄雾,我把这幅画面做了这样的描述:它用魔法在召唤着,我似乎看到了拿着绳索的小鬼儿在附近的松树下面翩翩起舞。"

"第二天下午,我们埋葬了那位死去的同志。走在路上——从我们的监狱到邻近小村的哀悼死者的地点——我们既感到悲痛,又感到屈辱;因为一个讥笑、嘲弄别人的群氓是由这些尚未成熟的大喊大叫的男孩子们组成,由一些粗鲁、喧闹的村民组成,他们利用这种机会将自己的情绪宣泄出来,这些情绪是好奇和愤恨的混合。我感到,即使在这样一种不设防的情况下,我们也无法逃避这种侮辱,对这种粗鲁表现的厌恶直到晚上仍然痛苦地袭击着我。同一时间,和前天一样,我和我的那个朋友又沿着碎石路围着我们的房子散步,就像我以前做过的那样;当我们路过那个曾存放着尸体的小房子的栅栏旁边时,记忆中的那个情景又非常清晰而强烈地出现在我的脑海。在我们看到那个被月光照亮的公园的地方,同样的月光在我面前出现。我停下来,对我的同伴说:'我们可以在这个坟墓(Grab)里坐一下——草(Gras)和下沉(sinken)的小夜曲'(意思是坐在草地上唱一个小夜曲)。直到我出现了第二次失误后,我才注意到了自己的口误;我马上纠正了第一个错误,并没有意识到它所包含的意义。现在,我要对它们进行反思,把这两个口误连起来就是这样的:'在坟墓里——下沉!'以下这些画面又在我的脑海迅速地闪现出来:跳舞的小鬼儿,笼罩在他们身上的月光;躺在尸体架上的我们的那个同伴,当时的那种活动的印象;埋葬他时的某些场面,以及我当时感受到的那种厌恶的感觉和我们的葬礼所受到的干扰;关于出现那种传染病的某些谈话的记忆,以及表现在几个军官脸上的恐惧等。后来,我回忆起来,这是我父亲去世的日子;我的记忆本来很差,能够记住这个日子确实使我感到吃惊。"

"接着的反思使我注意到那两个晚上外部情况的相似性:一天的同一时间,月光普照,同一地点,同一个同伴。我记起,当我们焦虑地讨论那种传染病扩散的可能性时我表现出的烦躁感;而且与此同时我想起了我的那种发自内心的禁律,不要让自己被这种恐惧吓倒。我也开始意识到我的这句话的词序的重要性:'我们可以——在坟墓里——下沉",①我认识到,仅仅将'坟墓'纠正为'草地'——我已经谨慎地这样做了——仍导致了我的第二个失误(用'下沉'[sink]替代'唱'[sing]),目的是为了确保这种被压抑的情结充分地表现出来。

"我再补充一点,当时我正受着噩梦的困扰,经常梦见我的一个非常近的亲戚。在她生病的时候,我经常去看她,也知道她实际上已经死了。就在我被关押之前,我已经得到消息,毒性很大的流感正从她所在的那个地方蔓延开来,我向她表达了我对此的恐惧情绪。从此以后,我再也没有和她接触过。几个月后,我得到消息,她已经成为这次流感的牺牲品,这件事发生在我描述的那种情境两个星期之前!"

(三十一)下面这个口误的例子是对一个医生命运中遭受的那些痛苦冲突的启示。一个男人得了一种可能是致命的疾病,虽然对他的确切诊断尚未确定下来,因此他来到维也纳等待结果。他恳求他的一个朋友——他年轻时认识的,现在成了一个著名的内科医生——对他进行治疗,对此,他的朋友虽然不太情愿,但最后还是同意了。一般而言,这样的病人应待在护理室,而且这个医生建议这个地方应该是"赫拉"(Hera)疗养所。这个

---

① 德文为:"Wir könnten ins Grab sinken"。意思是:我们可以下沉到坟墓里。这些词序,在目前这个转折点上,用英文和德文来表达都是不同的。

患者反驳道:"那肯定只是特殊患者应待的地方(像一个产房)"。"噢,不,"这个医生匆忙回答,"在'赫拉'疗养所,他们可以 um-bringen(结束)——我的意思是说,unterbringen(接收)各种患者。"然后他粗暴地对自己的这个口误进行了辩解,"当然,你可不要认为我对你有什么敌意啊?"一刻钟后,这个医生和一个照看病人的护士一起出去了,他说:"我还没有发现有什么办法可治,而且对此我仍不相信能够治好。但如果真是这样的话,我建议用大剂量的吗啡,让他平静地结束自己的生命。"很明显,他的朋友明确要求,只要证明他得的是这种不治之症,他(医生)就要通过药物来减少他的痛苦。因此,实际上这个医生是要结束他的这个朋友的生命。

(三十二)① 这是一个非常具有教育意义的口误,因此我不想把它删去,虽然根据我的记忆,这事已经有大约 20 年之久了。"在一个社交聚会上,一位女士提出了以下这种观点——从这些词语可以看出,这些词语是充满热情地说出来的,而是在一系列神秘冲动的压力下说出来的:'是的,如果一个女人要取悦男人的话,她就必须漂亮。男人就好多了;只要他 five straight limbs(五肢健全)(德文为 fünf gerade),他就再也不需要其他什么了!'这个例子使我们可以很好地看到某种口误的亲密机制,这种口误是由于凝缩作用(condensation)或由于传染(contamination)所致(参见英文版第 54 页)。我们有理由假设,我们可以在这里用同样的意思将这两个措辞融合起来:

只要他有*four straight limbs*（健全的四肢）

只要他有*five wits about him*（健全的五官）

---

① 这个例子是 1910 年增补的。

或者'强健'(straight)这个成分可能是以下这两个句子共有的意思,这两个句子的措辞便是:

只要他有强健的四肢(*straight limbs*)

将所有的 5 都作偶数对待(*to treat all five[s] as even numbers*)。[①]

"事实上,没有任何东西能阻止我们做出这样的设想:这两种措辞——一个是关于他的五官,一个是关于'偶数的 5'——在导致她先说出一个数字,然后用神秘的 5 来代替简单的 4,被引入到句子中用来说明健康的肢体方面分别发挥了不同的作用。但是,如果这种融合以口误的形式表现出来,它本身并没有什么好的意思——仅仅表示一种当然不愿意承认是公开的具有某种讽刺性的真理,而这个表达来自一个女士——这种融合也不会发生。最后,我们也不要忽略对这个事实的注意:这个女士从字面上说出的那种表达,也可以看作一个绝妙的笑话,和看作有趣的口误一样。这里的一个简单的问题是,她以这种方式表达是有意识的还是无意识的。在我们的案例中,讲话者本人的行为当然没有任何意识的意图,那么这就纯属口误而非玩笑。"

兰克(Rank,1913)报告说,在下面这个例子中,我们可以看出玩笑和口误的接近程度到底有多大。[②] 这个女士最后对她自己表现出的这种失误是作为一个玩笑看待的,她因此大笑了起来。

(三十三)"一个刚刚结婚的男人,其妻子很注重保持她作为一个女孩的外表,因此不愿和他做频繁的房事。他给我讲了以下这件事,每当回想起来他和妻子都发现极其有趣。那个晚上,他再次违背了妻子固执的规定,到了早上,他在他们两个的房间

---

① 德文是"Alle fünf gerade sein lassn",德文"gerade"的意思有两个,即"强壮"和"偶数"。这个短语在课文中的字面翻译是:"闭上眼睛不要看不对称的东西。"

② 这个自然段和第 33 个例子都是 1917 年增补的。

里刮胡子,他的妻子仍躺在床上;为了免得麻烦,他像平时一样使用了妻子放在床头柜上的粉扑。极其关心自己肤色的妻子几次告诫他不要用她的东西,这次看到后生气地吼道:'你怎么还这样,powdering me(mich)with your(deiner)puff(你怎么用你的粉抹我)!'她丈夫的笑声使她注意到了自己的失误'(她的意思是说:'You are powdering yourself [dich] again with my [meiner] puff [你怎么又用我的粉抹你的脸]),最后她自己也因此大笑了起来。每一个维也纳人都知道,'抹粉'('pudern')是指'做房事',扑粉显然是男性生殖器的象征。"

(三十四)[①]在下面这个例子中——是由斯托夫(Storfer)提供的——也可以认为开个玩笑是有意的:

"B夫人患有某种心因性疾病,人们经常劝说她去看心理分析师X医生,但总是遭到她的拒绝,她说这样的治疗没有任何价值,因为这个医生将任何问题都和性联系起来。但是,这一天终于来了,当她准备接受医生的建议时,她问道:'Nun gut,wann ordinärt also dieser Dr.X.?'"[②]

(三十五)[③]实际上,玩笑和口误之间的联系还表明,在许多情况下口误不是别的,而是一种缩略。

中学毕业时,一个女孩根据当时人们的普遍看法,她选择了医学。但在几个学期的学习后,她又从医学转而学习化学。几年以后,在她回忆这种变化时,她用下面的话表达了当时的想法:"总体上,我的这种改变并非荒唐,当我不得不从尸体上拔出

---

① 这是 1924 年增补的。

② 她的意思是说:"那么,好吧,这个 X 医生的咨询时间是什么时候?"她应该使用单词"ordiniert",意思是他的咨询时间,然而她却说出了单词"ordinärt",这是一个不存在的词。但是,"ordinär"的意思是"一般的""粗俗的"。

③ 这是 1920 年增补的。

手指甲时,我完全失去了对——'化学'——的兴趣。"

(三十六)①在此,我插入另外一个口误的例子,这个例子不难解释。"在一次解剖学课上,一位教授正在努力地解释鼻腔,这是众所周知的肠病学(enterology)上的一个非常难掌握的部位。当他问听众是否听懂了他呈现的这个主题时,他收到了普遍肯定的回答。因此,这个以自己有独到的见解而出名的教授评论说:'我几乎不能相信,虽然维也纳有几百万的居民,但理解鼻腔的人只能用"一指"(on one finger)来数,我的意思是说屈指可数。'"

(三十七)还有一次,这同一位教授说:"在女性生殖器的情况下,尽管有很多 Versuchungen(诱惑)——对不起,Versuche(实验)……"

(三十八)②我应感谢维也纳的阿尔弗雷德·罗波斯科(Alfred Robitsek)医生,他使我注意到了一个法国老作家记录下的两个口误的例子。现在我不做翻译地将这两个例子摘录如下:

Brantôme(1527—1614), Vies des Dames galantes, Discours second:'Si ay-je cogneu une très-belle et honneste dame de par le monde, qui, devisant avec un honneste gentilhomme de la cour des affaires de la guerre durant ces civiles, elle luy dit:"J'ay ouy dire que le roy a faict rompre tous les c··· de ce pays là."Elle vouloit dire *les ponts*. Pensez que, venant de coucher d'avec son mary, ou songeant à son amant, elle avoit encor ce nom frais en la bouche; et le gentilhomme s'en eschauffa en amours d'elle

----

① 这个例子和下面的例子(第 37 个例子)是 1912 年增补的。弗洛伊德在《精神分析引论》(1916—1917 年)的第三讲和第二讲引用过它们。

② 这是 1910 年增补的。

pour ce mot.

'Une autre dame que j'ai cogneue, entretenant une autre grand' dame plus qu'elle, et luy louant et exaltant ses beautez, elle luy dit après："Non, madame, ce que je vous en dis, ce n'est point pour vous *adultérer*"；voulant dire *adulater*, comme elle le rhabilla ainsi：pensez qu'elle songeoit à adultérer.'①

（三十九）②当然,现代有很多源于口误的例子也都涉及与性有关的双关语（doubles entendres）。F 夫人正在描述她第一次上英语课时的情景："这很好玩,老师是一个漂亮年轻的英国男子,他上的第一节课是让我理解'durch die Bluse'（通过上衣）——我的意思是说'durch die Blume'（通过精华,也就是'间接地'）,他很愿意单独给我讲课。"（来自斯托夫）

在心理治疗的过程中,③我以此来消除一些神经症症状,这也是我经常面对的任务,那就是,从患者明显说出的原因及其联想来发现某种思想内容,这种思想内容被痛苦地隐藏着,但又不可避免地会无意地以各种方式来泄露它的存在。口误在这里常常起到最有价值的作用,正如我可以在一些很有说服力而且同时也非常奇特的例子中表明的那样。隐藏,例如,一个患者讲到

----

① 因此,我认识这个世界上一位非常漂亮、善良的女士,她在院子里和一个善良的绅士谈论混乱状态下的战事问题,她告诉他说："我听说这个国王将那个地区的所有的 C ……都破坏了。"她的意思是说"ponts"（"大桥",与那个漏掉的法语单词的发音很相似）。人们或许会这样想：由于她刚刚嫁给她的丈夫,或者想到了她的恋人,她才将这个新鲜的单词表现在她的口误上；从她表达的这些话来看,这个绅士已经和她擦出了爱的火花。

我认识另一个女士,她要款待一个比自己职位高的女士,她赞美这个女士说她很美,后来她对她说："不,夫人,我对你说的并不是为了对你 adulerate（掺假）。"她说的是 adulate（讨好）,她用这个方式将这个单词做了新的改变,人们可以假设她想到了私通（adultery）。

② 这是 1924 年增补的。

③ 这个摘录,除了另有说明之外,以下全部内容一直到英文版第 85 页,都可以追溯到 1901 年。

他的阿姨,他却一直在叫"我的妈妈",他并没有注意到这个失误;或者,另一位女士则把她的丈夫称作"哥哥"。用这种方式,他们让我注意到这个事实:他们把这些人相互"认同了"——他们把这些人放在一个系列中,隐含着同一种类型的人在他们的情绪生活中的反复出现。——再举另外一个例子:[①]一个 20 岁的年轻人在咨询时对我做了如下的介绍:"我是到你这里来接受治疗的某某的爸爸。对不起,我的意思是说,我是他的弟弟;他比我大 4 岁。"我从他表现出的这个口误推断,他通过这个口误来表达这样的意思:像他的哥哥一样,由于他爸爸的影响,他也是一个患者,他想得到治疗;但实际上最需要得到治疗的是他的爸爸。——有时候,单词的排列听起来很不合常规,或者某种表达方式似乎是被迫的,这也足以说明,患者被压抑的想法正在参与到患者的语言表达中,这些说法看起来有不同的目的。

因此,从比较粗略的言语混乱和比较精巧的言语混乱中(仍然可以归入"口误"这个标题之下),我的发现是,并非"声音接触的效果"(英文版第 61 页)的影响所致,而是存在于这种想要表达的言语之外的某些想法的影响,决定着这种口误的产生,并且对这种错误做出了合理的解释。我并不想对声音相互影响的理论或规则提出质疑,但在我看来,这些规则本身似乎并不足以有效地干扰正确讲话的过程。在我比较详细地研究和探索的例子中,这些规则代表的只不过是表现出来的机制,一种较为遥远的心理动机为了自己的方便而利用了这些机制,尽管这些机制没有隶属于这些(语音)关系的影响领域。在很多有替代表现的口误例子中(英文版第 54 页),我们完全没有发现声音的规则。在这一点上,我发现自己

---

① 这个例子是 1907 年插入的。

与冯特的观点完全一致,冯特和我都认为:控制口误的条件是情结,可以扩展到这些声音的接触性影响之外。

如果我接受了这种"遥远的心理影响"(remoter psychical influences)(正如冯特所称谓的那样)(参见上文,英文版第 60 页)是已经确立下来的观点,另一方面,也没有什么障碍可以阻止我同时允许这种情况存在,在这种情况下,讲话匆忙,注意力在一定程度上发生转移,控制口误的条件可能很容易被局限在梅林格尔和迈耶尔所界定的限度之内。[①] 对这两位作者收集的某些例子来说,进行某种更复杂的解释似乎更有道理。例如,我们上面引用过的一个例子(英文版第 53—54 页):"Es war mir auf der Schwest…Brust so schwer."

在这一句子中,"schwe"的发音是否预见到此时而把这个有同样效价的发音"bru"逼迫到后面了呢? 当然,我们也不能否定这样的观点:由于某种特殊的联系,组成"Schwe"的发音本身就能够以这种方式进一步突出出来。我们只能做这种联想:"Schwester"(妹妹)——"Bruder"(弟弟);也许还可以这样联想:"Brust der Schwester"(妹妹的乳房),这种联想导致一个人产生了另外一系列想法。正是这种隐藏于这些现象之后的无形的帮助者给这个原本纯真的"schwe"提供了力量,使之在讲话时出现了失误。

还有其他一些口误,对这些口误我们可以这样假设:真正的干扰因素是在发音上与这个隐藏的单词和意思的某种相似之处。人为歪曲和重组这个单词或词组——这个单词或词组与人们粗俗的欲望有如此密切的联系——其唯一的目的就是:利用这些纯真的机会来暗示这些被压抑主题的存在;另一方面,对单

---

① 就是说,可能会被局限于语音因素。参见英文版,第 53 页。

词的这种操作是如此的频繁,以致在其表现出来的东西中很难找到突出的东西,即使此时并没有意图,也和人的欲望不相抵触。归于这一类的例子很多,例如,Eischeissweibchen(替代 Eiweissscheibchen),①Apopos Fritz(替代 à propo),②Lokuskapitäl(替代 Lotuskapitäl),③等等;或许还有,圣玛丽·莫德林(St. Mary Magdalen)④的 Albüsterbachse(Alabasterbüchse)⑤ "Ich fordere Sie auf,auf das Wohl unseres Chefs aufzustossen"(参见英文版第 54 页)不可能是别的什么东西,而只能是一种没有意

---

① 无意义的单词(字面的意思是:"蛋—粪便—女人"),替代"一些蛋白的小片"(small slices of white of egg)。

② "Apopos"是一个不存在的单词;但是"Popo"是一种安抚孩子的词语,是指"屁股"。

③ 无意义的单词,字面的意思是:"W.C.大写",替代"莲饰柱头"(lotus capital),一种建筑学用语。

④ 出现口误是我的一个女患者表现出的一种症状,她的这种表现一直持续着,可以追溯到她童年时期的玩笑,她用"urinieren"(小便)取代"ruinieren"(毁灭)。——[这是1924 年增补的:]通过巧妙地出现口误,使这种不恰当和被压抑的词成为可以自由使用的形式,这便构成了亚伯拉罕(Abraham)所观察到的那种动作倒错的基础,亚伯拉罕将这种动机称为"有某种过度补偿的目的"(with an overcompensating purpose)(亚伯拉罕,1922a)。一个有点结巴的女患者,在她说话的时候,总是倾向于重复专有名词的第一个音节,在她将"Alexander"说成"A—alexander"后不久,她又将"Protagoras"说成"Protragoras"。对其研究发现,在童年时期,她对这样的粗俗玩笑极感兴趣:对出现于单词开头的音节"a"和"po"进行重复,这种形式的玩笑导致了她在童年时期出现了结巴行为("A—a"和"Popo"是德国人护理婴儿时的用语,指"粪便"和"屁股")。在她要说出"Protagoras"这个名字的时候,她意识到这种危险,她可能会把第一个音节中的这个 r 给漏掉,因此便说出了"Po-potagoras"这个词。为了防止出现这种危险,她将自己的注意力固定在 r 上,因此就出现了在第二个音节的开头又插入了一个 r。在其他情况下,她也会出现类似的口误现象,她会将单词"Parterre"(一楼)和"Kondolenz"(悼词)歪曲,以避免说出"Pater"(父亲)和"Kondom"(避孕套),这些词在她的联想中与此有紧密的联系。亚伯拉罕的另一个患者承认,每当要说出"angina"时,却总是倾向于说出"Angora"——很有可能是因为害怕受到诱惑,用"vagina"(阴道)取代"angina"。因此,这些口误的存在应归咎于下述事实:某种防卫的倾向非常强烈,与歪曲的倾向相比,它完全占了上风;亚伯拉罕正确地使我们注意到这种类比:在这个过程和强迫性神经症症状的构成之间有类似性。

⑤ 一个不存在的单词(虽然它的中间部分 Büste 有"乳房"[breast]的意思),替代"雪花膏的盒子"(alabaster box)。

图的文字滑稽模仿,而这种滑稽模仿则是存心要表达的滑稽模仿的持续言语。如果我是那个校长,他很荣幸地参加了这个庆典仪式,但在讲话时表现出了口误,我很有可能会考虑使用罗马人的智慧,让这些士兵在庆祝胜利的时候用唱讽刺歌曲的形式表达出他们对这个所尊敬的人内心存在的谴责。——梅林格尔也说过这样一件事,有一次他和一个人讲话,由于这个人是这里最年长的一个,因此他用了一些礼貌用语,这主要出于对他的敬重,使用了这样的称呼:"Senexl"。这是在那些小人物恳请老人时的一种虚伪的奥地利方式。senex 的意思是"老人"。或"altes(老)Senexl","Prost(祝您健康),Senex altesl!"他对自己的这种失误感到震惊(Meringer and Mayer,1895,第 50 页)。如果我们考虑到这一点,"Altesl"与这个侮辱性的表达"alter Esel"(老蠢驴)有多么密切的联系,对他的这种情绪就不难解释了。他可能由于对长辈的不敬行为而受到过强烈的内心惩罚(就是说,可以还原到童年时期的词语,这源于对父亲的尊重)。

我希望读者不要忽视这种价值上的差异,这种差异是指这些可能没有证据的解释和我自己收集并且用精神分析的方式解释的那些例子之间的差异。但是,如果我仍然秘密地坚持我的期待:即便是显然很简单的口误也可以追溯到这种存在于有意表达的内容之外的半压抑状态的理念,那么我就倾向于用梅林格尔的一个值得高度关注的观察发现来这样做。这位作者说,一个令人感到好奇的事实是,没有一个人愿意承认自己出现了口误。对一些敏感和诚实的人而言,如果我们告诉他出现了失误,那就会对他造成冒犯。但是我不会像梅林格尔一样,说得那么绝对,即"没有一个人会……"。但是,对在口误发生后的情绪进行追溯,就不难发现,其本质显然是感到羞耻,这种感情的追溯是有明确意义的。可以比作是,当我们无法回忆起一个名字时我们所感受到的那种烦恼(英文版第 9 页),使我们感到奇怪的是,某种显然无关紧要的记忆的坚持和顽强(英文版第 45 页)。这毫无例外地表明,某种动机在这种干扰的出现上起着重要作用。

　　如果对一个名字的歪曲是有意的话,那就相当于侮辱人;在大量的案例中可能都有同样重要的意义,在这些案例中看起来是以无意的口误形式表现出来的。正如迈耶尔所报告的,有一个人在说"Freud"(弗洛伊德)时,却说成了"Freuder",因为不久前他提到了"布洛伊尔"(Breuer)①的名字(Meringer and Mayer,1895,第 38 页),还有一次他把这种方法说成是"弗洛伊尔－布洛伊尔式的"(Freuer－Breudian)治疗方法(同上书,第 28 页),他很可能是一位专业的同事——而且是一个对那种方法特别不热心的人。在下面关于笔误那一章里,我将报告一个有关名字歪曲方面的例子,我们当然不会用其他的方式对此进行解释(英文版第 117 页)。②

————————

　　① 布洛伊尔(Breuer)是奥地利精神病学家,曾于 1895 年和弗洛伊德合作撰写了《癔症研究》一书——中文译者注。

　　② [这是 1907 年增补的脚注:]事实上,通过观察会发现,尤其是上流社会的成员更倾向于歪曲他们咨询的医生的名字。我们可以由此得出结论认为,他们从内心深处讨厌医生,尽管他们也习惯上表现出应有的礼貌。[这是 1912 年增补的:]在这里我引用一些与名字遗忘有关的观察发现,这些观察发现来自于对我们这个主题的说明,是厄尼斯特·琼斯(Ernest Jones)医生用英文撰写的,他当时在多伦多(Jones,1911b,488):"当人们发现他们的名字被忘记了的时候,人们会不可避免地表现出愤怒的情绪,尤其是当自己的名字被自己希望或期待他或她记住的人忘记时。他们本能地认识到,如果自己在那个人的心中留下更深刻的印象,那么他肯定会再次记住自己的名字,因为名字是人格的一个重要组成部分。同样,对大多数人而言,当他们不期发现,有很多人能够叫出自己的名字,这是一件很使人激动的事情。和大多数人类的领导者一样,拿破仑就是利用这种艺术的大师。1814 年,在残酷的法国战役期间,在这方面他表现出了惊人的记忆力。在克拉奥纳附近的一个小镇,他记得 20 年前在拉费尔军团会见过这里的市长(转下页)

　　在这些情况下那个插入的干扰因素就是人们的一种指责态度,由于当时它与讲话者的意图不一致,这种指责不得不被搁弃一边。

　　相反,②用一个名字替代另一个名字,假定是某一个人的名字,通过口误的方式对一个名字产生的认同,必定表明人们存在某种赞赏的情感,由于某种原因,在当时的情况下一直保持在背景之中。桑多尔·费伦茨(Sandor Ferenczi)描述了他在上中学时这方面的一个经历:

　　"当我在大学预科(Gymnasium)(中学)上一年级时,我有生第一次要在公众面前(也就是,在全班面前)朗诵一首诗歌。我做了充分的准备,而且刚一开始就被爆发出的笑声打断了。老师后来也告诉了我为什么我会遇到这么奇怪的反应。我非常正确地说出了这首诗的名称'Aus der Ferne'(来自远方),但我并没有说出原作者的名字,而是用了我自己的名字。诗人的名字是亚历山大(Alexander)(用匈牙利语就是桑多尔)·裴多菲(Petöfi)。更换名字的原因之一是我们的名是一样的;但真正的原因无疑是这样的:当时在我隐秘的愿望中我已经使自己以这

————————

　　帝巴斯(De Bussy);聪明的帝巴斯马上就以异乎寻常的热情投身于他的门下。相反,没有任何方式能比假装忘掉一个人的名字更冒犯人的了;影射就是这样传递的,这个人在我们的眼中是如此的微不足道,没有必要费力气去记住他的名字。这种手段经常用在文学作品中。在屠格涅夫(Turgenev)的《吸烟》一书中就有这么一段:'你仍会发现巴登款待里特维诺夫先生时,拉特米洛夫经常很迟疑地说出里特维诺夫的名字,好像他忘记了这个名字,而且不能马上回忆起来。用这种方式,以及在迎接他时高傲地挥动自己的帽子,他的意思是想要侮辱他的傲慢。'同一位作者在他的《父与子》一书中这样写道:'省长邀请基尔萨诺夫(Kirsanov)和巴扎洛夫(Bazarov)参加他的舞会,在几分钟的时间内又第二次邀请他们,把他们视为兄弟,并且称他们基萨洛夫(Kisarov)。'在这里,他在对他们说话时产生的遗忘,在称呼名字时出现的错误,以及分不清楚这两个年轻人,说明他极端轻视他们。搞错名字和忘记名字一样具有同样重要的意义;这是通往完全记忆缺失的第一步。"(这是弗洛伊德用德文引用的;在这里用英文原文给出。)

　　② 后面这四个自然段是1910年增补的。

位著名的英雄诗人自居。尽管在意识中,我对这位诗人的爱和尊敬已经接近于崇拜。在这个失误的背后当然可以发现全部可怜的抱负情结(ambition-complex)。"

一个年轻的医生报告的口误例子也表明,这种类似的自居作用也通过更换名字的方式表现出来。他非常谦虚和恭敬地向这位著名的斐尔科(Virchow)①介绍自己说:"我是斐尔科医生"。这位教授非常惊异地转向他问道:"哈！你的名字也叫斐尔科?"我不知道这个野心勃勃的年轻人是怎样为自己的失误进行辩护的——是否由于他对这位教授的讨好,使他发现在这个伟大的人物面前自己显得如此的渺小,因此他自己通过口误使自己表现出来,或者他是否有勇气承认,他希望有一天,自己也会成为像斐尔科一样伟大的人物,因此在和教授谈话时,希望他不要因此而以这种傲慢的态度对待自己。这两种想法之一——或者是二者共同起作用——可能使这个年轻人在做自我介绍时出现了失误。

从某些具有极端个人性质的动机出发,我必定已经表明,某种类似的解释是否也适合以下这些案例。在 1907 年的阿姆斯特丹国际会议上,我的癔症理论引发了人们激烈的讨论。② 在针对我的一次激烈争论中,我的一位精力旺盛的对手,不断地出现口误,他采用了这种方式,使他自己站在我的立场上,以我的名义讲话。例如,他说:"大家都知道,布洛伊尔和我已经证明……",他的意思实际上只能是说:"布洛伊尔和弗洛伊德……"我的这位反对者的名字和我的名字没有一点相似之处。

① 斐尔科,1821－1902,著名的病理学家。
② 第一届国际精神病学和神经症学大会,1907 年 9 月在阿姆斯特丹召开。这个"反对者"是阿莎芬堡(Aschaffenburg)。参见琼斯(1955 年,第 126 页)。

这个例子以及其他的一些例子——在这些情况下都表现出用一个名字替代另一个名字的口误——可能都会使我们注意到,这些口误并非完全是由于发音上的相似引起的(参见英文版,第81页),而唯一的解释是,这个主题中隐含的因素在发生作用。

在其他一些更为重要的例子中,[①]我们会发现,人们对自己说出的内容的自责倾向也会促使人们产生口误,甚至去替代与表达的思想相反的内容。因此,人们会惊奇地观察发现,文字表达本身是怎样抵消了它本身的意图,而口误是怎样暴露出了人们的这种虚伪。[②]在这里口误成为一种模仿的表达方式——确实,经常表达的是一个人不愿意说出来的事情:这时口误便成为人们自我暴露的一种方式。例如,下面的例子就是如此,一个男人对和女人的关系中所谓正规的性交方式不以为然,并因此和一个女子展开了争论,而据说这个女子是一个喜欢卖弄风情的人(kokett)。他说:"如果她要和我同房,她不久就会放弃她的'koëttieren'(一个不存在的词)。"毫无疑问,他要说的是另一个词,即 koitieren(性交),实际上这种替代的真正意图是想要表达出这个词 kokettieren(卖弄风骚)。——或者再举一例:"我们有一个叔叔,由于我们在过去的几个月很少去看望他而表现出不满的情绪。我们让他搬进了一个新的房子,同时我们对他做了一次长时间的探望,他显得非常高兴,要分别的时候,他充满深情地说:'从现在起,我希望比过去更少地见到你们。'"

---

① 这个自然段的第一部分一直到"模仿的表达方式",都可以追溯到 1901 年。后面的两个半句子是 1907 年增补的,而最后一部分(一开始:"或者采用以下的案例")则是 1920 年增补的。

② 例如,安岑格鲁贝(Anzengruber)(维也纳剧作家,1839—1889)曾在他的作品《发伪誓的农民》("Der G'wissenswurm")中利用过这种口误,以此揭露那个骗取遗产的人的伪善性格。

　　当某种语言学材料碰巧是合适的时候，①这通常会导致口误的发生，这具有将这种材料显示出来，或以此来产生一种开玩笑的喜剧效果。——下面的这个由赖特勒（Reitler）医生观察和报告的例子便属于这种情况。

　　"这个时新的帽子——我想这是你自己的'aufgepatzt'吗？（替代'aufgeputzt'[装饰]），一个女士以羡慕的口吻对另一个女士说。她不可能把她想要说的赞扬的话进一步表达出来，因为她有指责对方的动机，这一点她已经悄悄地感受到了：这个帽子的装饰（Hutaufputz）是一件'Patzerei'（笨拙的作品），这种指责已经从她的这个不友好的口误中明显地看出来，任何更多的习惯性的赞赏性话语听起来都是令人信服的。"②

　　下面这个例子中包含的指责③虽然比较轻微，但是一点也不含糊。

　　"一位女士拜访一个熟人，她对与这个人的喋喋不休和令人讨厌的谈话很不耐烦。当最后她终于成功地得以脱身时，她的熟人去送她，这时她还是用一些新的话题和她不停地说，到了前厅要分手的地方，她又一次被迫停下来，站在门口再次听她长篇大论。最后她用这样的问题打断了她的女主人的谈话：'你住在前厅（Vorzimmer）的家里吗？'直到看到对方惊奇的表情，她才留

―――――――――

　　①　这一段和以下这个自然段是 1907 年增补的。

　　②　弗洛伊德在其《精神分析引论》（1916－1917）的第二讲中加以引用。——只有在 1910 年和 1912 年的版本中，以下这几段话才在文本的这个地方出现。同样的情况可以在费伦茨医生报告的一个案例中发现。

　　"快过来（geschminkt）"（描画，即，补妆）（代替了 geschwind[快点]），我的一位（匈牙利的）女患者对她那位讲德语的婆婆说。通过这种口误，她明确地暴露了她想要隐藏着不说出来的话：也就是，她对这位老妇人爱慕虚荣的愤怒。

　　一个不讲母语的人利用他的笨拙，目的是用他不熟悉的语言作出具有重大意义的口误，这种情况一点都不罕见。

　　③　这是 1920 年增补的。

意到了自己的失误。她讨厌一直这么长时间地站在前厅听这个女主人讲话,她的意思是想要通过这样的问题打断对方:'早上(Vormittag)你在家吗?'她的口误暴露了她对继续留在这里的不耐烦情绪。"

由马克斯·格拉夫医生目击的另一个例子①是一种警告,一个人应对自己高度警惕。

"在'康考迪亚'(Concordia)记者协会的全体大会上,一个年轻的会员总是发表一个攻击性很强的讲话,在他激动地讲到'Vorschussmitglieder'(借款给他人的人)(替代'Vorstandsmitglieder'[官员]或'Ausschussmitglieder'[委员会成员])时,后者才有权力批准贷款。这个年轻的讲话者事实上正在申请贷款。"

我们从"Vorschwein"(英文版第 57 页)的例子中已经看到,②如果我们努力压抑一些侮辱性言辞的出现,口误就可能很容易发生。一个人就是以这种方式表达出自己的情感的:

一个摄影师下决心要求他那个愚笨的雇主停止使用动物学方面的术语。他对自己的学徒——他企图将盛满东西的一个大盘子空出,在这么做的过程中,当然是不小心地泼到地上一些——说了下面这句话:"你看,小伙子,首先要'schöpsen Sie'③一些来"。此后不久,在一次长篇大论地批评一个女佣的过程中,由于这个女佣粗心大意,打碎了一打很值钱的盘子,他说:

---

① 这是 1907 年增补的;后来弗洛伊德在《精神分析引论》(1916-1917 年)的第三讲中加以引用。

② 这一段和下面那个自然段都是 1920 年增补的。

③ 他的意思是说"倒出",这个词应是"schöpfen Sie";但他却用了"schöpsen Sie"。这个词没有什么意义。但是,单词"Schöps"的意思是"羊"或"愚蠢的家伙"。

"难道你是如此的'hornverbrannt…'？"[①]

下面这个例子[②]表明，口误是怎样导致某种严重的自我暴露的。其中的一些细节做了调整，全文复制自布里尔（Brill）在《精神分析杂志》（*Zentralblatt für Psychoanalyse*）第 2 卷上所作的说明。[③]

"一天晚上，我和弗林克（Frink）医生外出散步，我们讨论了纽约精神分析协会的一些事。我们遇到了我的一个多年未见到的同事 R 医生，对他的私人情况我一概不知。再次相遇我们都感到非常高兴，在我的邀请下，他陪伴我们到了一个咖啡馆，在这里我们兴高采烈地谈论了两个小时。他似乎对我的某些细节很了解，因为在我们做了一般性的寒暄后，他问到了我的小孩的情况，并告诉我，他不时地从彼此的老朋友那里听到我的情况，自从在一些医学出版物上看到我的研究后，他对我的工作很感兴趣。我问他是否结婚，他否定了，并且说：'为什么像我这样的男人要结婚呢？'"

"离开咖啡馆后，他突然向我提出这样的问题：'我很想知道在这样的情况下，你会怎么去做：我认识一个护士，在一个离婚案中，她被控告犯有通奸罪。这个妻子起诉了她的丈夫，并指控他与她同样犯有通奸罪，因此'他'获准离婚。[④] 我打断了他，'你

---

　　① 在这里他的意思是说"hirnverbrannt"、"idiotic"，字面的意思是"难道你的脑袋（Hirn）被烧焦了吗！"但他所用的词是一个不存在的词，有这样的意思，"难道你的角（Horn）被烧焦了吗。"单词"Hornveih"的字面意思是"有角的动物"，一般用来表示"愚蠢"的意思。

　　② 这是 1912 年增补的。

　　③ 在这份杂志上，这篇文章被错误地认为是厄尼斯特·琼斯写的。（这里给出的版本是在布里尔那里发现的（1912 年），稍有改动。）

　　④ 在布里尔论文的德文版本中，下面这个脚注就是在这时出现的："根据我们的法律，除非邮政局证明，一方犯有通奸罪，否则是不可能获准离婚的；而且实际上离婚只有无过错的一方才能提出。"

的意思是她获准离婚吧?'他马上对此予以纠正,'是的,当然,她获准离婚。'他继续讲述说,离婚这件事和流言蜚语对这个护士的感情打击很大,因此,她便到酒馆去喝酒,变得有点神经质,等等。他要我提供怎样对待她的建议。"

"在我纠正了他的错误后,我要他对此予以解释,但我却得到了一个令人吃惊的答案:难道每个人都没有出现口误的权利吗? 这只不过是一个偶然事件,在此背后没有任何东西,等等。我回答说,每一种言语失误都必定有某种原因,而且,他事先也没有告诉我,他没有结婚,因此我就倾向于这样设想,他就是这个故事的主人公;因为,在那个案例中,这个口误中可以用他的愿望来解释,想获得离婚的是他,而非他的妻子,这样他就可以不支付婚姻赡养费(根据我们的婚姻法),这样他就可以在纽约州再次结婚。他大吼着否定了我的推断,但他的情绪表现太夸张了,在这种情绪中他表现出明显的激动,继而又大笑起来,这只会加重我的猜疑。在我的一再要求下,让他出于对科学的考虑,把真相说出来,他说:'除非你希望我说谎,你必须相信,我从来没有结过婚,因此你的精神分析式的解释是完全错误的。'他还补充说,注意这些很细小的东西的人是很危险的,这时,他突然想起来,他还有一个约会,便匆忙离开。"

"弗林克(Frink)医生和我仍然都坚信,我对他的口误的解释是正确的,我决定通过进一步的调研来对此进行证实或反证。几天后,我邀请了我的一位邻居,也是 R 医生的一位老朋友,他能够在每一个具体细节方面证明我的解释。这桩离婚案发生在几星期以前,这个护士被控有通奸罪,现在 R 医生已经彻底信服了弗洛伊德对这种机制解释的正确性。"

　　在下面这个由奥托·兰克报告的例子①中,自我暴露的表现也同样很明显。

　　"一个没有任何爱国情感的父亲,想要教育他的孩子们,让他们也能够摆脱那些他认为不必要的情绪的纠缠,他斥责他的儿子们参加了爱国游行;他的孩子却说,他们的叔叔也参加了这次游行,他回答说:'他可不是你们应该模仿的榜样?他是个白痴(idiot)。当他发现孩子们对自己父亲不同寻常的语调表现出惊异的表情时,他才注意到自己出现了口误,马上抱歉地补充说:'当然,我的意思是说他是一个爱国者。'"

　　这里还有一个口误的例子,谈话的另一方把它解释为一种自我暴露。这个例子是由斯塔克(Stärcke)报告的,他增加了某种相关的评论,尽管对口误进行解释并非他的任务。

　　"一个女牙医答应为她的妹妹检查一下她的牙齿,看是否在两个臼齿之间有什么 Kontakt(附着物)(或者说,看一下这两个臼齿的表面是否接触很好,有没有什么食物残渣留在里面)。她的妹妹最后抱怨这次检查用的时间这么长,并且开玩笑地说:'她很有可能当时正在治疗一个同事,但她的妹妹不得不继续等着。'这个牙医终于给她做完了检查,并发现在其中的一个臼齿上有一个小洞,她说:'我想还不算太坏——我觉得,这只是因为你没有 Kontant(现钞)——我的意思是说附着物(Kontakt)。''你看,'她的妹妹笑着说道,'为什么你让我比你的付费患者等的时间还长,你的贪婪是唯一的原因。"

　　"显然,我不应该把我自己的联想强加于她,或据此得出什么结论;但是,当我听到这个口误后,以下这种想法突然闯入了

―――――――――
　　①　这是 1912 年增补的。

我的脑子:这两个快乐、聪明的年轻女子还没有结婚,她们和年轻小伙子的接触很少,因此我自问,如果她们有足够的现钞(ready money),她们是否会和年轻的小伙子有更多的接触呢!"(参见斯塔克,1916年)

在下面这个由赖克(Reik,1915年)报告的例子中,口误也等同于一种自我暴露:

"一个女孩与一个年轻小伙订了婚,但她对他不太满意。为了使这两个年轻人更亲密地在一起,他们的父母安排了一个聚会,邀请他们两人都参加。年轻的女孩对这个求婚者表现出了足够的自控和戒备,并设法不让对方看出自己对他的厌恶情绪,而这个求婚者则对她表现得很亲近。但是,当她的母亲问她觉得这个年轻人怎么样时,她礼貌地回答:'很不错啊,他非常liebenswidrig!'"①

同样,下面的口误也是一种自我暴露,兰克(Rank,1913)称之为"机智的口误"。

"一位已婚妇女,她很喜欢打听一些趣闻逸事,据说她非常喜欢打听那些婚外风流韵事,如果别人送给她什么礼物作为回报,她也完全不会感到讨厌。一个很想博取其好感的年轻人,通过自己的设计,为她讲了下面这个古老的故事。有两个生意上的伙伴,其中一个对他的合作伙伴的那位多少有点拘谨的老婆很感兴趣,很想博取她的青睐。最后,她同意了他的要求,但作为交换,必须付给她一千金币作为礼物②。因此,当她的丈夫准备出差的时候,他的合作者向他借了一千金币,并答应第二天将

---

① 她的意思是说"liebenswürdig""agreeable",(字面的意思是,值得爱的),但实际上她却使用了liebenswidrig这个词,其字面的意思是:拒绝爱。

② 大约80英镑或400美元。

这笔钱还给他的妻子。当然,他接着就把这笔钱还给了他的妻子,隐含的意思是,这是为博取她的欢心而给予的礼物;但是,她想,当她的丈夫回来向她要这一千块金币时,就会最终发现这件事,从而会使她受到侮辱加伤害。当这个年轻人把故事讲到这里,此时这个引诱者说'明天我会把钱还给(repay)你的妻子',这个听者用非常明显的话打断他:'让我想一下,你不是已经还给(repaid)我了吗——抱歉——我是说你已经告诉(told)[①]我了吗?'她已经不能再给什么更明确的暗示了,实际上只是没有用语词说出来而已,即她也同样愿意接受了这个年轻人的要求。"

　　一个很好的关于这种自我暴露的例子[②]——这并没有导致什么严重的后果——是由陶斯克(Tausk,1917)报告的,其标题为"父辈的信仰"。A 先生说,"因为我的未婚妻是个基督教徒,她不愿意接受犹太教,因此我自己就被迫将自己的信仰从犹太教转化为基督教,这样我们才能够结婚。若我不改变我的宗教信仰,这并没有什么内在的阻力;但我觉得,从其背后的目的来看这是合理的,考虑到因为这表示我放弃的不过是对犹太教的一种外部的坚持而已,而不是一种(我从来就没有信奉过的)宗教信仰,那就更合理了。尽管如此,后来我仍然一直坚持承认这个事实,我是一个犹太人,而且我熟悉的人中,很少有人知道我受洗了。结婚之后我有了两个儿子,他们都接受了基督教的洗礼。当孩子们都长大后,我才将我们的犹太背景告诉他们,主要是为了保护他们在学校免受反犹主义(anti-semitic)观点的影响,也不使孩子们因为这样一种不必要的原因转而反对他们的父亲。几年以前,我的孩子还在读小学,我和孩子们到 D 地的避

---

①　在"还给"(repaid)和"告诉"(told)这两个德语词之间没有任何相似之处。
②　这是 1919 年增补的。

暑胜地度假,我们和一个做老师的一家人在一起。一天,我们和这个本来很友好的一家人在一起品茶,房子的主人并不知道他的暑期客人的犹太血统,他用很尖刻的语言指责犹太人。本来我准备做一个大胆的声明,说明这些事实,以便给我的儿子们做出榜样:'一个人应该有自己的信念'。但我担心在这种公开承认后通常会引起的那种不愉快变化。除此之外,我们有可能被警告离开我们找到的这个避暑的好地方,这不仅会伤害到我本人,也会伤害了孩子们,因为,孩子们的假期毕竟是有限的,这家主人的行为会不会因为我们是犹太人而变得对我们不友好。如果再听我们继续谈下去,我有理由预期,孩子们会坦诚老实地将这一重要的事实不小心地说出来,因此,我便设法让他们离开这里到花园去玩,我说:'到花园去吧,Juden(犹太人),'然后很快地将其纠正为 Jungen(年轻人)。我用这种方式就能使'我的坚定的信念'从这个失误中表现了出来。其他人实际上并没有从我的口误中发现什么,因为,他们认为这很不重要;但我却不得不接受这次教训,如果自己是一个孩子,或有像自己的孩子一样的孩子,就不可能因为不承认'我们父辈的信念'而不受到惩罚。"

下面这个口误①,要不是一个地方法官在判案过程中为了这次资料收集而自己做了记录的话,我是不会报告的,这个口误所产生的影响却一点也不单纯。

一个士兵被控犯有私闯民宅罪,他说明了下面的证据:"到现在为止,我还没有从部队退役,Diebsstellung②,因此,目前我仍然在部队服役。"

---

① 这是 1920 年增补的。

② 他的意思是说"Dienststellung""service",字面的意思是,"服务(Dienst)地位(Stellung)"。但他却说成了 Diebsstellung,字面的意思是,"窃贼地位"。

当某种口误①可以用作向医生提供证据的方式,在精神分析过程中,这种口误就会产生某种比较悦人的效果,如果医生和病人展开讨论,这个证据可能会大受欢迎。曾经有一次,我不得不对一个患者的梦进行解释,在他的梦中出现了"Jauner"这个名字;做梦者也知道某人叫这个名字,但是,他不知道为什么他的名字会出现在自己的梦中;因此,我冒险地这样暗示他,这可能仅仅是因为他的名字听起来像骂人的"Gauner"(骗子)这个词。我的病人匆忙地和我就此而激烈地争论起来;但是,在这样做时,他出现了一次口误证实了我的猜想,因为他又一次将同样的字母搞混了。他的答案是:"对我来说,这太 jewagt 了(替代gewagt,意思是'牵强')。"②当我让他注意到了这个口误后,他接受了我的解释。

如果双方正在激烈地争论,其中一方出现了口误,其意义和要表达的意思相反,这马上就会使他处于不利地位,其对手必然会从中获取最有利的地位。

这清楚地表明,人们会给予这些口误或其他失误同样的解释,即我在书中提出的这种解释,即使他们在理论上并不认可我提出的这种观点,即使他们,只要这种事情在他们自己身上出现,不愿意否认这种与容忍失误相伴而生的便利。这些口误肯定会在关键时刻引起幽默和讽刺,可以认为这是一种证据,用来反对人们通常有意接受的那种惯例,即讲话时出现错误是一种"失言"(lapsus linguae),没有什么心理学方面的意义。德国的

---

　　①　这个自然段和以下那个自然段都是 1907 年增补的。弗洛伊德在其后期的论文"分析的建构"(1937d)中也引用了这个"Jauner"的口误。

　　②　在通俗的言语中,尤其是在德国北部,以"g"开头的单词,"g"的发音和德语的"j"发音一样(相当于英语的"y",而不像英语中的"g")。

皇宫大臣布龙(Bülow)太子也是人,也出现过口误。在下面的一段话里,他企图保住自己的地位,当谈到要保卫他的君主(1907年11月)这样的字眼时,他表现出了一个口误,这和他要表达的意思正好相反。他的话是这样说的:"在目前,在威廉二世皇帝的新纪元里,我只能重复我一年前说过的话,就是说,在我们的君主周围有一帮负责任的幕僚,这样说是不公正的,不合理的……(大叫'不负责任的')……不负责任的幕僚,抱歉把话讲错了。"(大笑)

在这种情况下,由于否定词的积累所致,布龙王子说出的话不太清楚;出于对讲话者的同情以及出于对他所处困境的考虑,人们并没有深究他的失误。几年后,也是在同一个地方,另一个讲话者则就没有那么幸运了。他希望求助于某种声明,表明自己对君主的毫无保留的(Rückhaltlos)支持,但在表达这个意思的时候却出现了口误,而这说明在他忠诚的胸怀中还保留着另外的情绪,他的话是这样说的:"党员们(德国国家党):我要讲的问题是,我们的立场是基于议会的议事通则。根据这些通则,议会有权力向君主发表这样的讲话。我们的信条是:德国人民团结的思想和愿望是决心在这件事上也要形成一种联合声明(united demonstration),如果我们能够完全充分地考虑到君主的感情,那么我们也就应该 spinelessly(无骨气地)(德文为 rückgratlos,意思是'毫无骨气地')这么做"(笑声持续了几分钟)。"先生们,我说的不是 rückgratlos,而是 rückhaltos(无保留地)"(大笑),"而且在这个困难时刻,即使君主也会接受人民的这种声明——这个毫无保留的声明——这正是我们希望看到的。"①

1908 年 11 月 12 日的《社会民主报》(*Vorwärts*)不会放过这个具有重要心理学意义的口误的机会:"在任何国会可能从来就没有这样的先例,一个议会成员像这个反犹主义的党员一样,通过言不由衷的自责,来表明自己以及议会中大多数人对君主的态度。在第二天的争论中,在表现如此严肃的情绪时,他却失误地接受了这一点:他和他的朋友希望对君主无骨气地表达出自己的观点。四周的笑声淹没了这个不幸的人随后的言辞,虽然他确实有必要通过表示歉意的方式而结结巴巴地说,他的真实的意思是'毫无保留地'。"

我将再举个例子,②在这个例子中口误表现出非常不可思议的预言性特征。1923 年初,在世界金融界发生了一次很大的震动,当时,那个非常年轻的银行家 X——或许是 W 地区的最新的暴发户(nouveaux riches),不管怎么说他是当时最富有的人,也是最年轻的——在经过短期的抗争后,获得了银行的绝大多数股权;之后便是一次著名的全体会议的召开,在这次大会上,这个银行的老董事长,老资格的金融家,却没有被选上,年轻的 X 成为这家银行的主席。在发表告别演说时,那位经营董事长 Y 博士走上前去,向老主席对银行做出的贡献表示敬意——这个老主席没有被选上,听众们注意到,这个讲话者一再地表现出痛苦的口误,他不断地谈到这个任期已满的(dahinscheidend)老主席,而不是即将离职的(ausscheidend)老主席,结果是,这个没有被选上的老主席,在这次大会的几天后去世了。不过,他已经八十多岁了。(来自斯塔克)

---

① 后来弗洛伊德在其《精神分析引论》的第四讲间接地提到过这个口误。

② 这是 1924 年增补的。

关于口误的一个很好的例子,^①其目的更多的不是讲话者的自我暴露,而是为剧场的听众埋下伏笔,可以在席勒的话剧《华伦斯坦》(皮克洛米尼,第一场,第五幕)中找到;这也向我们表明,这位剧作家在这里很善于利用这种技巧,熟悉口误的机制和意义。在前面的一幕中,马克斯·皮克洛米尼热情地支持公爵(华伦斯坦)的理想,并且一直在充满激情地描述和平的美好,这是在他送华伦斯坦的女儿回军营时才明白这一点的。在他就要离开舞台时,他的父亲(奥克塔维奥)和奎斯顿伯格——皇宫的密使——惊恐地闯了进来。第五幕接下来是这样的:

奎斯伯格:天哪! 怎么能容忍这样呢?

朋友们呀! 我们就这样让他走吗?

如此地愚弄——让他走掉?

不马上把他叫回来,不要让他睁眼看这里。

奥克威(从深思中恢复过来):

他现在打开了我的眼睛,

我看到的东西比我想象得还要多。

奎斯伯格:你看到了什么?

奥克威:那段旅行之路!

奎斯伯格:但是,为什么会这样? 是什么?

奥克威:来,过来,朋友,我必须乘机马上赶上这段不吉利的路,现在我的眼睛已经睁开,我必须使用我的眼睛,来!

(拉着奎斯伯格)

奎斯伯格:现在做什么? 我们要去哪儿?

奥克威:到她那儿。

---

① 这是 1907 年增补的。

奎斯伯格:到……

奥克威:(马上纠正自己)到公爵那里去,我们走。

[柯勒律治(*Coleridge*)的译本]

在这个口误中,"她"取代了"他",其意思是向我们揭示:这个父亲已经看透了他的儿子支持公爵事业的真正动机,而那个朝臣则抱怨说,他在对他"打哑谜"。[①]

一个剧作家利用口误的另外一个例子,[②]是奥托·兰克(1910)在莎士比亚那里发现的。我引用兰克的表述如下:

"这个口误出现于莎士比亚的戏剧《威尼斯商人》(第二幕,第三场),从戏剧的观点来看,口误是受极其细微的动机驱使的,而且使用的技巧非常巧妙,就像弗洛伊德注意到的在《华伦斯坦》中出现的口误一样,这表明,这些剧作家非常明白这种失误行为的机制和意义,而且假定观众对此也是了解的。剧情是这样的,出于父亲的意志,波西亚(Portia)必须通过抽签的方式来选一个丈夫,幸运的是,她逃脱了很多她不喜欢的追求者。最后,她发现巴萨尼奥(Bassanio)这位追求者是自己喜欢的人,她有理由担心他也摸错了彩盒。她很想告诉他,即使摸错了,她仍会将自己的爱给他。但她要信守诺言,在这种内心冲突的情况下,诗人让她对这位她喜欢的追求者说:

我乞求你留下来,哪怕一两天,

在你冒险之前:因为,选错了,

我失去了你的陪伴,我要暂时忍受:

总像有什么在向我诉说(但这不是爱),

---

① 奥克塔维奥认识到,他的儿子的动机源自他对公爵女儿的爱。——弗洛伊德曾在其《精神分析引论》(1916—1917年)的第二讲中引用过这个例子和以下的例子。

② 这是1912年增补的。

我不要失去你……

……我会教你

如何去做出正确的选择,但这样我就违背了诺言;

因此我不会这么做,这样你可能会失去我;

如果你这样做了,你会使我有负罪感,

因为我已经背约,诅咒你的眼睛,

它们迷惑着我,要把我分开;

我的一半是你的,另一半是你的——

我是说,我自己的,但如果我的也是你的,

就都成了你的了。

"这里她想要给他的只是一个巧妙的暗示,因为她实际上已经向他表明了一切,就是说,甚至在他做出选择之前,她就完全是他的了,并且会全身心地爱他——正是由于这个缘故,诗人才用一种奇妙的心理敏感性,使她的想法从这个口误中迸发出来;通过这位艺术家的设计,他成功地减轻了这个恋人的难以忍受的迷茫和富有同情心的观众对其选择结果的焦虑程度。"①

出于对一些伟大作家把这种性质的支持赋予我们的口误理论的兴趣,我觉得完全可以合理地引用第三个这样的例子,这个例子是厄尼斯特·琼斯报告的②(1911b,第496页):

"在最近发表的一篇文章中,奥托·兰克把我们的注意力转向了莎士比亚的另一个精彩的例子,莎士比亚使他的角色之一,

---

① 在其《精神分析引论》第二讲中复现这个情节时,弗洛伊德进一步增补了他自己的一个评论。

② 这个例子——也是1912年增补的——是在弗洛伊德的一个德文译本的书中出现的,在这里我们给出的是英文原文。

波西亚,通过口误向专心致志的观众揭示出她内心的秘密想法。我想将这个例子和一个类似的例子联系起来,这个例子来自伟大的英国小说家乔治·梅瑞狄斯(George Meredith)的绝妙之作《个人主义者》(*The Egoist*)。小说的剧情是这样的:威伦比·帕顿先生是一个颇受周围人羡慕的贵族,他钟情于康斯提亚·达哈姆小姐。但她发现他身上有一种强烈的自私自利的个人主义倾向,这种自私的本性被他很巧妙地掩盖了起来,为了逃避这个婚姻,她和奥斯福德船长私奔了。几年后,帕顿又爱上了克拉拉·米德尔顿小姐,书中绝大多数内容是详细地描写她在发现他的自私后在她心中产生的矛盾冲突。外界的环境压力和关于名誉的观念,使她不能违背誓言,而在她看来,他变得越来越令人讨厌了。她比较信任她的表兄和秘书弗农·威特福德,她最终和这个秘书结了婚;但出于对帕顿的忠诚和其他的动机,他一直与她保持着距离。"

"在描述她的内心痛苦的自白中,克拉拉说了下面这段话:'如果一个高贵的绅士能够看到我现在的处境,不鄙视我,而帮助我,该有多好啊!哦!让我从这个痛苦的地狱中挣脱出来吧。我对此再也无法忍受了。我是一个懦夫,我相信,甚至弹指之力①就会改变我。我会伤痕累累、痛苦呻吟着飞向一个战友……康斯提亚遇到了一个士兵。或许她做了祈祷,而她的祷告得到了回应。她确实生病了。但是,哦,因此我是多么地爱她啊!他的名字是哈里·奥斯福德……她没有犹豫,她砍掉了锁链,为自己找到了归宿。啊,勇敢的姑娘,你是如何看待我的呢?但是我

---

① 这是[德文译者(J. 西奥多·冯·卡尔玛)]的注释:我最初想用 'leiser Wink'('细微的暗示')来翻译英文的'弹指之力'(beckoning of a finger),直到我认识到,通过压抑'手指'这个词,我就会使这个句子丧失某种心理的微妙性。

没有哈里·奥斯福德；就只有我自己……'这时她突然意识到，她说出了另一个名字，因为奥斯福德给了她一盒快餐，使她的脸变红了。"

"由于这两个男人的名字都以'福德'结尾，这个事实显然很容易把它们混淆起来，而且很多人会认为这是一个恰当的原因，但其真正潜藏的动机却是由作者明确表明的。在另一段，有一个同样的口误出现，之后是一个自发的迟疑和突然改变了话题，这是人们在精神分析以及荣格的联想实验中所熟悉的，当人们触及一种半意识的情结时往往有这样的表现。威洛比（Willoughby）先生和蔼地谈到威特福德：'大惊小怪，解决你所不熟悉的问题的办法就是完全忘掉可怜的老弗农。'克拉拉回答：'但是，如果奥斯福德先生——威特福德……你的天鹅，他们从湖那边漂泊过来，当他们表现出愤慨时，他们是何等的漂亮啊！我想要问你，诚然，一个人见证了他对另一个人明显的爱慕，难道这还不令人悲伤吗？'威洛比先生好像突有所悟。"

"在另外一段，克拉拉通过另一种口误表露了她隐秘的愿望，即她和弗农·威特福德的关系更密切。她在对她的一个男友说话时说道：'告诉弗农先生——告诉威特福德先生'"。[1]

我们在这里提出的关于口误的观点，[2]即便是在很微小的例子中也可以得到验证。我已经能够多次表明，那些在说话时最没有意义而且明显的口误都有其本身的意义，就像那些比较令人吃惊的例子一样，这些口误都可以用同样的方式去解释。一

---

[1] （这是 1920 年增补的注释；）作者倾向于认为具有某种意义，而且通常是自我揭露的其他口误的例子，可以在莎士比亚的《理查二世》（第二幕，第二场）找到，也可以在席勒的《唐·卡洛斯》（*Don Calos*）（第八幕，第二场）中找到（这是依波利公主发出的一次口误）。毫无疑问，要想扩展这个系列表并没有什么困难。

[2] 这个自然段是 1907 年增补的；其后的那个自然段可以追溯到 1901 年。

位女患者强烈地反对我希望到布达佩斯短期旅行的计划,但是她却决定按自己的路线旅行,她给我说了这么一段话来为自己辩护,说她只计划去三天,但说走了嘴,说成了"只计划去三周"。她暴露了一个事实:为了表示对我的不满,她宁可陪我三周而非三天,因为我认为这样做对她来说是不合适的。——一天晚上,我因为没有到剧院去接妻子而向她表示歉意,说:"我到剧院时已经 10 点过 10 分了。"她马上纠正说:"你的意思是说 10 点差 10 分吧。"当然,我是说 10 点差 10 分,因为在 10 点以后就不用再道歉了。当我到剧院时,大门已经在黑暗中关闭着,剧院空空如也。我从剧院的节目单上看到,演出在 10 点前结束。但实际上演出结束得更早,我妻子当时并没有等我。当我看了一下表,发现才是差 5 分 10 点。但是我决定把我的情况说得更好一点,因此当我回到家时,我就说差 10 分 10 点。遗憾的是,我的口误打乱了我的计划,揭示了我的不真诚,这样的认错比我主动认错还难堪。

由此而导致了那些言语混乱,但我们再也不能把它们描述为口误,因为它们所影响的并不是单一的词,而是全部言语的节奏和执行:例如,像结巴或口吃这样的言语混乱往往是由于人们紧张或发窘所致。但是,正如前面的例子所示,这个例子也是窘境所致,这是一个内在冲突的问题,这种冲突通过言语干扰而在我们身上暴露出来。实际上我并不认为,在他的最高统治者这样的听众面前说话时,在严肃地表达爱的时候,在陪审团面前保护自己的名声或名誉的时候——简言之,在一个人全身心地投入的所有这些情况下,任何人都会出现口误。甚至在我们对作者的风格表示赞赏的时候,我们也会习惯于使用这种同样的阐释规则,我们不可避免地要用这些原则来追溯个人在言语中所犯错误的根源。某种明确而又清楚的写作方式告诉我们,在这里作者针对的是他自己;在那里我们会发现,某种被迫的和复杂难懂的表述(使用一个巧妙的短语)针对的目标却不止一个,我们可能会认识到某种不充分地制造出来的、复杂想法的干扰,或者我们可能会听到作者的那种压抑的自责声。①

自从这本书首次出版以后,②讲其他语言的朋友和同事们都开始留意这些口误,他们已经能够观察发现在讲他们语言的国家中出现的这些口误。正如我们可以预期的,他们发现,支配这些失误行为的法则并不以语言学材料为转移;而且他们的解释和我们在这些例子中所例证的讲德语的人出现的口误例子的解释完全相同。这样的例子不胜枚举,这里我仅举一例:

布里尔(Brill,1909)报告了他自己的一件事:"一个朋友向我描述了一个神经症患者的病情,希望知道是否我能使他的状况有所改善。我说:'我相信我会通过精神分析的方式及时地消除他的所有症状,因为这种病是 durable(顽固的)'"——他想说的

---

① 这是 1910 年增补的注释:Ce qu'on concoit bien
　　　　　　　　　　　　　　S'annouce clarement
　　　　　　　　　　　　　　Et les mots pour le dire
　　　　　　　　　　　　　　Arriventt aisement.
　　　　　　　　　　　　　　(经过深思熟虑的东西
　　　　　　　　　　　　　　才明确地表达出来,
　　　　　　　　　　　　　　而所要表达的词语
　　　　　　　　　　　　　　就很容易说出来。)
　　　　　　　　　　　　　　布瓦洛(Boileau),《诗歌艺术》(Art poetique)
这段话在 1899 年 9 月 21 日写给弗利斯的一封信中(弗洛伊德,1950a,第 119 封信)。在《梦的解析》中弗洛伊德把这种明确的批评运用于他觉得是他自己不太满意的风格之中。这段话可以在《弗洛伊德全集标准版》第 4 卷中找到对它的引用。
② 这段话和此后的例子都是 1912 年增补的。

是"可治疗的"(curable)。①

总之,②为了给那些准备付出一定努力和对精神分析不太熟悉的读者提供帮助,我还要补充一个例子,以便使他们能够对心理深处的活动进行某种描述,甚至对某种口误的探究也会导致人们了解其深刻的心理根源。本例是由杰克尔斯(Jekels,1913)报告的。

"12月11日,我认识的一位女士,用带有挑战性和傲慢的口吻对我说(用波兰语)了下面这段话:'为什么我今天说我有12个手指头?'在我的要求下,她说出了缘由。她准备和她的女儿一起外出旅游,她让她的这个女儿——有点早发性痴呆,当时正在康复期——去换一下上衣,她就去邻近的房间换。在她的女儿回来后,发现她的妈妈正在修理指甲,接着就发生了下面的对话:

女儿:'看,我现在已经准备好了,你却没有!'

妈妈:'是的,可是你只更换了一件衣服,而我有12个指甲。'

女儿:'什么?'

妈妈(不耐烦地):'是的,当然我有,我就是有12个手指。'

"一个同事同时也和我一样听到了她讲的这件事,问她由12

---

① 这个例子在原书中是用英文提供的。——只是在1912年的版本中,以下这段话才在这本书的这个地方出现:"这是斯特克尔(Stekel)报告的关于治疗方法的一个极其具有教育意义的例子,用这种方法,一个简单的口误就可以在精神分析中得到利用(1910)"

"一个患有广场恐怖症的患者在分析过程中说道:'一旦我开始了某个主题,我就会比较顽强地 dablei[德文应该是 dabei,意思是坚持(at it)]。'当他注意到他的口误时,他又继续说道:'我做的事和孩子们做事和说话一样,用 l 代替了 r——用 blei 代替了 brei,'因此又第二次出现了口误。"

"这个口误显然具有重大意义。'bei——brei——blei'[在德语中的意思是:'在(at)''汤(broth)''指向'(lead)]这些音节带有重要的联想。"

② 本章其他的部分都是1917年增补的。

联想到了什么,她同样迅速而明确地回答:'12 对我来说没有任何意义——它是一个(不重要的)日期。'"

"稍微迟疑了一会儿之后,她对手指进行了以下联想:'我丈夫家族中的有些成员一只脚生来就有 6 个脚趾头(波兰语中没有表示脚趾头的特定词)。当我们的孩子出生后,我们马上检查一下,看他们是否有 6 个脚趾头。'由于某些外在的原因,那天晚上的联想没有继续进行下去。"

"第二天早上,12 月 12 日,这个女士又来看我,带着明显激动的神情告诉我:'你猜猜发生了什么事? 在过去的大约 20 年里,在我丈夫的年迈的叔叔生日时,我都不会忘记给他寄去贺卡,今天正是他的生日,我一般在 11 日给他写信。这次我忘记了,刚才我只好给他发了个电报。'"

"我记得,而且我提醒这位女士,那天晚上这位女士是多么明确地拒绝回答我的同事提出的关于 12 这个数字的问题——实际上这完全适合于提醒她想到这个生日——而她却说,12 对她来说是一个不重要的日子。"

"接着她承认说,她丈夫的这个叔叔很富有,她实际上也总是期待着从他那里继承到什么遗产,特别是目前在她生活很清贫的情况下。因此,例如,正是他,或者说正是他的死在几天前曾直接闯入过她的脑海,当时她的一个熟人通过扑克牌预言,她会得到一大笔钱。她心中立刻闪现出这样的念头,这个叔叔是唯一有可能使她或者她的孩子得到钱的人;同一个场景也立刻使她想起了这个事实,这个叔叔的妻子曾承诺要按照她的意愿记住这位女士的孩子。但是她死的时候没有留下任何遗嘱;也不知道她是否向她的丈夫提起过这件事?"

"这种让叔叔死的欲望一定是非常强烈而明确地表现出来

遗忘与失误——日常生活的心理分析

124

了,因为她对这个为她作出预言的朋友说:'你这是鼓动人们把别人杀死。'在这个预言和这个叔叔的生日之间过去之后的四五天里,她不断地看这个叔叔所在地的地方报纸的讣告栏。因此,难怪她期望他死的愿望是如此的强烈,原来这个事件和他要过生日的日期被如此强烈地压抑下去,以致不仅她多年来一直在做的为他庆生的事情最终被遗忘了,而且,甚至我的同事的询问也没有能使她的意识回忆起这件事。"

"在这个 12 个指头的口误中,被压抑的'12'闯入了大脑,这有助于确定这种失误行为。我之所以说"有助于"确定,是因为这个令人吃惊的"指头"联想导致我们猜想到,还存在某些其他的动机。这也可以解释,为什么她要用这个虚假的'12'来表示呢,本应该是这个最纯真的短语"10 个指头"的。她的联想又继续:'我丈夫家族的某些成员出生时脚上有 6 个脚趾头'。6 个脚趾是一个特别异常的标志。这样,6 个指头就意味着这是一个异常的孩子,而 12 个指头则意味着有两个异常的孩子。而且在这个案例中实际的情况正是如此。这个女士结婚的时候还非常年轻,由于她的丈夫古怪而异常,他在他们结婚后不久便自杀了,丈夫留下的唯一遗产是这两个孩子,医生多次说这两个孩子不正常,这都是遗传她们父亲的基因的缘故。大女儿最近由于有严重的紧张性精神病问题而回到了家里,不久之后,正处在青春期的小女儿也患上了严重的神经症。"

"在这里,孩子异常与期望叔叔死的愿望联系着,而且和这个被更强烈压抑的、在心理上更强有力的因素凝缩在一起,这个事实使我们可以假设,这种口误存在着第二种决定因素,即盼望异常的孩子死去的愿望。"

"但是,认为 12 是一种死的愿望,其特殊的意义已经在以下事实中表现出来:叔叔的生日和她心目中关于叔叔的死的观念密切联系着。因为她的丈夫也是在13日自杀的——也就是说,在叔叔生日的后一天,而且叔叔的妻子也对这个年轻的寡妇说过:'昨天他还如此热情洋溢地发来贺卡,但今天……'"

"我可以补充一点,这位女士也确实有足够的理由希望她的女儿死掉;因为她们给她带来的都是不幸,带来的只有悲伤和对她独立性的严重限制,为了她们的缘故,她放弃了爱有可能给她带来的所有的幸福。在这种情况下,她实际上已经很长时间避免带着女儿一起出门旅行,尤其是在不好的心境之下;可以想象,在这个早发性痴呆的案例中,这对一个人的耐心和自我否定提出了什么样的要求啊,在这个过程中多少愤怒的冲动不得不被压抑下去啊。"

"由此可见,这个失误的意义如下:

'这个叔叔应该死掉,这些异常的女儿应该死掉(可以说,这完全是个异常的家庭),我要得到他们的钱财'。"

"在我看来,这个失误行为有几个方面可以说明它有一种不同寻常的结构:

(1)其中表现出两个决定的因素,被浓缩到一个因素上。

(2)这两个决定因素的出现反映在这两个口误中(12个指甲,12个指头)。

(3)一个突出的特点是:'12'的意义之一,也就是,表示孩子异常的12个指头,代表一种间接的表征形式;在这里心理上的异常通过生理上的异常而表达出来,身体上的最高部位通过身体的最低部位而表现出来。"

六、读误和笔误①

当我们开始分析读误和笔误时,我们发现,我们在分析口误时的一般方法和我们的观察发现在这里也同样适用——其实这并不奇怪,因为这些机能之间联系甚密。在这里我将使我自己仅限于报告一些经过仔细分析的例子,而不想尝试涵盖这种现象的所有方面。

一、读误

(一)我坐在一个咖啡店里,翻看着《莱比锡周报》(一份有插图的周报)(我斜拿着报纸)。在整版的大幅图画下面我看到了这样一个说明:"在奥德斯(奥德塞)举行的婚礼。"它立刻就引起了我的注意;在惊讶之中我把报纸拿正以后,才发现自己看错了,实际上是"在(波罗的海的)奥斯特奇举行婚礼。"我在看报时

---

① 这一章的前一部分,一直到英文版第 110 页,都可以追溯到 1901 年。

怎么会犯这样愚蠢的错误呢？我的思绪立刻转向了鲁斯(Ruths,1898)的一本书,书名为 *Experimentaluntersuchungen über Musikphantome*[①],最近我用了很长时间来读这本书,因为它涉及我所关心的心理问题。作者还许诺说,他很快就要出版一本名为《梦现象的原理与分析》的书。鉴于我刚刚出版了一本《梦的解析》,因此毫不奇怪,我会以最大的兴趣等待这本书的出版。在鲁斯关于音乐幻影的著作中,我发现,在目录表的开始有一个详细的归纳证明法的说明:古希腊神话和传说的主要根源是睡眠和音乐幻影,也根源于梦现象和神经错乱中。因此,我立刻就翻开书本寻找,看他是否也认识到:奥德塞在瑙茜卡公主面前出现的情景源自那个共同的裸体梦。我的一个朋友让我注意到戈特弗里德·凯勒(Gottfried Keller)的小说《绿色的亨里奇》(*Der Grüne Heinrich*)中的那段很好的描述,它把奥德塞中的这段情节解释为客观地代表了一个海员漂泊他乡时的梦幻;而且我也指出过它与喜欢出风头的人所做的裸体梦的关联。[②] 在鲁斯的书中我并没有发现关于这个主题的任何论述。在这个例子中,我的想法主要被这些问题左右着。

(二)一天,在我读报的时候,怎么会将"在欧洲 Zu Fuss(徒步)"误读为"在欧洲的 Im Fass(木桶里)"呢？解决这一问题时,我遇到了很多困难。很明显,最初的一些联想表明,这一定是存在于我大脑中的第欧根尼(Diogenes,古希腊哲学家)的木桶(tub);而且最近我正在一本艺术史的书中读亚历山大那个时代的艺术。从那里很容易回想起亚历山大的名言:"如果我不是亚

---

① 《音乐幻影的实验研究》,根据鲁斯的观点,"这些音乐幻影是一组心理现象,这种心理现象在人们听音乐时出现在他们的脑海里。"

② 《梦的解析》,1900a,《弗洛伊德全集标准版》,第 4 卷,第 246—247 页。

历山大,那我愿意成为第欧根尼。"我也收集了很多赫尔曼·采顿(Hermann Zeitung①)的照片,他曾坐在树干上去旅行。但是这一系列的联想停止了,再也没有继续下去,而且我没有成功地找到艺术史上有这句名言的那一页。直到几个月后,在我把这个问题放置脑后时,这个问题突然又闯入了我的脑海;这次终于使这个问题得到了解决。我回忆起来一份报纸中一篇文章所作的评论,人们为了到巴黎去看国际展览(1900 年)而选用的那种奇怪的交通 (Beförderung)方式;而且,我相信有这么一段有趣的说明,说的是,一个先生想要使自己钻进一个大木桶里,让另一个先生滚动着去巴黎。无须证明,这些人的动机是想通过这种愚蠢的方式来引人注目。赫尔曼·采顿实际上就是第一个提供这种奇特交通方式的那个人的名字。这又使我联想到我治疗的一个患者,他在读报纸时的病理性焦虑被解释为,对他的病理性野心——希望看到自己的名字被印出来,或在报纸上看到自己的名字——的一种反应。马其顿王国的亚历山大王无疑是当时前所未有的最有野心的人之一。他甚至抱怨说,他不会再找到像荷马这样的诗人为他歌功颂德了。但是,我为什么没有想到和我更接近的另一个亚历山大呢? 这个亚历山大是我的弟弟的名字。② 现在我立刻发现,关于这另一位亚历山大的那种讨厌的想法不得不被压抑下去,直到现在才出现。我的弟弟是关税和交通方面的专家,有一次,由于他在商学院教这方面的课程,被确定为在某一天获取了教授的头衔。几年前,我在大学申报

① "Zeitung"在这里是一个专有名词,在德文中也有"报纸"的意思。

② 根据厄尼斯特·琼斯的记载(1953 年,第 21 页),"亚历山大"这个名字是在弗洛伊德自己的建议下被选定的——他的弟弟比他小 10 岁——在特殊的背景上,亚历山大大帝是一个有超凡军事天才而又慷慨大方的人。

同样的职位晋升(Beförderung)时,校方考虑到了我,但最后并没有获得晋升。① 当时,我的母亲表现出惊奇的神色,她的小儿子已经成为教授,而大儿子却还没有。这便是我当时没有能够解决读误的原因。后来,我的弟弟也遇到了一些困难;他成为一个教授,但其前景却比我低。但是,就在这一刻我对这个读误的意义突然变得清楚了,仿佛我弟弟在前景黯淡时消除了我的一个障碍。我的行为仿佛是,我在报纸上读我弟弟的任命书,而且对我自己说:"一个人竟然能够出现在报纸上(意思是,竟然能够被任命为教授),考虑到这种愚蠢的行为(这是他的职业所带来的)这是多么可笑啊!"之后,我就毫不费力地在艺术史的书里发现了说明亚历山大那个时代希腊文化艺术的那一段话。使我感到惊奇的是,尽管在我以前找的时候,我多次翻看了同一页码的这些部分,而且每次都越过这些相关的句子,仿佛我受某种消极的幻想支配。然而,这个句子并没有包含任何能使我受到启示的东西——没有任何值得我遗忘的东西。我猜想,由于我没能在这本书中找到那段话,由此而导致这种症状的形成,目的是为了让我误入歧途。我曾想在我的探索遇到阻碍的这个地方——也就是,在与马其顿的亚历山大有关的某种观念中——寻求继续探索这个思想系列;以这种方式,我就可以更有效地将自己的注意从与我的弟弟同名的名字上移开。实际上,这个手段是非常成功的;我的所有的努力都指向了重新发现在艺术史这本书上失踪的段落。

在这个例子中,"Beförderung"这个单词的双重意义("交通"

---

① 这个问题与弗洛伊德的梦有关,在《梦的解析》(1900a)中曾反复讨论过。例如,请参见《弗洛伊德全集标准版》第4卷,第136页以下。他最终在1902年获得晋升,在这段话第一次发表之后的那一年。

和"晋升"),构成了这两个情节①之间联想的桥梁,那个不重要的情结是由这个报纸上的文章唤起的,另一个情结比较有趣但会引起反对,在这里它是以读东西时出现干扰的方式表现出来的。从这个例子我们可以看出,对诸如此类误读的出现进行解释并不总是那么容易的。有时人们甚至被迫推迟对这个问题的解决,而等待某个更适当的时机。但是,解决这些问题时遇到的困难越多,你就越会肯定地预期,这种最终被揭示出来的干扰的想法,往往是被我们的意识思维判断为排斥和反对的东西。

(三)有一天,我从维也纳的邻居那里收到一封信,信里有一条使我震惊的消息。我马上叫来我的妻子;把这个消息告诉了她。我说"die arme(可怜的)②威廉·M.(Wilhelm M.)患上了严重的疾病,医生说已经没有希望了。"但是为了表达我的悲伤,我肯定陷入了错误的词汇怪圈。由于我的妻子对此表示怀疑,要求看一下信,并说她敢肯定信上并不像我说的那样,因为没有人用其丈夫的名字去称呼一个妻子,而且这个写信的女士也肯定非常熟悉这个妻子的名字。我固执地坚持自己的意见,并且提到在卡片上人们经常这样使用,一个女士用丈夫的名字来称呼自己。我最后被迫将信拿了出来,实际上信的这个部分是这样写的"der③arme W. M.",或者,甚至还更为明确地这样写着:"W. M. 博士",而这个部分被我完全忽略了。因此,我的这个读误就相当于,由于震惊而企图将这个悲伤的消息从丈夫转移到妻子。

---

① 在 1901 年和 1904 年写的是:"思想的循环"(circles of thoughts)。用"情结"这个单词来取代之是在 1907 年的版本中,标志着荣格对弗洛伊德开始产生影响。——至于言语桥梁在梦的结构、诙谐和神经症状中的类似用途,请参见《弗洛伊德全集标准版》,第 5 卷,第 341 页脚注。也请参见本书下文英文版第 274 页脚注 1。

② die 的使用是这样的,这是一个阴性定冠词,说明提到的这个人是一个女性。

③ Der 是德语中的阳性定冠词。

在冠词、形容词和名字之间的头衔与我的这个需求——这个头衔指的应该是妻子——不相符合，由于这个原因，便出现了读信过程中的失误。但是，我的读误的这种动机并不是说，我对这个妻子的感情不如对其丈夫的感情那么热情，而是因为，这个不幸的男人的命运唤起了我对另一个有密切来往的人的担忧。据我所知，他们两个的病是一样的。

(四)[①]有一些读误令人恼怒，也有点可笑，这些读误经常发生在假日我到一些陌生城市的街道上散步的时候。这时，我发现店里的每一块招牌都很像单词"古玩店"，这暴露了我作为一个收藏爱好者的探询精神。

(五)[②]布洛伊勒(Bleuler)在他的一本重要的著作《易受暗示性的妄想狂》(1906 年，第 121 页)中写道："有一次我正在读书，我有一种理智的感觉，再往下看两行，我将看到我的名字。但令人奇怪的是我只发现了单词'Blutkörperchen'(血球)。我曾分析过数千例的读误现象，无论读误出现于视觉的中心还是视觉的边缘；但是这却是一个是最离奇的例子。每当我想象着要看到我的名字的时候，引起这个观念的那个单词通常与我的名字非常相似，在大多数情况下，在我可能犯这样的错误之前，就会发现我的名字的每一个字母都紧密地联结在一起。但是，在这种情况下，对这种关系妄想和幻想进行解释是非常容易的：我刚刚读到的是对科学著作中发现的一种不良写作风格进行评论的结尾，我也难免有这种风格。"

(六)[③]汉斯·萨克斯(Hanns Sachs)报告说，他曾阅读过以

---

① 这是 1907 年增补的。
② 这是 1910 年增补的。
③ 这是 1919 年增补的。

下这段话:"那些令其他人震惊的事情被他以'Steifleinenheit(卖弄学问)'的方式忽略了。"萨克斯继续说道:"最后这个词使我感到惊奇,因此我又仔细地看了一下,发现原来是'Stlfeinheit(风格优雅)'。这段话是在我很敬佩的一位作者说话过程中出现的,他是在过度夸耀一个历史学家时说的,而我对这个历史学家却不太赞同,因为他太过夸张地表现出'德国教授的风格'。"

(七)[①]马塞尔·埃本舒茨(Marcell Eibenschütz)博士描述了他在语言学研究过程中读误的一个例子。"我在致力于研究《殉道史》(*Book of Martyrs*)中的文学传统问题,这是一个由普鲁士研究学会(Prussian Ackademie der Wissenschaften)出版的'德国中世纪文献'系列丛书,我承担主编其中的一个中古高地德语传奇故事。人们对这方面的研究所知甚少,从未见到过这方面的文字资料。现存的文章只有一篇,是由约瑟夫·豪普特(Joseph Haupt)(1872年,第101页及以下)写的。豪普特的作品并非基于某一古老的手稿,而是基于一个从主要的原材料上复制下来的复制品,即C[克洛斯特新堡(Klosterneuburg)]的手稿。这个复制品是近期搞出来的(19世纪)。它被保存在霍夫皇家图书馆。在这个复制品的最后可以看到一段这样的签署说明:[②]

Anno Domini MDCCCL in vigilia exaltacionis sancte crucis ceptus est iste liber et in vigilia pasce anni subsequentis finitus cum adiutorio omnipotentis per me Hartmanum de Krasna tunc

---

① 这是1912年增补的。
② 也就是,在一份文件末尾签名和解释的那一段话。

temporis ecclesie niwenburgensis custodem."①

"现在,在他的文章中,豪普特引用了这段签署的说明,目的是为了证明它来自 C 这位作者本人,并且设想 C 写于 1350 年——有一种看法始终认为这是罗马数字中的读误,是对 1850 年这个日期的误读——尽管在这篇文章中,在所提到的这段话中,这个复制品对这个签署说明复制得完全准确,尽管印刷得也完全准确(如 MDCCCL)。"

"豪普特的信息证明的来源出处使我处于尴尬的境地。首先,在学术界,我完全是一个新手,我完全被豪普特这个权威所支配,在很长一段时间,我都读到了放在我面前的这个签署说明中给出的时间——这个时间印刷得完全清晰且准确——是 1350 年,而非 1850 年,正如豪普特所做的那样。尽管在我使用的这个原始手稿 C 中没有发现任何关于这个签署说明的线索,尽管这进一步泄露出,在 14 世纪的任何时候生活在克洛斯特新堡这个地方的僧侣没有叫哈特曼这个名字的,但我还是这样做了。而当最后我终于揭开了我面前的这块面纱时,我猜想到了为什么会发生这样的现象;进一步的研究就更证实了我的猜疑。这个如此经常提到的签署说明,实际上只是在豪普特使用的复制品中发现的,是其复制者哈特曼·塞比格(P.Hartman Zeibig)自己作的,他出生在摩拉维亚的克拉斯纳,是克洛斯特新堡奥古斯丁唱诗班的主持,他作为这个寺院的监护者制作了这个手稿 C 的复制品,在其复制品的最后又以古代的风格添加上了自己的名字。毫无疑问,这个签署说明中的中世纪措辞和古老的正字法

---

① 这本书开始写于公元 1850 年圣十字架日的除夕,结束于第二年复活节的周六;是在全能的上帝帮助下,由我——克拉斯纳的哈特曼,他是那个时代在克洛斯特新堡的教堂圣器收藏室的监护者——写成的。

在诱使豪普特总是将 1850 年读成 1350 年方面发挥了其作用,再者,他还希望能够尽可能多地告诉读者有关他讨论的这部作品,因而也对 C 手稿的时间做了说明(这便是他的失误行为的动机)。"

(八)①在利希滕贝格(Lichtenberg)的《讽刺诙谐的思想火花》(*Witzige und Satirische Einfälle*)(1853)一书中,出现了一段话,这段话无疑源自某种观察,而且实际上构成了读误的全部理论:"他已多次读过荷马史诗,却总是把阿伽门农(Agamemnon)(希腊神话中的统帅)读作'angenommen'(假设的名字)。"②

因为在很多情况下,③这种改变都是由于读者的准备状态造成的,这使他改变了文本并且读成了他期望或他在思考的东西。由文章本身造成的读误一般与言语想象中的某种相似性有关,这样读者就能根据他所需要的感觉而加以改变。只是浏览一下文章时,特别是在看不准确的情况下,毫无疑问,这种幻象出现的可能性会增多,但这并不一定是产生读误的前提条件。

(九)我有一种印象,没有任何失误行为能像这种独特的读误那样受战争状况的影响这么大——战争带给我们如此经常而又长远的影响。我已经能够观察到大量诸如此类的例子,但遗憾的是,我记录下来的却只有其中少数几个。一天,我拿着一份日报或晚报在看,只见上面醒目地写着:"Der Friede von Görz"(戈里齐亚的和平),而实际上并非如此,上面写的是:"Die feinde vor Görz"(戈里齐亚面前的敌人)。如果一个人这时有两个儿子

---

① 这是 1910 年增补的。

② 弗洛伊德在其《诙谐及其与无意识的关系》一书中也引用了这段话,《弗洛伊德全集标准版》,第 8 卷,第 93 页,在其《精神分析引论》(1916—1917)的第二讲的末尾也做了引用。

③ 这个自然段和第 9 以及第 10 个例子是 1917 年增补的。

正在那个战区里打仗,那么出现这种读误是很容易理解的。——还有一个人在某段上下文中发现有"old Brotkarte"(面包卡)的字样;当他仔细去看时,发现上面实际上写的是"old Brokate"(绸缎)。或许值得一提的是,在这个特殊的房子里面,这个人常常是一个很受欢迎的客人,他的习惯是向女主人挥舞他的面包卡,从而使自己成为受女主人欢迎的人。——一个工程师,从来没有这么长时间地将自己的设备闲置在一个正在建造的潮湿地道里,惊奇地读到一个使他赏识的商品广告,广告上说这种商品是由"Schundleder"(劣质毛线)制作的。但是,商人通常不会说得这么明白,实际上面写的是:"Seehundleder"(海豹皮)。

读者的职业或目前的情境也是导致他出现读误的决定因素。有一位语言学家,他最近出版的一部优秀作品使他和他的专业同行发生了冲突,错将"Sprachstrategie"(语言策略)读为"Schachstrategie"(下棋的对策)。——一个男人在就要做结肠手术时,到一个陌生的小镇上去散步,在一个高层的商业大厦一楼的招牌上他读到了这样的字样"Closet－House"(厕所间)。他对此既感到满意又感到有点吃惊,厕所确实应该建在这些不同寻常的场所;但接下来他的满足感消失了,招牌上写的实际上是"Corset－House"(紧身胸衣)。[①]

(十)在第二组例子中文本在读误中所起的作用更大。它包含着某种唤起了读者防卫的东西——某些使他感到伤心的信息或责难——因而读者便通过读误来纠正它,使之适合于对某种愿望的拒绝或满足。在这些情况下,我们当然不得不假定:在纠

---

① 弗洛伊德在其《精神分析引论》(1916－1917)第四讲中第一次引用。

正这个失误之前,读者首先要作出正确的理解和判断,尽管他的意识并没有从他的第一次阅读中得到什么。上面的例3(英文版第72页)就属于这种情况;在这里我把另外一个例子也包括在内,这个例子是由埃丁顿(Eitingon)(1915)提供的,当时他正在埃格鲁(Igló)的一家部队医院。

"X中尉(lieutenant)因患有创伤性战争神经症而住进了我们医院,有一天他给我读一首由诗人沃尔特·海曼(Walter Heymann)写的诗。海曼在很小的时候就参加了战争。在他读到以下最后一节的最后几行时,表现出明显的情绪色彩。

Wo aber steht's geschrieben frag'ich , dass von allen

Ich übrig bleiben soll ,ein andrer für mich fallen?

Wer immer von euch fällt ,der stirbt gewiss für mich ;

Und ich soll übrig bleiben? warum denn nich? [①]

(但是,这是在哪里判决的,我问,

我应该为此而独自留下吗? 我的战友为我倒下了。

你们倒下的到底是谁,这个人是为我而死的;

而我——我还要独自活着吗? 为什么不应该这样活着呢?)

"我的惊奇引起了他的注意,他有点迷惑地读出了正确的句子:

Und ich soll übrig bleiben? warum denn ich?

(而我——我还要独自活着吗? 为什么我要这样活着呢?)

"我要感谢X的这个案例使我对这些创伤性战争神经症的心理材料所产生的某种分析顿悟,尽管在这些环境中,战时医院

---

① 摘自" Den Ausziehenden "(献给逝去的人),载 *Kriegsgedichte und Feldpostbrief*(《来自前线的战争诗篇和书信》),沃尔特·海曼撰写。

的情况不太好——有大量的病人，而医生却只有几个——当时的条件对我们的工作方式也很不利——但这也使我能够有机会看到炸弹爆炸所导致的症状，炸弹爆炸被如此强烈地尊崇为这些疾病的'原因'。"

"在这种情况下，也可以发现，初看起来，这些严重的震颤与这些明显的神经症案例竟然有如此的相似之处，他们焦虑、恐惧，爱发脾气，而且还相伴以类似婴儿痉挛的动作表现，甚至呕吐（'他们至少都情绪激动'）。"

"尤其是最后这种症状的心因性特征——这是从这种疾病中获得的第二种收获——一定给每个人都留下了很深刻的印象。医院的长官经常到病房视察这些伤者的康复情况，他们在病房里出现，或者在街道上一个熟人说的一句话——'你看来身体相当好，现在你当然完全恢复了'——都足以立刻引发呕吐的发作。"

"'恢复……回部队……我为什么要……'"

（十一）①汉斯·萨克斯医生（1917）报告了另外一些"战争"读误的例子。

"我的一位很熟悉的熟人不断地向我宣称，当应该轮到他去征兵的时候，他根本就不愿意用他的专家资格，这种资格有证书为证；他要放弃依靠这种资格来找到在后方适合的职业，他愿意入伍到前线去服役。就在征集令实际到达前不久，有一天，他很礼貌地告诉我，也没有说明任何原因，他向有关权威递交了自己的专业训练方面的材料，结果不久，他被分配到了一个行业邮局。第二天，我们碰巧在邮局见到了，我站在桌子旁边写着什

---

① 这一节的其余部分（第11到底13个例子）都是1919年增补的。

么,这时,他走了进来,仔细地看了我的肩头上方好一会儿,然后说,'啊,上面的这个单词 Druckbogen(印刷证明)——我把它读成了 Drückeberger(躲避者)'。"

(十二)"我坐在电车上,正在思考这个事实:我的很多朋友,年轻的时候不能吃苦,身体虚弱,意志不坚定;但是现在却能够忍受巨大的艰难困苦——我遇到的艰难困苦当然是太多了。在我心烦意乱地思考的时候,我半留意地读到了一个词'Iron Constitution'(钢铁体格),一晃而过,它以很大的黑字母写在商店的招牌上。过了一会儿,我想这个单词写在商业公司的招牌上似乎不太合适;我马上转了回去,又看了那个招牌一眼,原来上面写的是:'Iron Construction'(钢铁结构)"。

(十三)晚报上发了一条路透社的消息,不久我发现我读错了,我对这个消息的印象是:休斯当选为美国总统。这是在对想象到的总统生涯的简短说明之后发生的,在这个说明中我看到了这样的信息,休斯是在波恩(Bonn)大学完成其学业的。使我感到惊奇的是,在选举之前的整个这几周的报纸上都没有对此事发表任何评论,然后我再一次看了看那份报纸,我发现,实际上整个报纸上仅仅提到布朗(Brown)大学(在美国罗德岛的普洛维顿)。对这种荒唐案例的解释——由读误引发了严重的曲解——除了我读报纸太快之外——主要与我的想法有关,即新总统对中欧列强的同情为未来良好的关系奠定了基础,这既有政治原因,也有个人的动机原因。(萨克斯,同上书。)

二、笔误

(一)[1]在我记录日常小事(主要是业务方面的事情)的一片纸上,我吃惊地发现,台历上明确地写着是 9 月份,而我却错误地写成了"10 月 20 日,星期四"。对这种期望进行解释并不困难——并且把它解释为这是一种愿望的表达。几天前,我刚刚完成一个假日旅行回到家里,我感到我有很多专业工作要做;但是患者并不多。在我刚回来的时候,我接到一个患者的来信,说她要于 10 月 20 日来这里,但我将日期写到了 9 月份的同一天的台历上,这很可能与我的这种想法有关:"X 本应现在来,浪费了我整整一个月的时间",由于在我的头脑里有这样的想法,因此我将日期提前了整整一个月。在这种情况下,这种干扰的想法可能很少被称为是自己所反对的;正是由于这个原因,只要我一注意到此事,我就知道了解决这个笔误问题的方法。——第二年秋天,我又产生了一次笔误,其动机基本上相似。——厄尼斯特·琼斯(1911b)对诸如此类日期写作时的笔误进行了研究;在大多数情况下,它们都可以被清楚地认识到,都有其(心理)原因。

(二)我收到了我投到《神经学和精神病学年鉴》[2]稿子的校样,很自然,我对这些作者姓名的校对特别仔细,因为,他们来自不同的国家,因而通常会使排字员遇到很多困难。实际上我确

---

① 除了倒数第二句话和最后一句话之外(这两句话分别是 1907 年和 1912 年增补的),第 1 个例子和第 2 个例子都可以追溯到 1901 年。

② 《神经学和精神病学年鉴》。弗洛伊德为这份年鉴的前三卷中的"婴儿大脑性麻痹"这一部分写了一些摘要和评论;这里提到的一些文稿发表在第三(1899 年)卷(弗洛伊德,1900b)。

实发现有一些听起来像外国人的名字仍然需要校对;但奇怪的是,排字员将我的手稿中的一个名字也改正了过来,当然,他修改的是对的。我实际上写的这个名字是"Buckrhard",而排字员认为应该是"Burckhard"。有一个产科医生曾写过一篇关于出生对儿童麻痹影响的文章,我很赞赏这篇有价值的论文,这个医生的名字就是 Burckhard,而且我并没有认识到我有什么理由对他不满;但是,他和维也纳的另一位作者同名,他因对我的《梦的解析》提出一些不明智的观点而令我烦恼。[①] 好像在我写伯克哈特,意思是产科医生,这个名字的时候,我产生了对另外一个伯克哈特,即那位作者,的一种敌对的想法;[②]因为写错他的名字常常是对拥有这个名字的人的一种侮辱,我在上文(英文版第 83 页)讨论口误时已经提到过了。

(三)[③]这个论断是斯托夫(Storfer)(1914)通过自我观察非常熟练地证实的,在这个论断中作者以令人赞佩的坦诚揭露了他的以下动机,这些动机驱使他错误地回忆起一个假想的敌手的名字,然后以某种扭曲的形式将此写下来:

"1910 年 12 月,我在苏黎世的一家书店的窗口看到了一本由爱德华·希奇曼(Eduard Hitschmann)博士写的书,其主题是

---

① 马克斯·伯克哈特(Max Burckhart)。他的评论发表在 1900 年 1 月 6 日和 13 日的《德国时代周报》(*Die Zeit*)上。弗洛伊德对此所做的一个评论可以在他于 1900 年 1 月 8 日写给弗利斯的一封信中找到(1900a,第 127 封信)。

② 请比较《凯撒大帝》第 III 幕的一段场景:

西纳　　　　确实,我的名字是叫西纳。

一位公民　　把他撕碎;他是个阴谋家。

西纳　　　　我是诗人西纳……
　　　　　　我不是阴谋家西纳。

另一位公民　这没有关系,他的名字叫西纳,把他的名字从他的心里拉出来,让他走吧。

在原文中,这个脚注被错误地和这个句子的末尾联结在一起了。

③ 这是 1917 年增补的。

弗洛伊德关于神经症的理论,这在当时是较新的。而我此时也在写一个关于弗洛伊德心理学基本原理的讲稿,不久我就要在一个大学的学会上发表演讲。这个讲稿的导论部分我已经写出,我提到了弗洛伊德心理学的历史发展,从他在应用领域的研究到在全面描述其基本原理时遇到的某些困难,也提到了下述事实:到现在为止对这些原理还没有做过任何普遍的说明。当我在书店的橱窗里看到这本书时(本书的作者我当时还不认识),我并没有首先想到要买下它。但是,几天后,我还是决定去买下它。但在窗口已经看不到这本书了,因此我便去向店员询问这本书,并说作者的名字是'爱德华·哈特曼(Eduard Hartmann)'博士,这个店员马上纠正说:'我觉得你说的是希奇曼(Hitschmann)',并给我拿出了这本书。"

"这个失误的无意识动机是很明显的。可以这样说,我相信自己已经对精神分析理论的基本原理写了一个全面的说明,当看到希奇曼(Hitschmann)的这本书时,明显地产生了一种嫉妒和烦恼,因为它将我对自己的某种信任消除了。我对自己说,在《遗忘与失误:日常生活的心理分析》的字里行间,改变一个人的名字是一种无意识敌意的表现。当时我对这种解释表示满意。

几周以后,我把这个失误行为记录下来。在这种情况下我又提出了另一个问题,为什么希奇曼(Eduard Hitschmann)会精确地被哈特曼(Eduard Hartmann)这个名字所取代。我提到这个著名哲学家的名字,[①]是否只是因为它与另外一个名字相同呢?我首先联想到的是对一个声明的回忆,我曾经从雨果·冯·梅尔茨尔(Hugo von Meltzl)教授——他是叔本华的狂热崇

---

① 爱德华·冯·哈特曼(Eduard von Hartmann, 1842—1906),*Philosophie des Unbewussten*(《无意识哲学》)的作者。

拜者——那里听到过这种声明,这个声明的大意如下:'爱德华·冯·哈特曼(Eduard von Hartmann)是一个拙劣的叔本华的信徒,应将他排斥在叔本华的追随者之外。'因此,受这种被遗忘名字的替代形成所决定的感情倾向就是:'不,在这个希奇曼(Hitschmann)的书中以及在其全面的论述中不可能有很多的东西;他追随弗洛伊德很可能就像哈特曼(Hartmann)追随叔本华一样'。"

"如我所言,我用一个替代词替换的被遗忘的单词记录下了这个受(心理)决定的遗忘的例子。"

"6个月后,我又翻开了我做记录的那张纸。此时,我观察发现自己写下的不是希奇曼(Hitschmann),我通篇写下的都是辛奇曼(Hintschmann)。"[1]

(四)[2]这里似乎是一个比较严重的笔误;或许我同样完全可以将其包含到"失误行为"(第八章)之中:

我想从邮局的储蓄银行里取一笔 300 克朗[3]的钱,我想把这笔钱寄给一个生病的亲戚让他去治病。同时,我注意到,我的账户上还有 4380 克朗,我打算这次留下一个整数 4000 克朗,以后在短期内不会动这笔钱。在我写了支票,剪下与取的钱数一致的数码后,[4]我突然注意到,我没有取我想要的 380 克朗,而是要取 438 克朗,我对我的这种不确定行为感到很惊慌。不久我认识到没有必要大惊小怪;现在我已经不再像以前那样贫困了。但是,我花了好长时间来反思,想要发现到底是什么影响干扰了

---

① "Hintsch"是一个方言词,意思是"哮喘",更普遍的意思是"讨厌的人或物"。

② 这个例子可追溯到 1901 年。

③ 在那时这笔钱相当于 12 英镑 10 便士或者 62 美元。

④ 在当时的奥地利,从邮局的储蓄银行里提款包括剪下印有数字栏的那张纸;此时这种剪下就表示需要提款的克朗数。

我的初衷,而且也没有让我意识到呢?首先,我从写错的这一行开始;我试图从 438 里面减去 380,但在这样做之后我并没有发现有什么区别。最后,一个想法突然冒了出来,这使我看出了真正的联系。哦,438 是 4380 克朗这笔总钱数的百分之十呀!现在我想起来,那些书商给过我百分之十的折扣。几天前,我挑选出一些我不再感兴趣的医学书,并给一个书商说要卖 300 克朗。他认为我要的价太高,并答应说,过几天给我一个明确的消息。如果他接受了这个要价,那么我便可以补偿我给病人亲戚的这笔钱。毫无疑问,我对支出这笔钱有点后悔。实际上可以这样理解我失误时的感情:由于付出了这笔钱,自己害怕再穷困潦倒。这两种情感——一种是对自己付出这笔钱的后悔,一种是对与此有关的导致自己穷困的焦虑——我是完全没有意识到的。实际上,当我承诺要给这笔钱的时候,我并没有感到后悔的情感,在我发现这个原因后感到很可笑。如果我没有通过对患者的精神分析而非常熟悉压抑在心理生活中发挥的作用,如果我前几天没有做过一个梦——当时我用精神分析的方式进行解释,得出了同样的结论,那么,我就不可能相信我自己竟然会有这样的冲动。

(五)[①]下面的例子是我引用威廉·斯特克尔(Wilhelm Stekel)的,[②]而且,其权威性也是可以保证的。

"这是一个简直令人难以置信的笔误和读误的例子,发生在对一份拥有众多读者的周报的编辑过程中。这个报纸的主人被公众评论为一个'可以收买的人';因此,报纸需要一篇文章对此予以辩护和澄清。实际上已经准备好一篇文章了:这篇文章的

———————

① 这是 1907 年增补的。
② 只是在 1907 年和 1910 年才这样写的:"我的同事威廉·斯特克尔"。

写作充满了温情。主编要读这篇文章,而作者自然已经将手稿读过多遍,然后还要再校对一遍清样;这样,经过这么多遍的校对,每一个人都应该比较满意了。突然,印刷厂的读者来到这里,指出了一个小的失误,这个错误任何人都没有注意到。就是这个错误,相当明显:'我们的读者将证明这样的事实,我们总是以最自私自利的(self-seeking)方式行事,以便从社会中获益。'很明显,这句话应该是这样的:'以最大公无私的(unself-seeking)方式',但是,某些真实的想法以其基本的力量而从这个失误的情绪中流露出来。"①

(六)②佩斯劳埃德氏报(*Pester Lloyd*)报③的一个读者,布达佩斯的卡塔·莱维夫人(Frau Kata Levy of Budapest),最近也发现了某种类似的无意识的坦率流露,这个笔误是在由维也纳发来的一份电报上,是在1918年10月11日的报纸上出现的:

"由于我们自己和德国盟军之间在整个战争期间的完全相互信任,可以肯定地认为,这两个大国会在所有情况下达成某种完全一致的决定。没有必要特别说明,目前阶段在盟军的外交家们之间发生的积极、中断的(interrupted)合作了。"

仅仅几个星期以后,人们就能更坦诚地表现对这种"相互信任"的观点了,这时再也无须利用笔误(或印刷错误)来做掩护了。

(七)④一个生活在欧洲的美国人由于与他的妻子的关系不好,便离开了他的妻子,他觉得现在他可以和她重归于好,因此

---

① 弗洛伊德在其《精神分析引论》(1916—1917)的第四讲中也提到过。
② 这是1919年增补的。
③ 布达佩斯著名的德语日报。
④ 这是1920年增补的。

让她在某一天跨越大西洋和他生活在一起。他写道："如果你能够像我一样乘坐毛里塔尼亚号客轮（Mauretania）过来，那就太好了。"但是，他却不敢把写有这些句子的这张纸发出去。他宁愿把它再写一遍。因为他不想让她注意到他曾改动过船的名字。他最初写的是"卢西塔尼亚号（Lucitania）"。

这个笔误无须解释，其意思非常明显。但是，这里提供了一个幸运的机会，使我能够进一步补充的一点是：战前，她的唯一的妹妹去世后，他的妻子曾第一次来欧洲旅游过。如果我没有记错的话，毛里塔尼亚号是卢西塔尼亚号的姊妹船，但卢西塔尼亚号在战争中沉没了。

（八）[①]一个医生在对一个孩子做过检查后，正在开处方，其中包括单词"酒精"（alcohol）。正在他全神贯注地写处方的时候，孩子的母亲纠缠不休地问了他一些愚蠢而又毫无必要的问题。他私下决定不要让这件事使他发火，而且实际上他成功地控制住自己没有发火，但在这个打扰过程中，他出现了一次笔误。他写的不是"酒精"而是"achol"[②]，这在处方上可以读出来。

（九）[③]下面的例子是由厄尼斯特·琼斯（1911b，第501页）报告的一件有关 A. A. 布里尔（A. A. Brill）的情况，这个例子有类似的主题，因此我将它插入在这里。尽管习惯上他是一个彻底的戒酒者，但在朋友的劝说下也喝一点红酒。第二天早上，强烈的头疼又使他会对自己的行为表示后悔。这时他在写一个名叫"埃塞尔（Ethel）"的患者的名字，但却将这个名字写成了"乙荃

---

① 这是1910年增补的。
② （在古希腊语中）近似于"不发火（愤怒）"。
③ 这是1912年增补的。

(Ethyl)"[1]。这里无疑有某种相关,这个女士过去喝酒太多,这已经有害于她的健康了。

(十)[2]既然医生在开处方时的笔误,其意义远超过了日常失误的实际重要性(参见英文版第 177 页及以下),那么我就利用这个机会全面地报告一下迄今为止已经发表的一位医生对这种笔误所做的唯一的分析。

来自爱德华·希奇曼医生的报告:一个同事告诉我,在以前的几年里,他在为上了年纪的女性患者开一种药时多次出错。有两次,他开的药的剂量比正确的剂量大了 10 倍;只是到后来,他才突然意识到这一点,而且,在万分焦虑之中,因为他担心这会伤害到患者,并使自己陷入非常不利的困境,他不得不采取最紧急的措施对这个处方进行回忆。这个奇特的症状行为值得我们通过对几个具体例子的描述和通过分析来加以澄清。

"第一个例子:在对一个年龄非常大的患有痉挛性便秘的可怜的女性患者治疗时,这个医生给她开了颠茄栓剂,但 10 倍于正常的剂量。然后他离开了观察室。一个小时后,在他家里边读着报纸边吃午饭时,他才突然发现自己出现的这个失误;他心里非常焦虑,首先跑到这个观察室去找这个患者的地址,然后急急忙忙从这里赶到这个患者的家里,这是一段相当长的路。他很高兴地发现,这个老妇人还没有将处方药取回来,他回到家里后才松了一口气。他认为造成这个失误并非是不合情理的,因为在他开药的时候,该观察室的那位喋喋不休的头头正看着他并和他讲话,是这个人导致了他的分心。"

---

[1]　即 ethyl alcohol(普通酒精的化学名称)。
[2]　这是 1917 年增补的。

"第二个例子：一个有点魅力并卖弄风情的女人在喋喋不休地向这个医生咨询什么问题，这个医生被迫使自己摆脱她的咨询，以便去对一位老处女进行专业回访。他回访的时间很紧，他便打了个的士；因为他还与一个正在和自己恋爱的女孩在固定的时间，就在她家附近，有一次秘密约会。这次他开的药也是颠茄，因此导致的麻烦与上一个例子很相似。他再一次犯了同样的错误，开了十倍于该剂量的处方。这个患者向他提出了一个有点兴趣但与他手头上正在做的事情毫无关系的问题；但是，这个医生很不耐烦，尽管他没有说出来。他离开了这个患者，正好到了去和那个女孩约会的时间。大约12个小时后，到了早上7点钟，这个医生睡醒后才发现自己出现了笔误，焦虑感几乎同时涌现到他的意识之中，他很快地给这个患者送了个信儿过去，期望药还没有从药剂师那里取出来，他让这个患者将这个处方送回来修改一下。但是，在收到药方时他却发现，处方已经被改动过了；怀着凭经验所致的一丝坚忍的顺从和侥幸的心态，他来到药房，那个药剂师给他解释说，他当然已经配了药，但剂量很小（或许这也是一次失误？），这时他才放了心。"

"第三个例子：这个医生要给他的老阿姨——他的母亲的妹妹——开一种酊颠茄和另一种药的混合药，这样的剂量对她没有什么伤害。这个处方马上被女仆人带到药店取药。只过了一会儿，这个医生就想起来，他写的好像是'浓缩性的'而非'酊'配剂，这时药剂师也给他打电话询问这个错误。医生找了个借口，提供了这个不真实的解释，他还没有写完这个处方——没有想到突然被人从桌子上拿去了，因此这不是他的错。

这三个开处方的失误都有以下令人吃惊的相似特点。到现在为止，这个医生只有在开这一种药时出现过失误；每一次都有一个上了年纪的女性患者,而且每一次都是剂量太大。通过简单的分析我们发现,这个医生和他母亲的关系必定对他的失误有决定性的影响。因为,他回忆起来这么一种情况——另外,这种情况最有可能出现在这些症状行为之前——他给他的母亲开过同样的处方药,他用的剂量是 0.03;尽管他知道正常的剂量应该是 0.02。他对自己说,这是为了给她提供根本的帮助。他的母亲很虚弱,吃了他开的药后,反应很强,出现头部充血、喉咙干燥的症状表现。他的母亲有点抱怨,半开玩笑地说这些危险可能来自儿子的诊断。实际上有好几次,他的母亲——她也是一个医生的女儿——都提出了同样的批评意见,半开玩笑地反对她那做医生的儿子给她开的药,并且说这会使她中毒的。"

现在,本书的作者能够理解这个儿子与他母亲的关系了,毫无疑问,他是一个具有本能情绪的孩子,但是他对其母亲的心理评价和对她的个人尊重却并没有增加。他和比他小一岁的弟弟、母亲共有一个家庭,这些年来他一直感觉到这种安排对他的性自由造成了抑制。当然,从精神分析的经验中,我们知道,这些理由很容易被误用为某种内部的(乱伦)依恋的借口。这位医生接受了这种分析,由于他对这种解释相当满意,就笑着说:"颠茄(belladonna)这个单词(有漂亮女人之意)也有某种爱欲的参照作用。"在过去,他自己有时也使用过这种药。

根据我的判断,像目前这些严重的失误,其表现方式和我们正常研究的那些无关紧要的失误完全一样。

(十一)①我认为,下面这个笔误很特殊但无关紧要,这个笔误是桑德尔·费伦茨报告的。可以把它理解为一种由于不耐烦

---

① 这个例子和例子(十二)都是 1919 年增补的。

而引发的凝缩行为(和前面的口误例子,"Der Apfe"做比较,英文版第 61 页);如果对这种失误的深入分析并没有揭示出有某种较强烈的干扰因素,那么这种看法就可以得到保留:

"我想到了 Anektode① 这个词,我曾经将它写在日记本上。当然,我的意思是'Anekdote'(轶事);实际上这是一个吉卜赛人的故事,这个吉卜赛人被判了死刑(Tode),在吊死他之前,他自己要求允许他选一棵吊自己的树(尽管他煞费苦心地去选,但却没有找到合适的)。"

(十二)另一方面,有时最没有意义的笔误也可以用来表示某种危险的隐秘意义。一位匿名记者报告说:

"我用这些词语来结束我写的一封信:'Herzlichste Grüsse an Ihre Frau Gemahlin und ihren Sohn。'② 就在我要把这封信装入信封时,我注意到了这个错误:我把'ihren'的第一个字母写错了,并把它改了过来。在我上一次看望了这对已婚夫妻回家的路上,这位和我在一起女士说道,这家的这个儿子和另一家的一个朋友长得非常相似,实际上这无疑就是他的儿子。"

(十三)③ 一个女士写信给她的妹妹,祝贺她喜迁漂亮宽敞的新居。在场的一个朋友发现,她将信上的地址写错了。她写的地址甚至不是她的妹妹搬出的旧家,而是他们刚刚结婚后就搬至的第一个家,这个房子他们已经长时间不用了。这个朋友使这位女士注意到了这个失误。"你说得对,"她被迫承认,"但是我的头脑里怎么会有这样的想法呢?我为什么要这样做呢?"她

---

① 这是一个不存在的词,但它的后一部分"Tode"的意思是"死亡"。

② "最热情地问候您的妻子和她的儿子。"德文的所有格形容词"ihr",如果前面的 i 用小写,是指"她";如果用大写的 I,意思则是"你的"。

③ 这是 1910 年增补的。

的朋友说："我想,可能是因为你嫉妒自己的妹妹拥有这么大的房子,而你的住房仍然这样拥挤陈旧;因此你将她又放回比你现在的家还差的第一个家。""我当然嫉妒她和她的新房子,"她再次坦然地承认,并补充说,"人们竟然总是在乎这样的琐碎之事,这真是可悲啊!"

(十四)[1]厄尼斯特·琼斯(1911b,第 499 页)报告了下面这个笔误,这是 A. A. 布里尔提供给他的:

"一个患者写信给他(布里尔医生),信上谈及他患病的情况,他试图将患病归因于对棉花危机引起的财政问题的担忧:他写道:'我的病情完全归咎于那个 d——那个寒冷的 d 波动;甚至连任何种子都没有留下。'(所谓'波动',他的意思当然是指货币市场的一种趋势。)但是,他实际上写的并不是'波动'(wave)而是'妻子'(wife)。在他的内心深处他很想半公开地指责他的妻子的性冷淡和不能生育,而且他隐隐约约地认识到,他那得到强化的禁欲生活在其症状的产生中发挥了相当大的作用。"

(十五)瓦格纳(R. Wagner, 1911)医生报告了他自己的一件事:

"我在翻看一个老笔记本上记录的一些东西,发现由于自己记录匆忙,出现了一处小的笔误。我本来要用'Epithel'(上皮细胞)这个词;但写的时候却写成了'Edithel'。如果我们把重音放在第一个音节,这便是一个女孩名字的昵称[2]。通过反省分析就会使这个问题变得很简单了。当时在我出现这个笔误的时候,我只是刚刚才认识一个叫这个名字的女孩;直到很长时间之后,我们的关系才密切起来。因此,这个笔误是我的无意识欲望的

---

① 第 14—16 个例子都是 1912 年增补的。
② 在奥地利,"I"是常见的昵称终止。

一种突破,即我当时被这个女孩所吸引,但我本人实际上并未意识到这一点,与此同时,我对这种昵称形式的选择表明,它具有陪伴情感的性质。"

(十六)来自冯·胡格·赫尔穆斯(von Hug-Hellmuth)医生的夫人(1912):

"一个医生在给一个女性患者开药的时候开了'Leviticowasser'(利未人的水),而不是'Levicowasser'①,这个笔误为一位药剂师对他提出批评提供了很好的机会,如果我们寻找源自无意识深处的可能动机,我们就完全可以用比较温柔的目光来看待这种失误,而且无论如何都随时准备容许这些动机具有某种合理性——尽管它们只是一个并不熟悉这位医生的人的主观臆断。尽管他习惯于使用严厉的语言来指责他的那些离谱的节食患者——可以说,要给他们宣读一个演讲(die Leviten lesen)——这个医生有很高的声望,在治疗开始前和治疗期间,他的候诊室里总是挤满了人;这就使他产生了一种合理的愿望,希望他的患者尽可能快地说明情况——'vite, vite'(法语的意思是:快,快)。如果我记忆准确的话,他的妻子就是法国人:这就对我的这个似乎比较大胆的假设提供了某种支持,他用法语表达出了他的这个愿望,希望他的患者讲话速度更快一点。不管怎么说,很多人都习惯于用外语单词来表达这种愿望:我们自己的父亲在我们孩提时代学走路时就往往这样催促孩子'avanti gioventù'(意大利语,意思是:年轻人,向前走)或'marchez au pas'(法语,意思是:前进)。我曾和一个年纪很老的内科医生一起对一个咽喉有病的女孩进行过治疗,这个医生总是试图阻止

---

① 一种矿泉水,来自莱维科含有砷和铁的泉水,此处是奥地利蒂罗尔南部的一个疗养胜地。

我的某些动作——这些行为动作在他看来太快了——总是小声地说出一句宽慰的话语'piano, piano'(意大利语,意思是:慢点来,慢点来)。因此,我可以很容易地想象到,这个医生也有同样的习惯,因此就出现了用'Leviticowasser'取代'Levicowasser'的笔误。"

在同一篇文章里还包含着其他一些例子,是作者对其青年时期的回忆(用"frazösisch"取代"französisch",在写"卡尔"这个名字时出现的笔误)。

(十七)[①]我要感谢 J. G. 先生,他也提供了上文提到的一个例子,[②]对一个笔误做了以下说明。就内容而言,这与众所周知的恶作剧有关,但在这个例子中,开玩笑的意图可以被明确排除。

"当我在一家(肺部)疗养院住院的时候,我遗憾地发现,我的一个很近的亲戚和我患的是同一种疾病——是这种疾病迫使我在一家医院寻求治疗。在给这个亲戚的信中,我建议他去看一个专家,一个知名教授,我自己就是他治疗的,我对他在医疗方面的权威性非常满意,但与此同时我也绝对有理由谴责他的粗鲁无礼:因为,就在前不久,我让这个教授为我开一张证明,但被他拒绝了,这个证明对我来说很重要。我的这个亲戚在给我的回信中指出了我的一个笔误,因为我马上就意识到出现这个笔误的原因了,因此这使我感到特别有趣。在我的信中我使用了以下短语:'因此,我建议你马上去 insult(侮辱)X 教授。'"当然,我本来的意图是想写"consult"(咨询)。或许我应该指出,我的拉丁语和法语的知识可以排除这种可能性,即把它解释为由

---

① 这是 1920 年增补的。
② 这些其他的例子实际上是在下文,英文版第 224 页出现的。

于无知而导致的失误。

(十八)[①]写作时的漏字自然也同样应被视为笔误。达特纳(Dattner,1911)报告了一个"历史上的失误行为"的有趣例子。在一次立法会议上,奥地利和匈牙利的代表在讨论金融债务方面的问题,这两个国家于 1867 年达成了"妥协",但在匈牙利语的译文中,"实际的"这个词被漏掉了;达特纳认为这个漏字现象似乎是可以理解的,这表明了匈牙利国会法案的起草人对奥地利的一种无意识的愿望,认为奥地利根本不可能获得什么好处,在导致这个遗漏中发挥了作用。[②]

我们也完全有理由假设,[③]在书写或抄写的过程中对同一个单词的重复——"言语重复症"(perseveration)——同样也不是毫无意义的。如果书写的人重复写了一个他已经写过的词,这很有可能说明,他不能如此轻易地摆脱这个词,在这一点上,他可能会多做些说明,但他却忽略了而没有这样做,或者做出一些类似的举动。在抄写时出现的言语重复症似乎是对"我也如此"的一种替代。在我面前的一份材料上,作者长篇大论地阐述着自己的法医学"观点",在对一些特别重要的段落进行抄写时,表现出言语重复症。我想要对这个现象给出的解释是,由于厌倦了他的这种非人的角色,这个抄写者是在引入他自己的注解:"就是我的观点"或"和我们的一样"。

(十九)此外,我们有理由认为,有些失误是排字工人的"笔误"。我们也认为,在很大程度上,这种失误都是由一定的(心

---

① 这是 1912 年增补的。

② 达特纳的文章对这种错综复杂的方式做了详细说明,这个单词的疏漏可能在金融方面对奥地利造成了损害。

③ 这一段和下一个自然段都是 1917 年增补的。

理)动机驱使的。我还没有着手系统地收集这种失误行为,这可能会是很有趣和很重要的。在我已经多次提到过的那本书中,厄尼斯特·琼斯(1911b,第503—504页)在分析印刷错误(misprint)方面做出了不少贡献。

在电报的电文中发现的这些扭曲,[①]有时也可以被理解为是电报员的笔误。在暑假期间,我收到了我的出版商发来的一封电报,但电文却使我费解。它是这样写的:"Vorräte erhalten, Einladung X. dringend."(校样收到,急需邀请 X。)要揭开这个谜底,就要从电文中提到的 X 这个名字开始,X 是一本书的作者,我要给这本书写一个 Einleitung(引言)。"引言"这个词却变成了"邀请"(Einladung)。此时,我想起来,几天前,我给我的出版商寄去了另一本书的'Vorrede'(序言),所以这是对收到序言的感谢。真实的电文非常有可能是这样的:"Vorrede erhalten, Einleitung X.dringend."(说明收到,急需 X 的引言)。我们可以设想,这种结果是由于电报员的篡改引起的,应归咎于其饥饿情结(hunger-complex),另外,在这个过程中,电报员将这两个一半的句子更加紧密地联系起来,而这却并非发报人的本意。顺便说一句,这是一个很好的说明"二次修正"的例子,这种二次修正发挥作用的例子在大多数梦中都可以看到。[②]

赫伯特·希尔伯勒(Herbert Silberer,1922)很可能讨论过这种"有目的的误排"现象。

(二十)[③]很多时候,其他作者会注意到这些印刷错误,但这

---

① 这个自然段是 1920 年增补的,并且参考了希尔伯勒(Silberer)在 1924 年撰写的论文。

② 参见我的《梦的解析》中论梦的工作那一章(的第一节)(1900a,《弗洛伊德全集标准版》,第 5 卷,第 488 页及以下)。

③ 第 20 和第 21 个例子是 1917 年增补的。

种印刷错误的有目的性却很不容易受到挑战。例如,斯托夫(1914)写过一篇题目为"误排的政治庇护神"的文章,我将他的一个简短的注释在这里重印如下:

"在今年 4 月 25 日的《三月》(*März*)这一期杂志上,我发现了一处政治误排。这是一封来自阿吉罗卡斯特龙的急件,急件上报告了左谷拉佛斯的一些看法,左谷拉佛斯是阿尔巴尼亚的埃皮罗提斯叛党的领导人(或者,也可以这么说,他就是埃皮鲁斯独立政府的总统)。上面有这样的句子:'相信我:自治的埃皮鲁斯会维护威德王子的最根本利益。他会因此失败 ('sich stürzen'是一个误排,应是'sich stützen',意思是:支持他自己)'。即使没有这个至关重要的误排,这位阿尔巴尼亚王子无疑也会完全意识到,他接受埃皮鲁斯对他的支持(Stütze),就意味着他的倒台(Stürz)。"

(二十一)最近,我自己读到了我们的一份维也纳日报上的一篇文章,题目是"罗马尼亚人统治下的布科维纳"。这个标题至少应被称为不够成熟,因为当时的罗马尼亚还没有将自己作为敌人而暴露出来。从这篇文章的内容可以明显地看出,这个单词应该是"俄国人"而非"罗马尼亚人";但是,稽查员(censor)似乎也已经发现,这个短语并不那么令人惊奇,以致他疏忽了这个印刷错误。

在著名的①太斯琴的卡尔·普罗查斯卡印刷厂(以前是帝国和皇家印刷厂)印刷的一份传单上,有以下这个"错排的"印刷错误,当人们看到这个印刷错误时,不可避免地会猜疑这是一个"政治上的"误排:

---

① 这个例子和以下的例子是 1924 年增补的。

"根据协约国的一项法令,要固定奥尔沙河边界,不仅西里西亚,而且太斯琴也被划分为两个部分,其中的一个'zuviel'①归波兰,另一部分归捷克斯洛伐克。"

特奥多尔·冯塔纳(Theodor Fontane)曾经被迫拿起武器,以某种滑稽的方式来反对一个误排,因为这个误排意味深长。1860年3月29日,他在给出版商朱利叶斯·斯普兰格(Julius Spranger)的信中写道:

亲爱的先生:

看来我注定不会看到我的这些小小的愿望得到满足了。看一眼我已经封好的校样清单②,它将告诉你,我是什么意思。不仅如此,我只寄出了一套校样,尽管我需要两份,其原因我已经指出。我要求应该将第一校的稿子还给我,以便做进一步的修改——特别是用英语注明的这些单词和短语——但我的这个要求并未得到答复,我对此极为重视。例如,在目前这份清单的第27页,在约翰·诺克斯(John Knox)和王后之间有这么几个字:'worauf Maria aasrief.'③面对这种呵斥性的失误,如果知道这个失误被消除了,这将是一种解脱。"aas"对"aus"的这种不幸的替代,使这里的一切变得更糟了,这无疑是说,她(王后)必定真的如此称呼他。

您忠诚的

T.冯塔纳

---

① (太多的部分)这个词的发音和"zufiel"很相似,zufiel这个词的意思是:属于……所有,本应该用这个词,但是德国—奥地利的排印工人反对这样的分配,因为这些地方原来属于哈普斯堡帝国。

② 这本书是《超越特威德:来自苏格兰的草图和来信》(*Beyond the Tweed:Sketches and Letters from Scotland*),是朱利叶斯·斯普兰格于1860年出版的。

③ 在上面写的是:玛丽"aasrief"…,即,"Aas"哭喊着(字面的意思是,动物尸体的腐肉;在口语中的意思是"肮脏的流氓")。这个词应该是"ausrief",意思就是"大声呼喊"。

冯特(Wundt,1900,第 374 页)对这个事实的解释[1]值得我们重视,这个(很容易得到证实的)事实是:我们出现笔误比出现口误更容易。"在正常的讲话过程中,意志的抑制机能持续不断地旨在使理念过程和发音活动过程相互和谐一致。如果在理念之后表达出来的活动由于机械的原因而受到阻碍,就像在写作过程中的情况那样……,那么,这些预期就特别容易出现。"[2]

对出现读误的情况进行观察后,我们会对此提出疑问,对此我不能搁置不提,因为,我认为,这可能是我们富有成果的研究的出发点。人人皆知,读者会多么经常地发现,在大声朗读的时候,其注意力在文本中徘徊,又回到他自己的思想之中。如果受到干扰或提问,他的注意力就会发生这种偏离,由此而导致的结果就是,他常常无法说明他读的内容是什么。可以说,他是在自动地阅读,但几乎总是正确的。[3] 我认为,在这样的阅读情况下,读误也不会表现出有某种明显的增多。我们习惯于设想,实际上在人们自动阅读的时候,有一系列的功能将会最确切地发挥作用——就是说,很少有任何意识的注意。[4] 由此我们似乎可以认为,在口误、读误和笔误中的注意这个因素必定是受决定于一种和冯特的描述很不相同的方式(冯特描述的是注意的终止和减少)。我们进行分析的这些例子并非真的可以使我们合理地

---

① 这个自然段和下一个自然段的日期可追溯到 1901 年。

② 关于冯特所谓"预期"的意思,有一个(摘自梅林格尔和迈耶尔的)例子,参见上文,英文版,第 53—54 页。

③ 弗洛伊德在其关于失语症的专著中(1891b,第 78 页)对这个事实做了评论。这段话的翻译可在其论"无意识"的论文(1915e)的英文版的附录 C 中找到,《弗洛伊德全集标准版》,第 14 卷,第 212 页。

④ 注意受到在欣赏笑话时所包含的自动过程的干扰,这方面的例子可以在弗洛伊德《诙谐及其与无意识的关系》(1905c)一书中找到,《弗洛伊德全集标准版》,第 8 卷,第 151—152 页。也请参见下文,英文版第 273 页。

假设:注意在量的方面会有所减少;我们发现的是或许与此并非完全相同的另一种东西:外来思想对注意的干扰,这一点应予以重视。

在"笔误"和"遗忘"之间①可以再插入一个例子,这是一个人忘记签名的例子。一个没有签名的支票和忘记支票属于同一码事。为了说明这种类似遗忘的重要性,我将引用一篇小说上的一段话,这是汉斯·萨克斯发现的:

"这是一个非常有意义而且明显的例子,而且可以肯定,这个富有想象力的作者知道如何利用这些失误行为的机制,也知道怎样利用精神分析意义上的症状行为,这个例子包含在约翰·高尔斯华绥的小说《岛国的法利塞人》(*The Island Pharisses*)中。这个故事围绕着一个思想徘徊的年轻人,他生活在一个较富有的中产阶级家庭,一方面他有很强的社会同情心,另一方面又保留着本阶层的习惯态度,他就在这两者之间犹豫不决。在小说的第十六章,作者描述了他对一封信——来自一个年轻的无能之辈——的反应方式,在其最初的生活态度驱使下,他曾对这个人提供过两三次帮助。在这封信中,并没有直接向他要钱,但描述了其悲惨的境遇,因此其意思也是明显的。读到这封信时他最初想的是,与其说把钱扔给这个毫无希望的人,还不如用它来支持慈善事业,但他还是拒绝了这种想法:'如果只是因为他碰巧贫困潦倒就伸出援助之手,尽自己的微薄之力,或者说一些鼓励的话,这在情感上都是没有意义的!'必须要拿出主意! 但是,在他自言自语地说出这个结论的时候,他体验到一种良心上的谴责,'全是废话! 你只不过是不想出钱罢了,正

---

① 本章其余部分都是 1919 年增补的。

是如此！'"

"这样，他很友好地写了一封信，在信的结尾用了这么一句话：'我在里面放了一张支票。你可信赖的，理查德·谢尔顿'。"

"'在他写好支票之前，一个在蜡烛边飞舞的小蛾子分散了他的注意力，这时他抓住了这个小蛾子，并将它扔到了外面，但他忘记将支票放在信封里面。'实际上信就这样发出去了。"

"但是，记忆失误甚至还有更加微妙的动机，比他剖析自己自私的目的还要微妙，很明显，他还是不想捐钱。"

"住在他未来岳父母的乡村别墅里，谢尔顿被他的未婚妻、她的家人和他们的客人包围着，他感到很孤单；他的失误行为表明，他渴望他的保护人，而这个保护人，由于其过去的经历和对生活的观点，与他周围的那些人形成了明显对比，尽管这些人无可指责，但他们却一成不变地接受着同样的传统习惯的影响。事实上，这个保护人如果没有得到他的资助的话，也不会无动于衷。几天后，这个人确实来了，想要得到一个解释，为什么承诺的支票没有放在里面。"

七、印象和意向的遗忘[①]

如果有人倾向于过高地估计我们对当前心理生活知识的了解，那么，只要一提到记忆的功能，就必定会迫使他谦虚起来。还没有任何一种心理学理论能够成功地对记忆和遗忘这一基本现象做出关联性的说明。事实上，对实际上能够观察到的东西进行全面的分析还根本就没有开始。今天，遗忘或许已成为一个比记忆更难解的谜，因为我们从梦和其他病理现象的研究中获悉，即便我们认为某些东西很久以前就已经遗忘了，但可能会突然在我们的意识中重新浮现出来。[②]

确实，有一些迹象表明，我们已经获得的一些认识已经被人们广为接受。我们认为，遗忘是一个自发的过程，可以认为这个

---

① 本章的第一部分，直到英文版第 140 页，都可以追溯到 1901 年。

② ［以下这个注释可以在弗洛伊德 1904 年版本的交叉复制的这个地方找到（参见编者导言，英文版第 xiii 页）］"正常的遗忘通过凝缩的方式发生。用这种方式，遗忘便成为概念形成的基础。被分离开的东西可以被清晰地感知到。压抑利用的就是凝缩的机制，并且导致与其他类似情况的混淆。——另外，来自其他方面的倾向会占有那种无关材料，导致它发生歪曲和篡改。"参见 1907 年增补的一个脚注，下文，英文版第 274 页，这些理念就是从那里开发而来。

过程是需要相当长时间的。我们强调这样的事实,遗忘包含着从呈现给我们的印象中做出的某些选择,同样,也包含着从每一个印象或经验的细节中做出相应的选择。我们知道,某些条件可以使我们把否则会被遗忘的东西在记忆中重新想起来,以及重新唤醒。但是,在日常生活的无数情况下,我们也可以观察到,我们对这些条件的理解是多么地不完善和不满意。因此,我们可以听一下这两个人说的话,他们接受的是相同的外部印象——例如,他们结伴外出旅行(参见英文版第 30 页及以下)——在以后的某一天交换他们的见闻。在其中一个人的记忆中被牢固保留下来的东西却常常被另一个人遗忘了,仿佛此事从未发生过似的;即便我们没有理由假设,这种印象在心理上的重要性对一个人来说比对另一个人大,但情况也依然如此。那些决定我们对记忆的东西进行选择的大量因素,很明显仍然没有被我们认识到。

为了能够使我们对了解遗忘的决定因素做出一点贡献,我将尝试对我自己遗忘某事的那些情况做一次心理分析。我通常只关注这些情况中的某一类,也就是说,遗忘使我感到很惊奇的那些情况,因为我本来就期望对这件事情有所了解。我要补充一句,通常我很难忘掉什么东西(也就是,我经历过的东西,而不是我学习过的东西!),年轻的时候,在一段较短的时间内,我的记忆力超群。当我还是一个中学生的时候,我就把能记住阅读过的每一页作为我的一种功课;在我快要上大学的时候,当我听完一个科学主题的通俗讲座后,我几乎可以逐字逐句地把它们写下来。在我最后参加医学考试之前的紧张关头,我再次充分利用了我固有的这种能力,因为在很多科目中,我都能很自动地写出了答案,这些答案是对我以最快的速度浏览了一遍的课本内容的忠实复制。

从此以后,我对我的记忆储存的控制却变得越来越差;但是直到最近为止,我仍一再地使自己相信,只要借助于某种策略,我仍能记住一些本以为不可能记住的东西。例如,在咨询时,一个患者说以前我见过他,但我既想不起来这个事实,也记不起来是什么时间,我便通过猜测来帮助自己;就是说,我很快地想到几年前,然后再追溯到现在。一旦对患者的记录和来自患者的一些确切信息使我能够和我心中回忆起来的内容进行对照,它们就会表明,我对以前的咨询细节记得很清楚,我对 10 年内的记忆误差很少超过半年。① 我有过一次类似的经验,当我遇到一个很久没有见过但认识的人时,出于礼貌我问到了他的小孩子们。如果他描述一下他们的成长过程,我就会随机地想到孩子现在的年龄。然后我将我的估计和这个父亲告诉我的加以核对;我的误差充其量不会超过一个月,或者对年长的孩子们的估计也不会超过三个月,尽管我说不出我的估计的依据。后来我变得如此大胆,以致我总是很自然地说出我的猜测,而不会因为我表现出对他的孩子的忽视而冒险得罪这位父亲。通过唤起我的无意识记忆,我就以这种方式扩展了我的意识记忆,不管怎么说,这种无意识记忆的范围要广泛得多。

因此,我将引用一些典型的遗忘例子,其中大多数是我在我自己身上观察到的。我将遗忘分为两种:一是对印象和经验的遗忘(forgetting of impression)——意即,对知识的遗忘;二是对意向的遗忘(forgetting of intention)——意即,对要做的事情的忽略。我可以事先说明那个完整的系列观察得出的必然结果:

①　在后来的咨询过程中,以前来访的细节通常会出现在我的意识中。

在每一种情况下，遗忘都是建立在不愉快的动机基础之上的。

一、印象和知识的遗忘

(一)有一年暑假，我的妻子使我非常恼火，尽管事情的起因微不足道。我们坐在一个餐馆里吃饭，对面是一个我认识的来自维也纳的先生，毫无疑问他也认识我。但是，我有自己的原因不想和他恢复关系。我的妻子仅仅听说过这个有点名气的人的名字，她很关切地倾听他和他身边的人的谈话，并不时地接着他们的话题向我提出一些问题。我忍无可忍，最后终于发起火来。[①] 几周后，我向我的一个亲戚抱怨我的妻子的这种行为，但我回忆不起来这位先生当时谈话的任何内容。因为在正常情况下我是一个倾向于隐匿怨恨的人，不可能忘记使我烦恼的细节，在这种情况下我的记忆缺失的动机很有可能是出于对我妻子的考虑。前不久，我又有了一次类似的经历。我很想将几小时前妻子讲的一个笑话讲给我的一个很亲密的朋友听，但无论如何也想不起来了，因为，实际上我完全忘记了妻子说了些什么。我只好先问了我的妻子，才使我想了起来。人们很容易把我在这里产生遗忘的原因理解为，它与我们遭受的那种典型的判断干扰相类似，[②]那些和我们最亲近的人对此都很关心。

(二)我答应要给一个没去过维也纳的女士带一个装文件和钱财的小型保险柜。当我在购买保险柜时，我的心中浮现出一

① 这个情节也在一个有关的梦的联想中出现过，载《论梦》(*On Dreams*)(1910a)，《弗洛伊德全集标准版》，第5卷，第638页。这个梦在上文提到过，与另一个情节有关。参见英文版第120页，第1个脚注。

② 只是在1901年才这样写的：“是其中的一个例子”。

幅不同寻常的生动画面,我敢肯定,我曾在位于内城①的一家商店的橱窗里见过这种保险柜。但实际情况是,我却无法回忆起那个街道的名字,不过有一点是肯定的,如果我在城里走一下,我就会找到那家商店,因为我的记忆告诉我,我在这里走过无数次。使我大为懊恼的是,尽管我在市中心从各个方向走了数遍,仍没有找到有这个保险柜的橱窗。我确定,唯一的一条线索就是查一下商行名录中安全备忘录上的商号,这样就能确定这家商店的位置,然后再去市区寻找。但是,像这样大动干戈似乎没有必要;在名录提供的地址中有一个地址,我立刻认出来这就是我忘掉的那个地址。我确实在这个橱窗前面走过无数次——实际上每一次,我都去拜访 M 一家人,他们在同一栋楼居住了好多年,后来我们的亲密友谊关系完全疏远了;但我毕竟形成了习惯——我从来没有考虑过其中的原因——想要避开这个房子和附近的地方。当我走在市里寻找有这种保险柜的橱窗时,我几乎走遍了这个地区的每一条街道,但唯独这个区域我没有去,好像强迫性地要避开这个地方似的。

从这个例子中,我们会很容易认识到,我的不愉快的动机是导致我找不到路的原因。然而,遗忘的机制并非像前面这个例子表现得那样简单。我的厌恶当然不适用于这个备忘录,而是适用于另一个人,是一个我不愿想到的人;在当时被转移到这种情况下的正是后面这个人,因此产生了我的这种遗忘现象。在"伯克哈特(Burckhard)"的例子中(英文版第 117 页),也表现出类似的情况;我对叫这个名字的人的怨恨诱使我在写与之同名的另一个人的名字时产生笔误。名字的相同性在确定两类完全

---

① 维也纳的市中心区域。

不同的想法之间的联系中发挥了作用,在保险柜橱窗的这个例子中,这种作用能够被空间的接近性、不可分离的接近性所取代。顺便说一句,后面这个症结联系得更紧密;那里还有第二种联系,是一种包含其主题在内的联系,因为钱在这些原因中发挥了某种作用,①我与住在这个楼里的这一家人的关系疏远就是由钱引起的。

(三)我应 B 和 R 的公司的邀请,要对这里的职员做一次专业巡访。在去这个地方的路上,我产生了这样的想法,我一定是来过这座大楼好多次了,公司的办公用房就在这里。仿佛我已经注意到他们的公司应在下面的一层,而我却上到较高的楼层来进行专业探访。但是,我却怎么也记不起来这个公司的房子是什么样子,也不记得我在这里访问过谁。虽然这件事情对我来说很不重要或无关轻重,但我还是将自己的注意力转向这里,最后,以我常用的迂回方式,通过收集在我心中出现的与此有关的想法,我终于发现,B 和 R 公司的总部在费施尔寄宿学校下面那一层,我经常在那里走访患者。与此同时,我又回忆起那座拥有办公室和寄宿学校的大楼。究竟是什么动机在这个遗忘中发挥作用的呢?这仍然是个谜。在我的记忆中,我没有发现这个公司、寄宿学校或居住在这里的患者有什么冒犯到我的地方。而且,我猜想,也不可能有什么使我感到非常伤心的东西;否则,我很难成功地以迂回的方式发现我已经遗忘了的东西,这和前一个例子不太一样,并没有求助于外部的帮助。

我终于想起来,实际上,在我去看这个新患者的路上,一位我很难认出来的先生在街上向我打招呼。几个月以前我见到过

---

① 只有在 1901 年、1904 年和 1907 年的版本中才写着:"很大作用"。

这个人,在我看来,这个人的病情很严重,并给他诊断说,他会逐渐瘫痪;但是,后来我听说,他已经康复了,这说明我的判断必定是错误的。就是说,除非有某种缓和的迹象,这在痴呆性瘫痪病人中也有发现——在这种情况下我的诊断毕竟是正确的。因此,使我遗忘了 B 和 R 公司办公室所在楼层的影响因素来自我见到的这个人,而且我对解决此类遗忘问题的兴趣,从这个有争议的诊断转向了它。但是,这种联想性的联系(因为只有某种很细微的内部联系——这个不期康复的人也是一家大公司的高级职员,这家大公司过去经常向我推荐患者)是由名字的相同引起的;另外一个内科医生和我一样将这个情况诊断为瘫痪,这个医生的名字也叫费施尔,和这座大楼里的寄宿学校的名字一样,但我却将这个名字给忘掉了。

(四)把东西放错地方实际上和忘记东西放在哪里是一样的。和大多数专注于写作和看书的人一样,我对放在写字台上的东西是很熟悉的,会信手将自己想要的东西拿过来。对其他人来说是无条理性的东西,而对我来说则是有条理的,因为其背后有某种历史的习惯。但最近我将刚刚寄给我的一个书的目录给误置了,结果是我再也找不到这本书了,那么,这究竟是为什么呢?实际上我正想订购一本书,*Über die Sprache*《论语言》,其中有对这本书的广告宣传,书的作者很有头脑而且风格活泼,我比较喜欢这样的风格,他对心理学的看法及其关于文明史的知识我认为很有价值。我认为,这正是我为什么会误置这本样书的根本原因。因为我习惯于把这个作者的书借给我的熟人,以便使他们有所启发,而几天前,当其中一个人还我书的时候对我说:"我感觉他的风格很像你自己,他的思维方式也和你的一样。"这个讲话者并不知道他说的这番话触及了什么。几年前,在我尚年轻的时候,我非常需要与外界接触,我很赞赏我的一位老同事的作品,他也是一个著名的医学著作的作者,他也说过类似的话,他说:"这简直就是你的风格,你的方式。"受这番话的影响,我给这个作者写了一封信,以寻求和他建立更密切的联系,但信发出去之后杳无音信。或许是这种先前产生的不愉快的经历也隐藏在这个误置的背后,因为我再也没有找到这本样书,而且实际上是被订购这本广告宣传的书所导致的这种预兆阻止住了,尽管这本样书的丢失对我并没有造成真正的影响,因为我还能记得书的名字和作者。①

(五)②另一个误置的例子也很有趣,因为在有些情况下误置的东西又被找到了。一个年轻人给我讲了下面这个故事:"几年前,我和妻子之间产生了一些误解。我认为她太冷淡,尽管我愿意承认她有很优秀的素质,但我们生活在一起却没有任何温柔的情感。一天,我们散步回来,她将一本刚买的书送给我,因为她认为我会感兴趣。我感谢她这种'留心'的信号,因此答应读一下这本书,并将它放在一边。但从此以后我再也没有找到这本书。几个月过去了,在这段时间里我有时会想到这本丢失的书,但就是找不到。大约6个月后,一直没有和我们生活在一起的母亲突然生病了。我的妻子离开家去照顾她的婆婆。母亲的病情很严重,这给我的妻子提供了表现她自己最好方面的机会。一天晚上,我充满热情和感激地回到家里,感谢我的妻子所做的一切。我走到我的写字台边,没有明确目的但确实就像梦游似

---

① 我认为,自从西奥多·维舍尔(Theodor Vischer)(参见下文英文版第170页脚注1)被归因为"事物的倒错行为"以来,几种偶然事件的发生也可以做类似的解释。

② 这是1907年增补的。

地①拉开了一个抽屉,我发现这本我放错了地方而早已丢失的书就放在最上面。"②

(六)③这个例子和上面那个例子的最后那种特点非常相似——就是说,当误置的动机被揭露出来后,便很肯定地找到了被误置的东西——这个例子是由斯塔克报告的(1916年):

"一个女孩要做一个衣领,但在裁剪时不慎将布料剪坏了;因此她不得不将裁缝请过来,尽最大可能地把它搞好。当裁缝来到时,这个女孩想去取那个剪坏的衣领,她来到这个她认为放衣领的抽屉那里;但她在里面却没有找到。她把里面的东西全都翻了出来,仍然没有找到。她生气地坐下来,责问自己为什么东西会突然不见了呢,是否没有某种理由说明她为什么不想找到它呢? 她终于找到了结论:自己竟然把像衣领这样简单的东西都做坏了,这当然会使她在裁缝面前感到难堪。在想到了这个原因后,她站了起来,走到另一个壁橱,直接伸手就把这个做坏的衣领找了出来。"

(七)④下面的这个"误置"的例子是每一个精神分析学者都熟悉的。我可以声明一点,这个误置东西的患者最后自己又将他误置的东西找到了。

"一个进行精神分析治疗的患者因暑假而中断了治疗,当时他处在抵抗的状态,而且感觉很不好,当他脱衣服准备睡觉的时候,他将他的一串钥匙放在一个平常放置的地方——或许他是这么想的。然后他想起来,还有几件东西他需要为第二天的旅

---

① 参见下文,英文版第 168 页脚注 1.
② 后来弗洛伊德在其《精神分析引论》(1916－1917)的第三讲中加以引用。
③ 这是 1917 年增补的。
④ 这是 1910 年增补的。

行做好准备——这是治疗的最后一天,也是他的治疗费用到期的日子——他想去写字台那里把这些东西取出来,他的钱也放在里面。但是钥匙不见了。他开始仔细地但却越来越不安地寻找他那个小房间——但一无所获。因为他认为这些钥匙的'误置'是一种症状行为——就是说,是一件他有意做过的事情——他把佣人唤醒,以便在一个没有'偏见'的人的帮助下继续寻找。又是一个小时过去了,他终于放弃了,担心这串钥匙丢掉了。第二天早晨,他从这个桌子的制造商那里订购了新的钥匙,他们很快就为他配了钥匙。和他一起乘坐同一辆出租车回家的两个朋友认为,他们记得,当他从出租车里走出来的时候,他们听到了有东西掉在地上,发出叮当的响声。他确信他的钥匙从口袋里掉了出来。那天晚上,佣人终于将钥匙找到了。这串钥匙就在一本厚书和一本小册子之间(是我的一个学生的作品),这些都是他想要带走在暑假期间阅读的。这些钥匙放得如此巧妙,以致谁也没有猜想到钥匙会放在那里面。此后他也发现自己不可能将钥匙重新放在同样看不见的地方。由于某些隐秘但却强有力的动机而将东西误置,这种潜意识的敏捷(dexterity)很容易使人想起某种'梦游确定性'(somnambulistic certainty)。[1] 正如人们会期待的那样,这种动机就是源于在治疗时受到干扰所导致的坏脾气,就是因为他感觉很不好却不得不付出很高的治疗费用所导致的隐秘的发火。"

(八)[2]布里尔(1912)讲道:"一个男人在他妻子的强迫要求下要去参加一些社交活动,而他对此实在不感兴趣……"在他的

---

① 参见下文,英文版第 168 页脚注 1.

② 这是 1912 年增补的。——这个例子引自布里尔的原文,弗洛伊德对此作了一个非常轻微的改动性翻译。

妻子的恳求下,他才开始从衣柜里找他的礼服,这时他突然想到应该刮一下脸。当他刮完脸后,再到衣柜拿衣服时,发现衣柜已经锁上了。尽管他长时间地、耐心地寻找钥匙,但就是没有找到。周六的晚上又没有配钥匙的,因此这对夫妇不得不很抱歉地取消这次社交活动。当他第二天早上把衣柜打开后,发现那把丢失的钥匙就在里面,这个丈夫心不在焉地将钥匙丢在了衣柜里,就把门锁上了。他向我保证说,这完全是没有意图的和无意识的,但我们知道,他不想参加这样的社交活动。因此,钥匙的误置并非没有动机。"

厄尼斯特·琼斯(1911b,第 506 页)对自己的观察发现,每当他吸烟较多并因此而感觉不佳时,就习惯于误置自己的烟斗。此时烟斗往往放在不适当的各种地方,以及通常不会放置的地方。

(九)①朵拉·穆勒尔(Dora Müller,1915)报告了一个其动机显而易见的真实案例。

"厄娜·A 小姐在圣诞节的前两天告诉我:'你能想象得到吗?昨天晚上,我从包里取出一块姜味饼干吃;与此同时,我想到,当 S 小姐(她母亲的同伴)走过来要跟我说再见时,我就不得不给她一些。我特别不想给她,但我下定决心还是要给她一些。后来,当她走过来时,我就去取桌子上的包;但是包却不在那里。我找了片刻,发现包就在我的餐橱里,我无意识地将包放在了里面。'这无须分析;这个叙述者自己也理解这件事情的前因后果。其动机明显是想要将所有的饼干占为己有,而这个动机刚被压抑下去,但还没有通过自动的方式达到了目的,尽管在这个案例

---

① 这个例子和第 10 个例子是 1917 年增补的。

中,其动机在后来的意识行动中被再次抵消了。"

（十）萨克斯描述说,有一次,他怎样通过类似的误置行为逃避了自己的工作职责:"上一个星期天的下午,我犹豫了好长时间,到底我应该去上班,还是去散步,然后再去走访;但是经过一番思想斗争,我觉得自己还是工作的好。大约一个小时后,我突然注意到,自己的稿纸用完了。我知道在某个抽屉的某个地方还放有一些存放多年的稿纸,但是,在我的写字台的抽屉里以及我认为我能找到的其他地方,我都没有找到这些稿纸,尽管我大费周折,找了几乎所有可能的地方——旧书堆里、影集和信件里等,但仍一无所获。最后,我发现,自己实际上是强迫性地打断自己目前的工作,因此便走了出去。晚上我回到了家里,坐在沙发上,漫无边际地思考着什么,两眼看着面前的书橱。一个箱子引起了我的注意,我马上记起来,我好长时间没有清理里面的东西了。于是便走了过去,将这个箱子打开,在最上面就是一个皮包,里面放着一些没有使用过的稿纸。但是,就在我将它取出,正要放进我写字台的抽屉时,我才发现,这就是我当天下午要找而没有找到的那些稿纸。在这里我必须要做一点补充,尽管我通常并不太节俭,但我在用纸上还是很谨慎的,充分使用每一页可以使用的稿纸。显然,我的这种行为是受某种本能驱使的,只要其直接动机一消失,就能使这种遗忘得到纠正。"

如果对这些误置的案例进行调查,①实际上人们很难相信,除了受无意识的意图驱使之外,还有任何东西会被误置。

（十一）②1901年夏日的一天,我对一个朋友说(那时我经常

---

① 这个自然段是1907年增补的。

② 除了要特别指出的地方之外,以下一直到英文版第149页的全部内容都可以追溯到1901年。

和这个朋友愉快地交换科学观点）：[①]"如果我们完全依靠个体原始的两性本能的假设，这些神经症问题便可以得到解决。"对此，他回答道："这就是我两年半前在布累斯劳就对你讲过的话，那天晚上我们在一起散步。但当时你并没有听进去。"要求自己用这样的方式去放弃自己的初衷是很痛苦的。我回忆不起来这次对话，也回忆不起来我的这个朋友说的这番话。我们两个中肯定有一个出现了失误，根据"谁受益（cui prodest）"[②]原则，出现失误的肯定是我自己。确实，在此后的一个星期里，我想起了整个事件，情况正如我的朋友所言；我甚至回忆起来我当时对他的回答："对此我现在还不能接受，我不想深入探讨这个问题了。"但从此以后，当我在阅读医学文献时，发现有一些观点和我的名字有关，但我发现却没有提到我的名字时，我变得有一点容忍性了。

发现自己妻子的错误，朋友之间的反目，医生的诊断失误，同行之间的相轻，借用他人的观点——这些情况可能很难认为是偶然现象，因此，我随机收集的这些遗忘的例子就要求我深入到这些忧伤的主题之中，对它们进行解释。相反，我认为，任何一个想研究隐藏于这种记忆失误背后动机的人，都将能够记录下一系列令人反感的主题的类似案例。在我看来，人们遗忘这些不愉快经历的倾向似乎是相当普遍的；这种遗忘的能量在不

---

① 只是在1901和1904年才写着："今年夏季的某一天，我对我的朋友Fl.说（我和他进行愉快的交流……）。"这个朋友就是威廉·弗利斯。这次交谈的日期并不是1901年，而是1900年。实际上这是这两个人最后一次在一起。对这段情节的完整说明可以在琼斯的弗洛伊德传记（1953年，第344页及以下）中找到。现在这个例子显然是在1900年下半年写的，此后又把日期写错了。

② "谁受益?"——这是一个传统的问题，对这个问题的回答针对的是那个犯了罪的人。

同的人身上发展的程度无疑也是不同的。我们在医务工作中遇到的许多否定（disowning）现象，很可能追溯到遗忘①。确实，我们对这种遗忘的看法仅限于在这两种行为（否定和遗忘）之间做出区分，认为这纯粹是心理因素，而且这使我们在这两种反映方式中看到了同一种动机的表达。我在患者亲属中观察到的否认不愉快记忆的例子不胜枚举，其中有一例很突出。一个母亲正在向我提供她那患有神经症的儿子的童年信息，现在他处在青春期。这时她说，和他的哥哥、姐姐一样，他有尿床的毛病——在神经症患者的病例中，这个事实当然是很重要的。几星期以后，当她想要发现治疗是否有进展的时候，我才有机会让她注意这个年轻人的疾病体质方面的情况，这时我提到了她在记忆中回想起来的尿床习惯，使我吃惊的是，她矢口否认他和其他的孩

---

① ［这是 1907 年增补的注释：］如果我们询问一个人 10 年或 15 年以前是否患过梅毒，我们极易于忽视这样的事实：从心理学的观点讲，他会认为这种疾病和，我们不妨说，严重的风湿有很大不同。——在让父母回忆他们女儿的神经疾病时，我们很难明确地将被遗忘的东西和被掩盖的东西区分开来，因为存在于他们女儿的未来婚姻道路上的所有问题都被抛在了一边，也就是说，被她的父母压抑下去。——［这是 1910 年增补的］一个男人刚刚失去了其亲爱的妻子，他的妻子死于肺病，他向我报告了以下这件事：在他们回答医生提出的问题时，给了医生错误的回答，我们只能认为这些回答就是这种遗忘。"当我可怜的妻子的胸膜炎几星期后仍不见好转时，我们去看了 P 大夫，在写病历的时候，P 大夫问了一些一般性的问题，包括我妻子的家族中是否有人患过肺病，我的妻子回答说从来没有，我也回忆不起来有谁患过肺病。在 P 就要离开时，话题很偶然地转到了旅行方面，我的妻子说：'是的，到朗根多夫的旅行也很远，我可怜的哥哥就埋在那里。'这个哥哥大约 15 年前遭受了多年肺结核痛苦后死去了。我的妻子很喜欢他，经常在我的面前谈起他。实际上，我现在才回忆起来，就在我的妻子被诊断为胸膜炎时，她非常焦急而且沮丧地说：'我的哥哥也死于肺病。'但是，现在这个记忆被她如此强烈地压抑着，以致即使在她说到朗根多夫的旅行之后，也不会引导她更正她提供的关于她的家族患肺病的信息。我本人在她提到朗根多夫这个地方时已经意识到了这个记忆失误。"——［这是 1912 年增补的：］一种完全类似的经历是琼斯在其著作中讲到的，对此我已经多次提到（1911b，第 484 页）。一个内科医生，他的妻子患有肺炎，但诊断并未确定，他安慰他的妻子说："幸运的是你的家族中并没有患肺结核的历史。""你忘了，"他的妻子很吃惊地回答，"我的母亲死于肺结核，我的妹妹也患同样的病，当医生放弃对她的治疗时，她却痊愈了？"

子有尿床的行为这个事实,并问我怎么会知道这个。最后,我告诉她,是她自己在不久前告诉我的。因此,她必定已经把此事忘掉了。[①]

因此,在健康但没有神经症的人身上也会发现大量的表现:当回忆起忧伤的印象和出现忧伤的想法时,就会受到抵抗的反对。[②] 但是,只有当神经症患者的心理得到研究时,这个事实的全部重要性才会得到准确的评价。我们不得不认为,支撑癔病症状表现的主要机制是这种"基本努力"(elementary endeavour),通过这种努力来阻止那些能够引发不愉快情绪的理念的产生——我们只能把这种努力比作痛苦刺激出现时的逃避反射。人们也许会发现,一个人消除这些萦绕自己的忧伤回忆,

———————————

① 在我致力于写作这几页的日子里,在我身上出现了以下这个几乎令人难以置信的遗忘现象。1月1日,我计划完成一本预约的医学书,这样便可以按期发出。到6月份,我发现了"M——l"这个名字,但我怎么也回忆不起来这个名字到底是谁。在翻看这几页书时发现,在疗养院,我对这个患者进行过治疗,在几星期的时间里,我每天都要去看一次,我的困惑油然而生。一个在这些情况下进行过治疗的患者,医生怎么能在6个月后就忘记了呢。我们问自己,这个患者是否是一个男人,是否患有一般性麻痹,是否是自己不感兴趣的患者?最后,我从收费记录上发现了所有这些被迫逃出我的记忆的事实。M——l是一个14岁的女孩,这是一个我近几年遇到的最特别的病例,她使我接受了一次教训,我不可能将此忘掉,这使我经常感到极为不安。这个孩子患的病显然是一种癔病,在我的治疗中,这个症状很快得以消除。之后其父母便将她带了回去。但她仍感到腹部疼痛,而这在其癔症的临床描述中发挥着主要作用。两个月后,她死于腹腺癌。与此同时她又患有癔病,肿瘤是唤起其癔病症状的一个原因,而我的注意力集中在那种喧闹但没有明显伤害的癔病症状表现上,或许忽略了这个潜伏的和不可治愈的疾病的最初症状表现。

② [这是1910年增补的注释:]A.皮克(1905)最近把一些作者的很多引文收集在一起,这些作者赞成情感因素对人的记忆有影响,他们——或多或少清楚地——认识到,人们通过努力去避开一些不愉快的事情,由此而导致了遗忘。但是,我们还没有一个人能够像尼采在他的一句格言中那样对这一现象及其基础做出如此透彻的解释,与此同时给人留下如此深刻的印象[《善恶的彼岸》(*Jenseits von Gut und Böse*,IV,第68页)]:"我的记忆说,'我做过此事。'而我的自尊则不屈不挠地说,'我不可能做过此事。'最后——记忆屈服了。"[弗洛伊德的注意力曾被"鼠人"(Rat-man)说的这句话所吸引,鼠人的病例发表于这个注释的日期之前很短(1900d,《弗洛伊德全集标准版》,第10卷,第184页)。]

以及消除诸如悲伤和良心的谴责这些令人忧伤的感情冲动是不可能的,即使这样,人们也不能否认这种防卫倾向存在的假设。因为我们不能肯定这种防卫倾向在任何情况下都能够有效地发挥作用,在各种心理力量的交互作用下,这种防卫不可能挺而反对以下这些因素,这些因素由于其他目的,而将其目标指向那种相反的效果,不管防卫是否出现,这些因素也会使那种相反的效果产生。我们可以这样推测:心理机制的构建原则就在于分成某种层次——建造一个有层次的心理结构;很可能这种防卫的努力属于较低的心理层次,它受到更高级心理层次的抑制。不管怎么说,如果我们能够把我们在遗忘的例子中发现的那些过程追溯到这种防御倾向,那么这个事实就会说明这种倾向的存在及其力量。正如我们所看到的,很多事情因其本身的原因而遗忘;在不可能是其本身的原因而导致遗忘的情况下,这种防御倾向就会改变目标,至少促使某些东西被遗忘,某些与真正可以反对的东西有联系但又不太重要的东西。

令人忧伤的记忆特别容易屈从于有动机的遗忘,这一观点值得在许多领域得到应用,但这些领域迄今为止还没有受到注意,或者只受到很少的关注。因此在我看来,在法庭上,人们对证词的评价还没有对此予以非常强烈的强调,[1]人们显然相信誓言的力量,认为誓言会对心理力量的表现产生非常大的纯化性影响。人们普遍承认,在涉及民族的传统和传奇的历史起源时,就必须要考虑到这种动机,其目的旨在从记忆中消除那些令民族情感感到忧伤的东西。[2] 通过仔细的研究,我们或许可以发现,一个民族的传统和个体的童年经历得以形成的方式之间是

---

① 参见 Gross(1898)。(参见下文,英文版第 254 页脚注。)
② 参见上文,英文版第 48 页。

完全相似的。——伟大的达尔文①在洞察了不愉快的情绪是人们遗忘的动机这一现象的基础上，提出了针对科学工作者的"黄金律"。②

和遗忘名字的方式相同（英文版第1页），印象的遗忘可能也伴有错误的回忆，在得到确证的情况下，我们往往把这种情况描述为记忆错误（paramnesia）。病理状态下记忆错误——在偏执狂状态下，它确实发挥着某种构成因素的作用，是造成妄想的构成因素——已经产生了非常广泛的文献资料，但我却没有在这些文献中找到与其动机有关的任何迹象。因为这也是属于神经症心理学的一个研究主题，因此在目前的情况下来考虑它已经不适合了。代之以此，我将描述一个我自己的奇特的记忆错误，在这个记忆错误中可以相当清楚地识别出由无意识的、被压抑着的材料提供的动机，以及与这种材料有关的方式和性质。

在写《梦的解析》的最后一章时，我碰巧在一个避暑胜地，因此无法到图书馆查阅有关的资料，我迫使自己通过记忆来找到所有那些参考资料和引文，把它们结合到手稿中，以后再对此进行更正。在写白日梦这个部分时，③我想起了一个很精彩的例子，这个例子出现于阿尔丰都·都德（Alphonse Daudet）的《总督大人》（*Le Nabab*）一书中，作者描述了一个贫困的书贩，这个人很有可能就是他自己的幻想。我想，我还清楚地记得其中的一

---

① 这个句子是1912年增补的。

② ［这个脚注是1912年增补的：］厄尼斯特·琼斯（1911b，第480页）在达尔文的自传中注意到了以下这段描述（1958，第123页），这段话有说服力地反映了达尔文对科学的忠诚和他的心理洞察力：

"多年以来，我一直信守一条黄金律，即，每当我遇到一些和我通常的研究结果不一致的已经发表的事实、一种新的观察或想法时，我就一定会马上将它记录下来，因为我凭经验发现，与那些我所赞同的事实和想法相比，这些事实和想法更容易从记忆中溜走。"

③ 《梦的解析》，1900a，《弗洛伊德全集标准版》第5卷第491页和第535页。

个幻想,其内容是,这个人——我称他为乔斯林(Jocelyn)先生——想象着自己在穿过巴黎的街道上散步;我开始从记忆中复现这件事。这是一个幻想,乔斯林先生是怎样奋不顾身地站在受惊奔跑的马车的前面,使马车停了下来;这时马车的门打开了,一个伟人从车里走了出来,握着乔斯林先生的手说:"你是我的救命恩人,是你使我得到了再生,我能为你做点什么呢?"

我确信,我自己对这个幻想的说明若有任何不精确之处,可以很容易地在家里把书摆在我面前来查阅而得到更正。然而,在我最后通读《总督大人》这本书,以核查我的稿子中的这一段内容,因为书稿很快就要付印了,但我发现,使我感到难堪和惊愕的是,在乔斯林先生的这个部分根本就没有提到任何这类幻想;实际上,这个可怜的书贩子也不叫乔斯林,而是称为咎瓦尤斯(Joyeuse)先生。我找到的第二个错误使我发现了自己出现第一个失误的原因——记忆错误。我的名字弗洛伊德(Freud)翻译成法语的唯一可能的方式就是"Joyeux",而其阴性词是"Joyeuse"。那么,我原来错误地记住并将其归于都德的这个幻想究竟出自何处呢? 它只能是我自己的作品,我自己形成的一个白日梦,我本人并没有意识到,或曾经意识到过但此后又被完全遗忘了。或许这是我自己在巴黎时创造发明出来的,在那里我经常在街道上散步,孤独而且充满了渴望,很希望有一个帮助自己和保护自己的人。直到伟大的沙可(Charcot)让我加入了他的圈子。后来，在沙可的家里，我不止一次地遇到《总督大人》一书的作者。[1]

另一个有可能得到满意解释的记忆错误[2]是联想到"fausse reconnaissance"（记忆幻觉），这是一个将在以后讨论的主题（下文，英文版第256页及以下）。我有一个患者，他是一个有抱负、有能力的男人，我曾告诉他，一个年轻学生，由于他致力于一本很有趣的著作，*Der Künstler*, *Versuch einer Sexualpsychologie*（《艺术家，性心理的尝试》），[3]而被允许加入我的追随者的圈子。一年零三个月以后，当这本书印刷出版时，我的这个患者坚持说，他很明确地记得甚至以前——在我第一次向他提到这件事

---

[1] 在1924年之前的所有版本中，接下去还有这么一段话："但是，使我感到气愤的那一部分是，没有什么想法比让自己寻求一个保护者更使我感到痛恨的了。在国内看到与此有关的情况，都足以使一个人失去希望。扮演特别受人喜爱的孩子这样的角色，确实根本不适合于我的性格。我总是感受到一种不同寻常的强烈的渴望：'成为刚强的我自己这样的男人。'但是，我也不得不让人提醒才想到像这样的白日梦——顺便说一句，这是一些从来没有得到满足的梦。除此之外，这个事件也很好地例证了和我自己的自我（self）的关系方式，这个自我在正常情况下被压抑着，但在妄想狂的状态下则会充分地表现出来，它会干扰和混淆我们对事物的客观认识。"[这是1924年增补的注释]不久前，我的一个读者从弗朗茨·霍夫曼的Jugendbibliothek（青年人的图书馆）寄给我一本小册子，我在这本书上看到了就像我在巴黎的幻想中的那种求救场景，书上记录得很详细。两者之间的这种一致性甚至可以扩展到两者中出现的某些相当不同寻常的表达方式。这不可避免地会使我猜想到，我自己实际上曾在幼小的时候读过这本书。在我读中学时，这个图书馆里存有霍夫曼的系列丛书，图书馆随时准备把这些书提供给学生，以取代任何其他的精神食粮。在我43岁时，我认为，我记得这个幻想是其他人创造的，后来我却强迫自己承认这是我在28岁时自己的创造，因此，这个幻想很容易成为某种印象的再现，而这个印象是我在11岁到13岁时在某个地方获得的。总之，我将它归之于《总督大人》一书中那个失业书贩的求救幻想，其用意仅仅是为我自己的求救幻想铺平了道路，使我想到一个守护神和保护者的渴望能够被我的傲慢所容忍。如果事情果真如此的话，任何一个理解心理的人听到这个说明——在我的意识生活中，我自己非常抵抗依赖于保护人的喜爱这种观点，我发现我很难容忍在少数真实的情境中发生具有这种性质的事情——就不会感到吃惊。亚伯拉罕（1922b）阐明了具有这种内容（求救幻想）的幻想的更深刻意义，并且对其独特特征提供了一个几乎详尽无遗的解释。

[2] 这一节的其余部分都是1907年增补的。

[3] 这是奥托·兰克的第一本著作（1907）。

之前的一个月,或许是 6 个月——他就在什么地方(或许在书商的内容介绍中)见到过这本书的说明。他说,当时他的头脑里出现了这本书的广告说明;他进而说到,作者对题目做了一些改变:不再读作"*Versuch*"(尝试),而是"*Ansätze zu einer Sexual-psychologie*"(《走近性心理》)。尽管如此,在我仔细地询问了作者,并比较了所有日期后,我发现,这个患者声称回忆的这些东西是根本不可能的。因为,在出版前,在任何地方从未出现过这本书的预告,当然也没有在一年零三个月之前付印出版。当我忽略了对这个记忆错误进行解释时,我的患者又重复出现了这种记忆错误。他相信,他最近在书店的橱窗里看到过一本关于广场恐怖症的书,现在正在查询所有出版商的出书目录,以便购买一本。此时我就能够向他解释他的努力必定会毫无效果的原因了。广场恐怖症的书只是存在于他的幻想中,是一种无意识的意图:他的意思是他自己要写这本书。他要和那个年轻人竞争,并且凭借类似的科学著作而成为我的追随者之一,这种抱负便是他出现第一次记忆错误,然后又重复出现的原因。于是,他回忆起来,这个导致他做出这种错误再认的书商广告说的是另一本书,名为"*Genesis,das Gesetz der Zeugung*"(《创世纪,创生的法则》)。但是,他所提到的题目的变化与我有关,因为我还能记得,我对那种不精确感到很愧疚——我在重复这个书名的时候经常用 *Versuch* 来代替 *Ansätze*。

二、意向的遗忘[①]

没有任何现象能比意向的遗忘更有资格论证这个主题了,

---

① 除了否则会特别提到的地方之外,这一节的全部内容可以追溯到 1901 年。

就意向遗忘本身而言,用缺乏注意来解释这种失误行为还不够。意向是想要做某种活动的冲动:是一种已经得到认可,但行动的实施则被推迟到适当的时机。现在,情况可能是这样的,在由此而导致的间隔期间,在所包含的动机中就会出现这样一种变化,使意向不能得到实现;但是,在那种情况下,意向并没有被遗忘:要对它进行重新审查并予以抵消。我们每天而且在每一可能的情境中都会遇到的这种意向的遗忘,并不是我们习惯于为了保持动机的平衡而根据这样一种修正来解释的东西。我们通常对此不予解释;或者我们企图通过下述假设而找到一种心理上的解释:当这种意向要实现的时候,却怎么也无法获得采取行动所必需的注意——注意毕竟是意向得以实现不可缺少的前提条件,因此才可以为当时的行动所采用。通过对与意向有关的我们的正常活动的观察,就会使我们拒绝把做解释的这种尝试视为随心所欲的。如果我早上形成一种要在晚上实施的意向,在这一天时间内,我可能要被提醒两到三次。但是,在整个白天却根本无须被意识到。当实施的时刻即将到来之际,这个意向就会突然闯入我的大脑,使我为这个计划好的行为做好必要的准备。如果我计划去散步,散步的时候随身带着一封必须邮寄出去的信,①作为一个没有神经症的正常人,我就没有必要在散步的时候一直把信拿在手里,眼睛不停地寻找着可以投递的信箱;相反,我习惯于将信装在口袋里,一边散步,一边让我的思绪自由地浮现,而且我自信地预期,在遇到第一个信箱的时候就会引起我的注意,使我伸出手去从口袋里把信拿出。在某种意向形成之后的正常行为和人们通过实验而产生的行为完全一致,这

---

① 只有在1901年的版本中写着:"今天邮寄出去。"

就是在催眠情况下给人作出的被描述为"长时间催眠后暗示"的东西。① 我们通常以下述方式对这一现象进行描述。这种被暗示的意向在这个人身上一直处于睡眠状态,直到执行意向的时间临近。此时,这个意向才醒过来,并驱使他采取行动。

在生活中有两种情形,即使外行也会意识到,这种遗忘——就意向而言——无论如何都不能被看作一种不可进一步得到还原的基本现象,而是使他有资格得出结论认为,确实有这种被称为隐秘动机的东西。我心中所想到的这两种情况就是恋爱关系和军队纪律。如果一个恋人没有去赴约(rendezvous),他向这位女士说,很遗憾他完全忘掉了这件事情,这根本就没有用。她一定会回答说:"一年以前你怎么没有忘记过,很明显你已经不在乎我了。"即使他利用上述的心理方式对此加以解释,并且试图把自己由于繁杂的工作压力而把这件事给忘掉了作为借口,其结果也往往是这样的,这位女士将变得像精神分析医生那样有敏锐的洞察力,她会回答说:"奇怪的是,像这种由于工作而分心的事情在过去怎么从来没有出现过!"②当然,这位女士并不是要否认遗忘的可能性;她只是认为,从没有意向的遗忘中得出的推论和从有意识逃避中得出的推论相同——即他现在对这个约会不太情愿——这个解释不无道理。

同样,在部队服役的情况下,由于遗忘而没有执行命令和有意地忽视这些规章,这两者之间的差异在原则上可以忽略不计,而且也是合理的。一个士兵绝对不能忘记部队服役命令自己做

---

① 参见伯恩海姆(Bernheim,1891年,第130页及以下),这是弗洛伊德翻译的(弗洛伊德,1892a)。

② 一个类似事件的真实案例在弗洛伊德的联想中与《梦的解析》(1900a)中"植物学专著"(Botanical Monograph)的梦联系起来,《弗洛伊德全集标准版》,第4卷,第169—170页。

的事情。如果他确实忘掉了,尽管他知道这些命令,那是因为,促使他执行军令的动机受到其他与之相反的动机的反对。一个要服一年兵役的新兵,[1]在接受检查时试图找借口说他忘记擦亮自己制服上的纽扣了,那么他注定是要受惩罚的。但这种惩罚比起他自己承认和在长官面前说他不执行命令的原因是"我从心里讨厌这种令人厌烦的使劲擦洗"要小得多。为了逃避惩罚——或者也可以说,出于经济的原因——他将遗忘作为借口,或将此作为一种妥协的方式。

与女人谈爱恋和在军队服役都要求,与他们有关的每一件事情都不应该遗忘。通过这样的方式,也暗示了这样的观念,虽然在不重要的事情上,遗忘是可以允许的,但在重要的事情上,这却是一个信号,表明一个人希望将它作为不重要的事情看待,也就是,否认其重要性。[2] 如果我们用心理的方式对此加以分析,就会发现我们不能拒绝这样的解释。如果没有人怀疑他心理不正常的话,那么任何人也不会忘记对他来说似乎很重要的事情。我们的研究只能扩展到那些或多或少不太引人注意的意向的遗忘;我们不能认为,任何意向都是完全没有意义的,因为否则的话,意向就绝对没有产生的必要了。

和前面几页所描述的功能紊乱一起,我已经收集了很多由于遗忘而没有做事情的例子,这些例子是在我自己身上观察到

———————

① 在奥地利,具有较高社会地位和教育地位的年轻人,其在部队服役的年限可以缩减为一年。

② [这是1912年增补的注释]在萧伯纳的戏剧《恺撒和克里奥帕特拉》中,当恺撒就要离开埃及的时候,有这样一种想法曾一度困扰着自己,有一件事情他要去做,但却忘记了。最后,他想起来,他忘记向克里奥帕特拉道别了! 描述这个小的细节旨在说明——顺便说一句,这和历史上的真实情况完全相反- 在恺撒心目中,这个年轻的埃及公主是多么微不足道。(引自琼斯,1911b,第488页注释。)在《精神分析引论》(1916—1917)的第三讲中也引用了这个注释。

的,我已经努力对此做了解释。我已经毫无例外地发现,可以把它们追溯到未知的和未公开承认的动机的干扰——或者可以说,追溯到某种"相反的意志"(counter-will)。[①] 在很多诸如此类的情况下,我发现自己处在一种与服役的情况相类似的处境中,我处在某种受限制状态,我并没有完全放弃与其进行斗争,所以,我就作出某种与此相反的表现,通过遗忘的方式表现出来。这可以用来说明以下事实:在诸如生日、庆典、婚礼和提升这类场合,我特别容易忘掉寄送贺卡。我一直设法解决这个问题,但却越来越相信我不可能取得成功。现在,我已经放弃了这种努力,有意识地屈服于那些与此相反的动机。在我的这一观念发生转折的时期,我的一个朋友让我在某一天以他和我的名义发一封贺电;但我警告他说,或许我会将这两件事都给忘掉;结果毫不奇怪,预言变成了现实。正是由于我在生活中的痛苦经历,才使我不能表达同情,在那些有必要夸张地表达同情的情况下,很难将这种和我的少量感受相对应的同情表达出来。既然我已经开始认识到,由于我经常将他人貌似真实的同情误认为真实的情感,因此我一直对这些传统的表达同情的方式十分反感,尽管另一方面我也认为同情的表达有一定的社会作用。当然,对人们失去亲人时的哀悼应另当别论:一旦我决定将表达自己哀悼的电报发出去的时候,我是不会忘记的。这时,我的情绪活动不再与社会责任有任何关系,因此它的表达从来没有受到遗忘的抑制。

陆军中尉 T 报告过一个来自战俘营的例子,[②]也属于这一类

---

① "相反的意志"(counter-will)是弗洛伊德在早期一篇用催眠术治疗的论文(1892—1893b)中使用过的一个术语。

② 这个例子是 1920 年增补的。

遗忘,在这个例子中,某种最初受到压抑的意向以"相反的意志"的形式爆发出来,并使他处于不愉快的境地。

"这个战俘营主要是为军官设立的,一个级别最高的军官受到了他的一个战俘同伴的侮辱。为了避免类似的纠纷再次出现,他想利用可供其支配的权威手段将这个人转移到其他的战俘营。但在几个朋友的劝说下他才决定——这与其隐秘的愿望相反——放弃他的计划,并寻求立即满足他的面子,尽管这肯定会产生各种令人不快的结果。同一天上午,作为一个高级军官,在战俘营警卫的监督下,需要对这些军官点名。他已经认识这些军官很长时间了,在点名时,以前从未出现过失误。但这一次他却漏掉了那个侮辱过他的人的名字,因此出现了这样的结果:当所有其他人都解散了的时候,唯独这个人还留在这里,直到这个失误被消除为止。这个被忽略的名字非常清楚地写在名单的中间位置上。有的人将这个偶然事件解释为一种蓄意的侮辱,而另一些人则将此解释为可能会被误解的不幸事件。但是后来,在熟悉了弗洛伊德的《遗忘与失误:日常生活的心理分析》之后,这个情节中的主要当事人才对所发生的事情形成了一种正确的描述。"

传统的责任和我们私下拥有的隐秘观点之间的冲突也同样可以对这些情况做出解释,在这些情况下,为了取悦某人,我们忘记了我们原本答应要采取的行动。在这里,通常的结果就是,只有这个潜在的受益者才相信,遗忘有表达歉意的力量;那个要求得到取悦的人无疑会有一个正确的答案:"他对这件事情不感兴趣,否则他就不可能忘记了。"有一些人被人们普遍认为是爱健忘的人,他们采用的方式和在街道上没有给我们打招呼的近视眼一样,以此来表达自己的歉意。① 这些人会遗忘他们所有的小许诺,他们不能贯彻执行他们所接受的任何使命。他们通过这样的方式表明,他们在小事情上是不可信赖的,他们要求我们不应该因这样的失误而见怪——就是说,我们不应该将这样的行为归因于他们的品性,而应归因于机体的特异反应。② 我自己并不属于这样的人,因此没有机会分析这种人的行为,这样,通过考察对遗忘情境的选择,我也可以发现其动机。但是,在类比的基础上,我却不禁怀疑,在这些情况下,其动机是一种掩蔽了的对其他人的相当程度的蔑视,这种轻蔑利用体质因素来达到它自己的目的。③

在另一些情况下,发现这种遗忘的动机并非易事,而且一旦发现,就会使人更感到吃惊。因此,例如,在前几年我注意到,在对患者进行的大量探访中,我忘记去探访的要么是没有付费的

---

① 女人,由于她们更能够精细地理解这种无意识的心理过程,当有人在街上遇到她们而没有认出她们来,并且因而没有跟她们打招呼时,通常更易于表示不满,而不会想到那些最明确的解释——就是说,这个没有打招呼的人是个近视眼,或者他的思考如此得全神贯注,以致他没有注意到她们。她们得出的结论则是:如果他重视她们的话,就会看到她们。

② [这是1910年增补的注释:]费伦茨报告说,他自己曾经是一个"心不在焉的人"(ein"Zerstreuter"),熟悉他的人都知道他的这种经常发生的奇怪的失误行为。但是他说,自从他开始用精神分析对患者进行治疗以来,并且发现自己强迫性地将注意力也转向了对他自己的自我的分析,之后他的这种心不在焉的迹象几乎完全消失了。他认为,一个人放弃这些失误行为的程度,与他学会增加自己的责任感的程度成正比。他因此正确地坚信,心不在焉是一种依赖于无意识情结的状况,可以通过精神分析得到治愈。但是,有一天,在对一个患者进行精神分析时,他因自己犯了一个技术上的失误而自责。那一天,他以前所有那些心不在焉的习惯又重新表现出来。他在街道上散步时,多次出现绊倒失误[这是他在治疗中出现faux pas(走错路——跌跌撞撞地走路)的一种表现形式],如将自己的袖珍书本丢在家里,在自己要付电车费时试图付一枚十字硬币,这显然不够,发现自己衣服的扣子扣错了,等等。

③ [这是1912年增补的注释:]在这一方面,厄尼斯特·琼斯(1911b,第483页)观察发现:"抵抗经常有一个普遍性的顺序。这样,一个忙碌的男人就会忘记邮寄妻子托付自己要发的信——出于小小的不满——就像他可能会'忘记'按照她的购物单购买东西一样。"

患者，要么是我的同事。我对这个发现而感到羞愧，使我采用这种习惯，在白天把我第二天早上想要进行的探访事先记录下来。我不知道其他医生是否也采用同样的方式做过同样的事情。但是，通过这种方式，我们就可以获得某种理念，是什么原因导致所谓神经衰弱（neurasthenic）患者在其声名狼藉的"笔记"中，匆匆地记录下他想要告诉医生的各种事情。表面的原因是，他对自己记忆的再现能力没有信心。这是完全正确的，但是事情的进展却通常（usually）①如下所述。患者以某种非常喋喋不休的方式详细叙述着他的各种抱怨和要求。在他说完之后，他会停顿一会儿，然后拿出他的记录，很抱歉地补充说："我做了一些记录，因为我记不住东西。"一般地说，他会发现他记录的并没有什么新的东西。他会重复每一种观点并且自己予以回答："对了，这个问题我已经问过了。"他很有可能只是用这种笔记来表明这是他的一种症状，他的意向经常以此通过一些模糊动机的妨碍而受到干扰。

和大多数健康的朋友一样，我自己也患有这种小毛病。我承认——尤其是在过去的岁月里——我很容易忘掉归还借了很久的图书，特别容易出现的是，由于遗忘了而导致延期付款。不久前的一天上午，在我每天买烟的店里，我买了烟后没有付钱就离开了。这种忽略并无多大妨害，因为那个店里的人都认识我，因此可以预料只要第二天提醒我一下就可以了。但是，我的这种微小的疏忽行为，我的这个压缩开支的企图，当然和前一天萦绕我心头的生活预算的想法不无关系。在大多数人当中，甚至在那些所谓"德高望重的"人当中，在涉及钱财的时候，都会很容

---

① 这个单词是 1904 年增补的。

易观察到他们流露出这种行为的痕迹。这或许源于原始的吃奶时的贪婪,他想拥有每一件物品(目的是想把它们全都放入口中),只是这种贪婪已被文明和家庭教育不完全地克服了。①

迄今为止,我提供的例子恐怕似乎只是一些普通的例子。但是,例子毕竟只能适合我的意图,我遇到的这些事例众所周知,且能够被每一个人以同样的方式所理解,因为我的全部目的就是要将这些日常的材料收集起来并使之为科学分析所用。智慧是人类共同生活经验的结晶,我看不出有什么理由拒绝把智慧包含在科学所获取的知识之中。科学研究的基本特点并非源于其研究对象的特殊性质,而是源于其比较严格的确定事实的方法,及其对深远的相关进行的追寻。

就具有某种重要性的意向而言,我们通常发现,当模糊的动机起而反对它们时,意向就会被遗忘。在具有相当不太重要意

---

① 为了保证(金钱)这个主题的完整性,我可能会打乱我已经采用的那种通常的安排,而且,除了我上面已经说过的之外,我还要指出,人们的记忆对金钱的事情表现出一种特别的偏见。在买过东西后忘记付钱这种记忆错误可能常常是非常顽固的,正如我从我自己的经验中所知道的那样。在并非为了生活的利益而是出于其他不同的目的——事实上主要是娱乐——而进行自由的游戏活动时,如玩扑克牌,一些颇受人敬重的人往往表现出记忆上的失误,而他们本人并没有意识到为什么会这样,他们会发现自己表现出明显的欺骗或投机。这些游戏活动在心理上的新鲜性质,其原因部分地归因于这种自由性。但我们也必须承认这种说法的真实性:在游戏中,我们可以逐渐了解一个人的品格——就是说,如果我们想到的不是他的外显品格的话。(在1924年之前的所有版本中,最后这句话是这样写的:"如果我们想要补充一句:他那被压抑的品格。")——如果一个服务员在算账的时候仍然犯非意向性的错误,我们显然可以对此进行同样的解释。——在商业圈子里面,拖延付款的时间是屡见不鲜的,即使这样的拖延对他们而言并没有什么收益,这样的行为只能通过心理的方式得到完满的解释,即这是对付款的一种相反意志的表露。——[下面这个句子是1912年增补的:]布里尔(Brill,1912)用警句式的简洁对此做了这样的表述:"与存有支票的信件相比,我们更易于错放存有账单的信件。"——女人在向医生付款时更多地表现出不快,这当然也与她们最私密的冲动有关,这些冲动还远未得到过解释。女性患者经常忘记带钱包,因此在咨询的时候不能及时付钱;甚至在回家后仍将付费之事忘记得一干二净,而且以此来安排事情,就会使人认为这件事没有什么——因为她们 beux yeux(很漂亮)。可以说,见到她们的美貌就等于她们已经付费了。

向的案例中,我们可以辨认出第二种遗忘的机制:在另一个主体和该意向的内容之间已经形成某种外部联系之后,某一相反的意志从另一个主题被迁移到这个意向中。这里有一个例子。我十分珍视高质量的吸墨纸(Löschpapier),有一天,我决定当天下午在到市中心散步时买一些新进的纸。① 但是,我连续 4 天都将这件事忘在脑后,直到我问自己这种疏漏的原因。当我回忆起以下情形之后,其原因也就容易发现了,尽管在正常情况下我将这个词写成"Löschpapier",但我在说话时则将之说成"Fliesspapier"(吸墨纸的另一种叫法)。弗利斯(Fliess)是在柏林的一个朋友的名字,②这些天他使我出现了一些着急和焦虑的想法。我无法摆脱这种想法,但防御倾向(参见上文,英文版第 147 页)则借助于言语的相似性,通过把它自己转移到无关紧要的意向之中而表现出来,考虑到这种意向无关紧要,因而不会遇到抵抗。

在下面的这个拖延的例子中,直接的相反意志和比较遥远的动机都有很明显的表现。我写过一本《论梦》的小册子(1901a),总结了我的《梦的解析》(1900a)中的主题,这属于 *Grenzfragen des Nerven und Seelunlebens*(《神经和心理生活的边缘问题》)系列丛书的一部分。威斯巴登的伯格曼(出版商)将书的清样寄给了我,并让我尽快将校对好的清样寄过去,因为要赶在圣诞节前将本书出版发行。当天晚上我就校对好了清样,将它放在了我的书桌上,以便第二天早上我随身带走。第二天早上,我将这件事忘掉了,直到下午在我看到桌子上的包装纸时才想起来。但是,那天下午、晚上,甚至第二天的上午,我仍然将寄这个清样的事忘得干干净净,直到第二天下午,我才强迫自己将

---

① 参见英文版,第 137 页脚注 2。
② 只有在 1901 和 1904 年的版本上才写着:"我在柏林的朋友。"

这个清样放到信箱,我当时一直不明白我的这种拖延的原因。很明显,我并不想将这个清样寄出,但我不知道为什么。但是,在同样是散步的过程中,我给我的维也纳的出版商——这个出版商出版了我的《梦的解析》一书——打了一个电话。[①] 我订购了一些东西,然后说,仿佛受某种突然的想法驱使:"我猜想你已经知道我又写了一本关于梦的书,对吗?"——"哦,你的意思不会是这个吧!"他说。我回答说:"你不要大惊小怪的,只不过是属于劳温费尔德—库莱拉(Löwenfeld Kurella)系列丛书中的一本小册子。"但他仍对此感到不满;他担心这个小册子的出版会影响《梦的解析》一书的发行。我不同意他的这个看法,并且最后问道:"如果我将这件事提前告诉你,你会拒绝这本书的出版吗?"——"不会,我当然不会。"就个人而言,我相信我的所作所为都在我的权力范围之内,没有做什么与共同利益相反的事情;但是,似乎可以确定,这个出版商表达的对此事的担忧是我拖延寄回清样的动机。这种担忧可以追溯到前不久发生过的类似情况,我在不得已的情况下,将我在另一个公司出版的关于婴儿麻痹的著作中的几页内容原封不动地搬到我在诺特纳格尔(Noth-nagel)的 *Handbuch*(《手册》)[②]上关于同一个主题的专论中,那个出版商提出由此而导致发行出现困难。但在这种情况下,这中谴责也并非合理;这一次,我也很坦诚地将我的意向告诉了我的第一个出版商(也即出版我的《梦的解析》的那个出版商)。如果沿着这个记忆的线索继续往前追溯,就会明白还有一件更早

---

① 弗朗茨·杜提科出版公司(Franz Deuticke)。

② 由维也纳的许尔德(Hölder)出版(弗洛伊德,1897a)。他写过关于这个主题的基本早期论著,其中最重要的一本(1893b,在以后的著作中多次引用)是由杜提科出版的。

的事情,在我翻译一本法语书时,我实际上确实侵犯了适用于出版的财产权。未征得原作者同意,我就在译文中加上了一些注释,几年后,我有理由猜疑,这个作者肯定会对我的武断行为很不高兴。①

有一句格言揭示了意向的遗忘并非偶然这个常识:"如果一个人忘掉一次,那么,他会忘掉多次。"

确实,②我们不可避免地会产生这样的印象:我们所说的关于遗忘和失误行为的所有这一切是众所周知和不言而喻的。非常令人吃惊的是,却有必要把那些人们如此熟知的东西呈现到意识之中。我经常听到人们说:"别让我去做这件事,我肯定会忘记的!"如果这个预言随后得以实现,那么人们肯定一点也不会感到有什么神秘的东西。一个以这种方式说话的人实际上已经产生了不去履行诺言的意向,而他自己只是不想承认而已。

另外,通过所谓的"虚假意向的形成",我们对意向的遗忘会有进一步的了解。我曾承诺一个年轻的作者,我要为其短篇著作写一个书评;但出于内在的抵抗,对此我是知道的,我一再地将这件事情拖延下去,直到有一天屈服于他的一再要求,答应同一天晚上将它写出来。我实际上当时是很严肃地想做这件事的,但是,我又将这件事给忘了,因为这天晚上我不得不准备一个不能拖延的专家报告。此后使我发现,我的意向是虚假的,因此,我放弃了与我的抵抗的斗争,拒绝了这个作者的要求。

---

① 这和弗洛伊德翻译的沙可(Charcot)的演讲中的一卷有关(弗洛伊德,1892—1893a),他给这本书增补了大量的注释。

② 这个自然段是1910你增补的,而最后一个自然段是1907年增补的。

八、闪失行为[①]

我将从我已经提到的(英文版第 53 页)[②]梅林格尔和迈耶尔的著作(1895,第 98 页)中引用另一段话:

"口误并非没有与其相类似的失误行为。他们与经常发生其他人类行为中的失误相对应,对此人们用有点愚蠢的'疏忽'(oversights)这个名称来称谓它。"

因此,在健康人日常生活中出现的微小的功能紊乱背后,必然有特定的感觉和目的,我绝不是第一个作出这种推测的人。[③]

如果讲话时的失误——这明显是一种运动功能——可以用这样的方式去解释,这种失误就是把同样的期待扩展到我们其他动作中的错误而迈出的一小步。我已经形成了两类这样的案例。我用"闪失行为"(bungled action)(德语:Vergreifen)这个术

---

① 除了另外提到的地方之外,这一章的早期部分(直到英文版第 168 页)都可以追溯到 1901 年。

② 在 1910 年之前的版本中,这本著作被描述为"很有价值的"(Meritorious)。

③ 这是 1910 年增补的注释:后来梅林格尔(1908)在第二次出版时向我表示说,当我用任何这种理解来信任那位作者时,我对他所做的究竟有多么的不公正。

语来描述以下所有案例：在这些案例中，出现某种错误结果——也就是，偏离了原先的意图——似乎是基本的因素。在另一类案例中则是指那些整体上似乎不太合适的行为，我称之为"症状和偶发行为"（symptomatic and chance actions）（德语：Symptom und Zufallshandlungen）。但是，在它们之间又不可能划出明确的界限，我们确实被迫得出结论认为，在这项研究中做出的所有的划分除了是一种描述之外，并没有多大的意义，而且这些划分与这个现象领域中的内部统一性相悖。

如果我们仅仅将这些"闪失行为"划分在"共济失调"或者尤其是在"大脑皮层共济失调"这个标题之下，那么这种心理学的理解显然是没有什么帮助的。我们还是把一些个别的例子追溯到其背后独特的决定因素。出于这样的目的，我将再次利用自我观察的方式，尽管在我的例子中这些情况并不常见。

（一）与现在相比，早些年，我比现在更经常地到家里去探望患者；在很多情况下，当我来到这些患者的门前时，我没有敲门或按门铃，而是从口袋里拿出钥匙，只是在有些茫然的状态下又将它放了回去。当我对这位患者做了分析（这件事就发生在他家里）后，我被迫认为，这种失误行为——取出我的钥匙而不是去按门铃——实质上是向我在这里做错了事的这家人表示敬重。就相当于自己有这样的想法："在这里我感觉像在自己的家似的"，因为只有在我很喜欢这个患者的地方才会发生这样的事情。（当然，在自己的家门前是用不着按门铃的）。

因此，这种失误行为是人们的某种想法的象征性表达，因为这种想法毕竟不是人们想要严肃和有意识地接受的；因为一个神经学方面的专家实际上完全可以认识到，患者很客气地对待他，是因为患者期望通过他的治疗而使其疾病好转；相反，患者感到了你对他的热情和兴趣,这在心理上对治疗是有很大帮助的。

其他人在这些方面也做过很多自我观察,[①]结果发现,这种以显然不正确的方式拿钥匙的行为当然并非我本人所独有。

梅德尔(Maeder,1906)描述的经历几乎是对我的经历的复述:"每个人都有在到了一个特别要好的朋友的家门口时错误地取出自己的那串钥匙的经历,可以说,在他用钥匙开门的行动中,就像在自己家里用钥匙开门一样。这会引起延误,因为他不得不很久以后才想起要按响门铃,但这是一种信号,表示他觉得——或者愿意这样觉得——自己是和朋友在家里。"[②]

琼斯(1911b,第509页):"钥匙的使用是出现这种失误的丰硕资源,我可以举两个这方面的例子。当我正在家里全神贯注的工作时,如果我受到干扰而不得不到医院处理一些日常事务,我就很容易发现,我试图用家里写字台的钥匙开医院实验室的门,尽管这两把钥匙的差别很大。这种失误无意识地表明:此刻我宁愿呆在家里。"

"几年前,我在一个机构从事从属地位的工作,这个单位的大门经常是锁着的,这样要进去就必须按门铃。有几次我发现自己非常认真地想要用家里的钥匙去开这个大门。当时,单位仅为几个职位较高的人分配有这个大门的钥匙,我想成为其中的一员,以避免不得不在门前等待的麻烦。因此,我的这个失误也表明了我想要获得类似地位欲望,以及希望在这里就像在自己的家里一样。"

---

① 这个自然段和以下四个自然段都是1912年增补的。

② 英文版原文的这段话是用法语撰写的,脚注中使用的是英文。在此直接将脚注中的英文译成中文并放在正文中——中文译者注。

汉斯·萨克斯医生报告了一件类似的经历："我身上总是带有两把钥匙，一把是我办公室的，一把是我家里的。这两把钥匙是很不容易搞混的，因为办公室的钥匙至少比家里的钥匙大 3 倍。而且，我通常将办公室的钥匙装在裤子的口袋里，而将家里的钥匙放在上衣的口袋里。但是，我经常发现，在我站在门前时才注意到将钥匙拿错了。我决定做一个统计实验。既然我每天站在这两个门口时的情绪状态或多或少是相同的，把这两把钥匙相互混淆也一定表明有某种规律性的倾向，如果确实如此，那就一定有某种心理上的决定因素。但是，我对以后例子的观察表明，我相当有规律地拿出家里的钥匙去开办公室的门，而相反的失误只发生过一次。我很疲倦地回到家，自己知道有个客人在家里等着自己。当我到了门前时，却尝试用办公室的钥匙去开家里的门——当然，这个钥匙太大了。"

（二）我曾经在一个房子里住了 6 年，每天都要进去两次，我已习惯于站在二楼的一个门外等候开门。① 在这段为期很长的时间内，在我身上发生过两次闪失，而且这两次的时间间隔很短，在我回家的时候上到了三楼——我"爬得太高了"。② 第一次是我回家的时候正沉醉于我的一个白日梦抱负，在这个白日梦里，我正"爬得越来越高"。这一次，当我的脚步迈上三楼的第一个台阶时，我甚至连二楼的开门声都没有听见。在第二种情况下，我再次走得太远了，这时我正在冥思苦想一个问题；当我意识到自己的失误后，企图抓住把我吸引住的那个幻想。我发现

---

① 参见下文，英文版第 177 页。

② 德语是"versteigen"这个词和"verlesen"、"verschreiben"等相类似，意思是"爬错了"；但其正常的意思是"爬得太高了"，或者形象地比喻为，"使自己过度雄心勃勃而失败"。

我被对我的作品的一个(幻想的)批评激怒了,有人批评我的作品总是"离题太远"。现在我已经用那种不太尊重的表达方式"爬得太远"来取代了。

(三)一个反射锤和音叉并排放在我的写字台上多年了。一天,为了去赶一趟专门去郊区的火车,我在咨询结束后便匆忙离开;在明亮的日光灯下,我将音叉装进了上衣的口袋里,而没有放反射锤。由于感到自己的口袋很重,我才注意到了这个失误。任何一个人如果没有思考这些细小行为的习惯,无疑会将这个失误解释为当时的忙乱并以此为借口。但是,我却宁愿这样问自己,为什么我实际上拿的是音叉而不是反射锤呢?我的匆忙也同样可以成为我拿正确东西的动机,而不至于以后还要浪费时间去更正失误。

"谁是最后使用音叉的人呢?"当时,这个问题突然闯入我的脑海。这是一个低能的(imbecile)孩子,几天前我曾用音叉去测试他对感觉印象的注意;但他被这个音叉强烈地吸引了,我大费周折才将音叉从他手里要了回来。那么这是否有可能意味着我是低能的呢?显然是这样的,因为我首先由"锤子"(hammer)联想到了"Chamer"(希伯来文,意思是蠢驴)。

但是,为什么会出现这种侮辱性的语言呢?在这一点上,我们必须对这种情况做一下分析。我要匆忙地到西部铁路沿线的一个地方去进行一次咨询,看望一个患者。根据寄给我的病历,他几个月前从阳台上摔了下来,以后便不能走路了。这个通知我的医生写信告诉我,他尚无法确定这个患者患的是脊髓损伤还是创伤性神经症——即癔症。这正是现在要我确定的事情。因此忠告我对做出差异性诊断这个微妙的任务要格外小心谨慎。因为我的同事都认为我做出的癔病诊断太轻率了,这有可能导致更严重的问题。但这也不至于使我使用这种侮辱性的语言。那究竟为什么呢？现在我想到了这个小火车站，几年前我就是在同一个地方见到过一个年轻人，他就是在经历了一次情绪折磨后不能走路的。当时我诊断为癔病，并对这个患者进行了心理治疗。但此后的结果是，尽管我的这个诊断并非不正确，确实如此，但也并非正确。患者的全部症状都是癔症的症状，这些症状在治疗过程中都消失了。但是在这些症状背后的一个残留的症状现在可以看到了，但却没有接受过我的治疗；这个残留的症状只能被解释为多发性硬化(multiple sclerosis)。在我之后看过这位病人的人很容易看到这种器质性的影响。我不可能做过任何其他的行为，或者形成某种不同的诊断，但我给人留下的印象是，我似乎出现了严重的失误；我曾许诺这个患者我会将他治好，但这个许诺当然没有兑现。

我错拿了音叉而非反射锤这个失误，如果转化为文字的话，就是这样的："你这个白痴！你这个蠢驴！这一次你可要冷静些，你可不要再次将患有不治之症的患者诊断为癔症，就像几年前你在同一地方对一个可怜的人所做的诊断那样。"幸亏做了这个小小的分析，要不是幸运地因为我的情绪，同一个人，即患有严重的痉挛性麻痹的人，就会在几天前我咨询期间来访问我了，而且是在对这个低能孩子治疗后的第二天。

这次的观察发现，在这次闪失行为中，我听到了自己的自责声，闪失行为是表现自责的一种很恰当的方式：现在的错误想要再现的就是以前犯过的错误。

(四)当然，闪失行为还有许多其他模糊的目的。这是第一个例子。我很少打碎东西。我的动作并不特别灵便，但由于我的神经－肌肉组织的解剖结构还比较完整，我显然不会无缘无故地做出这类笨拙的行为,并造成难堪的结局。因此,我回忆不起我曾在我这个房间里打碎过什么东西。我的书房空间狭小,经常迫使我以最不舒适的姿势搬动那些古代陶器和异石(对此我有一些小的收藏),看到过的人都表现出这样的焦虑:我可能会撞着这些东西并将其打碎。但这种事情从未发生过。那么,为什么有一次①我却失手将我的一个普通的大理石墨水瓶盖子碰到地上摔碎了呢?

我的墨水瓶架是由一块平的温特斯大理石做成的,瓶架向下凹出一个槽,玻璃做成的墨水瓶正好放在里面;墨水瓶的上面有一个用同一块石头做成的球形盖子。在这个瓶架后面,围了一圈铜雕和陶塑。我坐在桌子旁要写东西,这时拿笔的手以某种显然笨拙的方式向前移动了一下,将这个当时放在书桌上的瓶盖撞到地上打碎了。

找到解释并不太困难。几小时前,我的妹妹到我的房子里看了一些新的收藏。她非常喜欢这些东西,然后说道:"你的这个写字桌现在看上去真是太有吸引力了;只是这个瓶架不太匹配。你一定要有一个更漂亮的才行。"我和妹妹一起出去,几个小时后才回来。当我回来后,也带回了对这个可憎的墨水架的责难。或许我可以从我妹妹的话里得出这样的结论:在下一个节日里,她要将一个更漂亮的墨水架作为礼物送给我,我打碎这个使人讨厌的旧的墨水架的目的,是否是要她实现她曾暗示过的这个意图呢? 如果是这样的话,我往前挥动手的动作只是明显笨拙的行为;但实际上这是一种很巧妙的、有很好的指导的失误;而且这个失误是很容易被理解的,因为你并没有打烂周围其

────────────

① 只有在 1901 和 1904 年才写着:"最近"。

他的贵重的东西。

事实上,我认为,我们必须接受对这一系列表面看来是笨拙的偶然行为所做的判断。表面看来,人们做出的行为确实很粗鲁,动作的范围也很大,就像痉挛性麻痹症那样的不规则动作,但这些动作却证明它们是受某种意向控制的,而且肯定要达到其目的,而通常我们有意识的自主运动对这些动作是不相信的。再者,这些动作有两个特点——它们的粗暴和无过失的目的——与癔病神经症的动作表现是一致的,也部分地与梦游症(somnambulism)①的动作表现一致。这个事实表明,在这些情况下以及在所考虑的这些动作中,神经过程也表现出同样未知的改变。

另一个自我观察②是由露·安德烈亚斯-莎乐美夫人(Lou Andreas-Salomé)报告的,这个例子可以提供某种有说服力的证据表明,在这种"笨拙"的行为中,顽固的坚持是怎样以某种远非笨拙的方式而服务于那些隐秘目的的:

"有一段时期牛奶吃紧且价格昂贵,但就在这时我却发现在煮奶的时候我一再地将奶溢出,这使我感到非常吃惊和烦恼。我力图改善这一行为,但收效甚微,尽管我无法证明我在其他情况下没有这种心不在焉或注意力涣散的表现。在我那可爱的白色小猎犬(和其他许多人一样,为它取名叫'Druzhok'——俄语是'朋友')死后,我应该更有理由这样做。但是——哎呀,真想不到! ——在小狗死后我却从未煮沸过一滴奶。我对此的第一

———————————

① 弗洛伊德在本书末尾又回到了"梦游症确定"这个观念,下文英文版,第250页。在以后的版本中,这个观念在他引用的两个例子中重新出现过,上文英文版,第140页和142页。

② 这个例子是1919年增补的。

个联想是:'那很幸运,因为那些溢出到灶台上或地板上的牛奶可是一点用处也没有的啊!'同时,我眼前出现了我的'朋友',它眼巴巴地看着我做饭,它的头倾向另一侧一点,尾巴在期望地摇摆着,很有信心地等待着这个壮观的失误的发生。现在,一切都清楚了,而且我也认识到,我比我自己意识到的更喜欢它。"

最近几年,[①]我一直在收集这些观察到的现象,我出现了较多的打碎或打破贵重物品的经历,但是,对这些情况的研究使我相信,这些现象并非偶然或者我没有意向的笨拙所致。例如,一天早上,当我穿着睡衣,脚上穿着拖鞋走过一个房间的时候,我屈服于一个突发的冲动,将一只拖鞋甩到了墙上,结果使挂在墙上的漂亮的维纳斯大理石像从其支架上掉落下来。在它摔成碎片后,我相当无动于衷地引用了布奇(Busch)的这两行诗:

"Ach! Die Venus ist perdü——

Klickeradoms! ——von Medici!"[②]

我的这一粗暴行为,以及对这个损坏的平静的接受,可以根据当时的情境进行解释。我的一个家人患有重病,[③]我已经隐秘地对她的康复失去了信心。那天上午,我听说她的病情有明显好转,而且我知道我对自己说过:"她好歹活了过来。"因此,我的这种破坏性愤怒的攻击行为表达出我对命运的感激之情,而且允许我表现出某种"牺牲行为"(sacrificial act)——好像我做过这样的许诺:如果她能够康复,我一定要牺牲某件东西作为酬谢! 选择麦第斯的维纳斯作为祭祀品显然正是对康复表示感激

---

① 这个自然段和后面的四个自然段都是 1907 年增补的。

② "啊! 维纳斯! 她已离去! 克里克拉多姆斯! 麦第斯的克里克拉多姆斯!"引自 Wilhelm Busch 的《虔诚的海伦》(*Die fromme Helene*),第八章。

③ 这指的是弗洛伊德的大女儿在 1905 年的疾病。(琼斯,1957 年,第 409 页。)也请参见下文英文版,第 180 页。

的敬意行为；但即便是现在，我是怎样如此迅速地做出决定，目标又是那样的准确；同时，又避免了附近其他东西的损伤，这对我来说仍然百思不得其解。

关于打碎东西，我还有一例。有一次，我在使用墨水瓶的时候，这个瓶子却掉在地上打碎了，同样也有某种牺牲的意义；但是，在这种情况下，它采取的形式是作为一种安慰性牺牲品，以避免厄运的产生。我曾经认为指责一个忠实的好朋友是合适的，我依据的不过就是我对从其无意识中表现出来的一些迹象进行的解释。这却把他激怒了，他写信给我说，不要用精神分析的方式对待我的朋友。我不得不承认，他是对的，并给他写了一封回信去安慰他。在我写信的时候，我的这个最近的收藏品就放在我的前面，这是一个玻璃制作的漂亮的埃及雕塑，结果我以上述方式把它打碎了，之后，我马上认识到，我做出这个闪失行为的目的是为了避免更大的损失。幸运的是还能够将这两部分黏结起来——即友谊和这个雕塑——这样一来，损坏就不太容易被人注意到。

第三次打碎东西与一些不太严重的事情有关；它只不过是一种伪装的"依法处决"（execution）——借用维奇尔（Vischer）在小说 *Auch Einer* 中的表达方式①——对待我不再喜欢的物品的方式。有一段时间，我习惯于带着一个有银手柄的拐杖。有一次，这层很薄的金属坏掉了，尽管不是我的过失，而且损坏得很严重。当把这个拐杖修好送回来后不久，我就用它做自己的腿

---

① 西奥多·维奇尔（Theodor Vischer，1807—1887），是这部小说（1878 年）的作者，美学教授，他在弗洛伊德《诙谐及其与无意识的关系》（1950c）一书中经常被引用。这个小说，以及他的另一本小说都在《论心理治疗》（1905a）中被再次提到，《弗洛伊德全集标准版》，第 7 卷，第 259 页和第 267 页。也请参见上文，英文版第 140 页脚注 1。

很顽皮地去追我的一个孩子——结果当然是又折断了,这样我不得不将它放弃。

在所有这些情况下接受这一破坏性结果的平静心态,无疑都可以作为一个证据,在这些特殊行为表现背后有某种无潜意识的目的。

在对甚至像打碎东西这样细小的失误行为发生的原因进行的调查中,[①]人们很容易发现,除了与一个人当时的环境有关系外,这一行为还与其以前经历有关系。以下杰克尔斯(Jekels,1913)的分析可作为一例:

"一个医生有一个陶瓷花瓶,虽然它并不值什么钱,但却非常漂亮。这是过去的一个女患者(已结婚)送给他的很多礼物中的一个——包括一些贵重的物品。当在她身上表现出一种明显的精神病时,他将她送的所有的礼物都归还给了她的亲戚——除了这个远非昂贵的花瓶之外,他舍不得送给他人,而表面看来是因为这件礼物是如此的漂亮。但是,对这个花瓶的占有使一个像他这样谨慎的人产生了强烈的内心冲突。他自己也完全认识到他的这一行为是不适宜的,只是设法通过安慰自己说这个花瓶实际上一点也不贵重,而且很难携带等等,以此来克服良心的指责。——几个月以后,当需要请一位律师宣布和说明这个患者在治疗中拖欠的费用(对这些欠款还有争论)时,这种自责行为再一次表现出来;万一这个患者的亲戚知道他的这种所谓的占有这些东西,而且通过法律程序指控自己,他为此曾一度感到非常焦虑。有一段时间,这第一章因素(他的自我谴责)是如此强烈,以致他实际上都想放弃这个患者的比这个花瓶的价值

---

① 这个自然段和此后的那个例子都是 1917 年增补的。

多 100 倍的欠款——可以把它作为一种补偿，以使他对这个东西的占有合理化。然而，他立刻就放弃了这种想法，并认为这很荒唐而弃置一旁。"

"当他还处在这种心境中的时候，他碰巧要给这个花瓶换水；尽管他很少打破东西，而且他对自己的身体活动有很好的控制，但他仍然做了一个超乎寻常的'笨拙'动作——而且这个动作与他要完成的活动没有任何身体上的联系——这个动作把花瓶从桌子上撞下来，这样它被摔成了四分五裂的几大块。此外，这事发生在前一天晚上他刚做出决定之后，当然，做这个决定并非没有迟疑，打算把这个花瓶装满花，放到餐厅客人的面前。就在这个花瓶被打碎之前，他想到了这件事，而且，他很焦虑地注意到，这个花瓶本不在卧室，是他从其他地方拿进来的。在他第一次出现惊愕之后，他捡起了这些碎片并把它们拼合在一起，心想或许还有可能近乎完美地把它修复；但不幸的是，几个大的碎片又从自己的手里滑落；又摔得粉碎。这样，修复这个花瓶的希望也就灰飞烟灭了。"

"毫无疑问，这个失误行为现在的目的是，通过消除他私自占有的东西，来帮助这个医生的法庭辩论，从而在一定程度上使他避开了私自占有他人东西之嫌。"

"但是，除了这个直接的决定因素之外，每一个精神分析学者都会发现，在这种失误行为中还有更深刻、更重要象征意义的决定因素；因为花瓶很明显是女人的象征。"

"这个小故事的主人已经失去了他那年轻、漂亮、自己又疯狂地爱着的妻子，他患上了某种神经症，其主要症状是抱怨自己的命不好（'他已经打破了一个可爱的花瓶'）。而且，他和女人不再有什么联系，对婚姻以及保持恋爱关系也不再有兴趣，在他的无意识中,他认为这样做是对他死去的妻子的不忠。在他的意识中,还理性地存在着这样的想法,是他给女人带来了不幸,一个女人可能会因为他而害了自己,等等(因此,他当然就不愿意长久地将这个花瓶保持下去)。"

"根据其力比多(libido)能量的观点,他产生这种行为也不足为奇,出现在他身上的最恰当的联系就是和已婚女人的联系(这样,他就可以留下别人的花瓶)。"

"这种象征作用可以得到一下两个因素的巧妙证实。由于他患有这种神经症,所以接受了精神分析治疗。在面询(session)过程中,他对打碎这个'陶瓷'花瓶做了说明,但过了很长时间以后才再次讲述了与女人的关系。他认为自己毫无理由地很难兴奋起来;因为,例如,他要求女人要有'超自然的美'。这当然非常清楚地表明,他仍然很依恋他的(死去的,即超自然的)妻子,而且不想与这种'世俗的美'发生任何联系;因此,就打破了这个陶瓷的(世俗的)花瓶。"

"而且,在这个移情过程中,他产生了和他的内科医生的女儿结婚的幻想,就在此时他给这个内科医生送了一个花瓶作为礼物,仿佛要留下这种暗示,要归还这个他想要占有的礼物。"

"这种失误行为的象征意义很有可能还有很多不同的表现——例如,他不想让这个花瓶装满东西,等等。然而,使我感到惊奇和更为有趣的是这种考虑,出现了几种动机,至少有两种(它们很可能分别在前意识和无意识中发挥作用)反映在这两次失误行为中——他把花瓶撞倒在地,然后又将它从其手中滑落。"①

---

① 参见英文版第 105 页(b)。

（五）①失手掉落、撞倒、打碎东西等行为，似乎经常用来表达一些无意识的思想序列，正如精神分析有时会证明的，但是，可能更经常地是从与它们有普遍联系的迷信或滑稽的解释中猜测出来的。与此有关的一些解释，把盐洒出来，碰倒酒杯，一把刀掉落下去，刀尖插在地上等，都是大家很熟悉的。我将在后面（英文版第254页及以下）讨论这个问题：这些迷信解释对这个问题有什么需要严肃看待的要求。在这里我只需要说明，个体的笨拙行为并非总是具有同样的意义，而是根据不同的情况，作为一种方法来服务于非此即彼的目的。

最近一段时间内，我们房间里相当数量的杯子和陶瓷制品经常被打破；其中，有一些是我打破的。但是，可以很容易地将其解释为小型的心理流行病，这几天正是我的大女儿举行婚礼前的几天。在这个庆典时期，人们习惯的做法是故意打破一些器皿，与此同时说一些吉利的话以祝福他们。这个习俗可能具有祭祀的意义，而且可能还有另一种象征的意义。

当仆人把易碎的东西掉在地上摔碎了的时候，我们首先想到的肯定不是心理学意义上的解释，但是，在这里发挥其作用的还有一些模糊的动机，这也并非没有可能。对于那些没有受过什么教育的人而言，没有什么东西比艺术欣赏和艺术作品更使他们感到陌生的了。我们的佣人往往对这些艺术表现有一种无声的敌意，尤其是当这些艺术品（这些艺术品的价值他们无法理解）与他们的有关时。另一方面，受过同样的教育或处在同一教育层次的人们，他们一旦使自己与其领导者相认同，并且认为自己是其中一员时，他们在科研机构搬动易碎物品时就会经常表

---

① 这一节的第一和第三自然段可追溯到1901年；第二自然段是1910年增补的。

现出很高的熟练性和可靠性。

在这里我插入[①]一个年轻技师的一段话,这段话可以使我们适度地洞察到,在材料损坏的情况下的心理机制:

"前不久,我和我的一些同学在一个技术学院的实验室工作,完成一系列有关弹性的复杂实验,我们虽然是自愿地承担这项工作,但占用的时间却比我们预想到的要多。有一天,我和我的一个朋友 F 一起回到了实验室,他说,在那个特殊的日子里让他把这么多的时间浪费掉是多么使人烦恼,因为,在家里还有那么多的事情等着他去做。我对此表示赞同并且半开玩笑地做了补充,提到了上一周的事故:'我真希望这台机器再出现毛病,这样我们可以停止工作,早一点回家。'在安排工作的时候,让 F 控制压力阀,也就是说,他要小心地打开这个阀门,让液体在压力下缓慢地从蓄水池里流进水压辊筒里。那个管理实验的人就站在压力表的旁边,当压力达到正确要求时,他大声地喊'停!'。听到这个号令后,F 却用尽全力将这个压力阀——向左推!(所有的阀门都毫无例外地通过向右推来关闭的。)这样水压筒里的压力剧增,其压力超出了设计要求,因此,其中的一个立刻就裂开了——这个事故虽然对机器并没有什么大的损害,但足以迫使我们推延今天的工作,因此就让我们回家了。顺便说一句,在此后有段时间我向 F 顺便提到这个事故时,我的朋友 F 却对我说的话毫无记忆,而我却能够很清楚地回忆出来。"

同样[②],我们不需要把跌倒、绊倒和滑倒总是解释为纯粹偶然的动作失调。语言与这些表达方式有联系,这种双重含义足

---

① 弗洛伊德后来在《精神分析引论》(2016－2017)的第四讲中引用过的这个例子,是 1912 年增补的。

② 这个自然段可追溯至 1901 年。

以表明其中包含着那种幻想,这些幻想又可以通过使身体失去平衡的方式表现出来。我还能回忆起在妇女和女孩身上表现出来的轻微的神经疾病,她们的疾病是在摔了一跤后出现的,但当时并没有什么损伤,这些疾病也被认为是创伤性癔症,也往往是由摔跤后的震惊所致。即使在那个时候,我也有一种印象:这些事件之间存在着不同的联系,摔跤已经是神经症的产物,表达了具有某种性内容的同样的无意识幻想,可以认为它们是在症状背后发挥作用的力量。下面的格言:"女孩跌倒,背先落地。"说的岂不就是这个意思吗?

错将一枚金币而不是铜币或小银币给乞丐,我们也可以把这种情况算作是①闪失行为。对这些失误进行解释是很容易的。这是一种祭祀行为,目的是祈求自己有好的命运,并避免灾难和痛苦等。如果一位仁慈的母亲或大婶儿,在外出之前,往往表现出这种不情愿的慷慨,以此表明自己对子女健康的担忧,那么我们可以不会再怀疑这个显然不合意事件的意义。我们的失误行为使我们能够以这种方式实践所有这些虔诚和迷信的习惯做法,由于这些习惯做法与我们的理性相对立,因而必定会对意识产生启示,而理性现在却变得令人怀疑了。

(六)在性行为这个领域②,认为偶然行为确实是存心的更容易使人相信,这两种可能性之间的分界线似乎真的很模糊。几年前,我自己经历的一件事很好地说明,某种明显笨拙的动作是怎样很巧妙地为性目的服务的。在我的一个朋友的家里,我遇到了一个年轻的姑娘,她也是这个朋友的客人,她唤起了我以为我早已消逝了的某种快感。其结果我变得很兴奋,很健谈,很彬

---

① 这是 1907 年增补的。
② 这个自然段和以下的自然段可追溯至 1901 年。

彬有礼。当时我也尽力想要发现我的这个状态出现的原因；一年以前，这个姑娘并没有给我留下什么印象。当这个姑娘的叔叔——一个非常年长的绅士——进了这个房间以后，我们俩都跑过去给他拿放在角落的椅子。她比我要敏捷，而且我认为她距这个椅子更近一些；所以她首先拿到了椅子，将椅子放在她的前面，她对着椅子的背，并用双手抓住椅子的两侧。由于我到得较晚，但仍然保持着拿椅子的意图，我突然发现我自己就站在她的背后，我的双臂在后面还绕着她；而且我的手还曾一度环抱在她的腰前。自然，我很快地使自己摆脱了这一状态。也没有人注意到我是多么巧妙地利用了这个笨拙的动作。

有时候我也会告诉我自己，当在街道上躲避迎面而来的人时，在几秒钟的时间内①一个人先偏向一侧，然后偏向另一侧，但总是和另一个人一起偏向同一侧，直到最后，其中的一个人停下来和他（或她）面对面地站着，这是个令人恼怒而又笨拙的过程。——我不得不告诉自己，这种"挡别人道"的行为也是早期某种不适当和挑衅行为的重演，而且在这种笨拙行为面具的背后，是要追求性的目的。我从对神经症患者的精神分析中获悉，被描述为年轻人和孩子的所谓的真（naïveté）通常也只是这样一种面具而已，用这种面具，人们在说一些不恰当的话或做一些不恰当的事时，自己就不会感到尴尬。

威廉·斯特克尔（Wilhelm Stekel）报告过一个非常类似的自我观察。②"我进入一家人房间，向女主人伸出了右手。奇怪的是，我企图去解开将宽松的睡衣系在一起的弓形结。我并没有意识到这个带有侮辱性的企图；然而，我却以魔术师般的灵巧

---

① 只是在 1901 年的版本中："在半分钟的时间内"。
② 这是 1907 年增补的。

完成了这个闪失动作。"

我已经[①]能够一再地(参见英文版第 96 页和第 123 页)提供证据证明,那些有创造性的作家认为,失误行为的背后有某种意义和动机,正如我在这里所论证的那样。因此,当我们从一个新的例子·中看到一个作家在他的作品里插入了一个有意义是闪失动作,并以此来预示以后将要发生的事件时,我们就不会感到奇怪。

下面是特奥尔多·冯塔纳(Theodor Fontane)的小说《淫妇》(*L'Adultera*,1882)中的一段:"……梅拉尼跳起来,将一个大球抛给她的丈夫仿佛是要表示问候,但她并没有将球扔准,球偏向了一边,被鲁苯接住了。"当他们从导致这段小插曲的外出郊游回来之后,梅拉尼和鲁苯之间的谈话揭示出了他们之间暧昧感情的最初迹象。最后,这种感情的花蕾爆发成为激情,梅拉尼最终离开了她的丈夫而完全投身于她所爱的人的怀抱(由 H.萨克斯提供)。

(七)[②]一般而言,正常人的失误行为所带来的后果并没有多大伤害性。正是由于这个原因,一些能够引起严重后果的重大失误——例如,医生或化学家所犯的错误——是否也可以在这里进行探讨,这也是一个使人感兴趣的问题。(也请参见上文,英文版第 122—125 页)

因为我发现自己很少从事医学治疗,我只能从我个人的经历中报告一个医疗方面的闪失行为。有一位年纪很大的女士,

[①] 这个自然段和其后那个自然段都是 1917 年增补的。
[②] 这一节中的前四个自然段可以追溯到 1901 年。

曾有几年,我一天要去看她两次。① 在早上的探访中,我的医疗服务仅限于两种活动:一是给她的眼里滴几滴眼睛清洗液,二是给她注射一针吗啡。我通常总是准备两个小瓶子:一个是蓝色的,装洗眼剂;一个是白色的,装吗啡溶液。在从事这两种操作的时候,毫无疑问,我的思绪通常还在忙于思考其他的事情;到现在为止,因如此经常地做这样的动作,这个动作已经非常娴熟和自由了。一天早上,我注意到,这个自动化的活动竟出现了失误。我将清洗液倒进了白色的瓶子里,而非蓝色的瓶子,结果将吗啡错误地当作滴眼液滴到了她的眼睛里。我很害怕,然后,又通过反思而安慰自己说,几滴2%的吗啡溶液不会对她有什么危害,即使溶液进入结膜囊里。这种害怕的情感显然还有另一种原因。

在企图分析这个小失误的时候,我首先想到了这句话,"sich an der Alten vergreifen"。② 这为我找到问题的答案带来了一线光明。当时我还在受一个年轻人前一天晚上做的一个梦的影响,梦的内容涉及他和他的母亲的性交行为。③ 这个奇怪的事实——在伊俄卡斯忒王后这个年龄,这个(伊谛普斯)传奇故事并没有遭到任何反对——在我看来似乎完全适合于得出这样的结论:在恋上自己母亲的时候,一个人决不会关注她现在的情

---

① 这个老妇人在英文版第164页、第256页都提到过,她也在《梦的解析》(1900a)一书中出现过,《弗洛伊德全集标准版》,第4卷,第118页。她的死讯是在1901年7月8日写给弗利斯的信中提到的(弗洛伊德,1950a,第145封信)。

② "向老妇人施暴"。"vergreifen"这个德文单词的意思有两个,一个是"捅娄子",另一个是"做出攻击行为"。

③ 我习惯上称之为"伊谛普斯之梦"(Oedipus dreams),因为它包含着理解伊谛普斯国王传奇的关键。在索福克勒斯的剧本里,也涉及这样的梦,这个梦是从伊俄卡斯忒嘴里说出的。参见《梦的解析》(1900a),《弗洛伊德全集标准版》,第4卷,第261—264页。

形,而是关注她从童年就持续下来的青春的记忆意象。当在这两个阶段之间波动的幻想被意识到,而且必然与这两个阶段中的一个有联系时,这种不协调才会出现。我是带着这种想法来探访我的这位患者的,她已年逾九旬,我一定是想要竭力把握住伊谛普斯神话在人类的普遍适用性,因为这个神话与在这些神谕中揭示的命运有关;因为,那时我确实是在向这个"老妇人"施暴或者因疏忽而犯错。这里的闪失动作也没有造成什么伤害;在这两种可能的失误中——用吗啡溶液滴眼睛和用洗眼液注射,迄今我还是选用了比较无害的那一种。这里的问题是,我们是否可以承认,在这些错误中可能有某种无意识的意图呢,其方式与我讨论过的方式一样?

此时我的材料在这里使我陷入了困境,正如我们可以预料的,我不得不求助于猜测和推理。我们都知道,在比较严重的精神神经症案例中有时会发现自残的症状,在这些情况下也不能排除自杀可能是心理冲突的一种结果。现在我已经获悉,而且能够从很多有说服力的例证中证明,[①]那些发生于这些患者身上明显的偶然性伤害事件,实际上都是自残行为的例子。所发生的情况是,人们有一种自我惩罚的冲动,但是这种冲动经常受到监督,而且正常情况下会在自我谴责中表现出来,或者促成人们形成一定的症状,这种自我惩罚的冲动巧妙地利用了机遇所提供的外部环境,或者借助于那种环境,直到最后所期望的伤害效果出现为止。即便是在中等程度伤害的案例中,这种情况的发生也并不少见,它们通过许多独特特征而流露出无意识意图所发挥的作用——例如,在人们认为所谓的事故面前,病人却表现

---

① 在1924年之前的版本中,这句话是这样写的:"而且终将有一天会证明"。

出令人吃惊的镇静。[①]

　　我不准备举很多的例子，[②]我将只对我的医疗经历中的一个例子提供一个详细的报告。一个已婚的年轻女士在一次车祸中摔断了小腿，这样她不得不卧床几个星期；给我留下深刻印象的是，她没有表现出痛苦，对这种不幸表现得异常的平静。这个事故导致了她患上了长期而严重的神经症疾病，这个疾病最后通过精神分析的方式治好了。在对她进行治疗的时候，我了解了有关这次事故的背景材料以及某些前期事件。这个少妇在她的嫉妒心很强的丈夫的陪同下，到她已婚的妹妹的农庄小住，陪伴他们的还有她的很多兄弟姐妹以及他们的丈夫、妻子等。一天晚上，在这个亲密的圈子里，她显露了一下自己的才气，跳了一曲康康舞（can-can——一种不太高尚的法国式大腿舞。——中译者），亲戚们对她的这个精彩的表演拍手称赞，但是她的丈夫却很不满意，后来他对她低声说道："又在做婊子！"这句话伤透了她的心——我们不去考察这句话是否仅仅是因为她跳舞的表现。她度过了一个不眠之夜。第二天早上，她感觉自己应该驾车去放松一下。马是她自己选的，说这两匹马不行，特选了另外两匹马。她的小妹妹想让她的小孩和保姆一同乘车前往，她表示强烈反对。坐在车上走的时候，她显得很不安；她叮嘱车夫小心惊了马。果然，一刻也没有停止的马出现了短暂的问题，她惊恐地从车上跳了下来，结果摔断了腿，而其他呆在车里的人则安然无恙。虽然在了解了这些细节后，我们很难怀疑，这次事故真

---

　　① 在我们目前这种文明状态下，自我伤害——并非将整体的自我毁灭作为其目的——别无选择，只能将自己隐藏在一些偶然性事故的背后，或者通过模仿自然疾病的发作而表现出来。以前自我伤害是一种习惯性的悲伤的表现；在另一些情况下则可能表现为这样的倾向：对这个世界表示虔敬和放弃。

　　② 这个自然段和以下两个自然段都是 1907 年增补的。

的是设计好的,我们也不得不佩服她的这种技能,即为自己的罪疚行为找到一个恰当的惩罚机会的技能。因为,她在以后相当长时间内都无法再跳康康舞了。

至于我自己的自我伤害行为,我所能报告的寥寥无几;但在一些很特别的情况下,我发现我也无法逃脱这种自我伤害。当我的家人对我抱怨说自己咬了舌头,或夹了手指,或者诸如此类的话,他通常无法得到他希望得到的同情;相反,人们会反问:"你怎么会这样的?"当一个年轻的患者在一次治疗过程中表现出要娶我的大女儿的愿望时(当然,并不是认真的),我夹了我的大拇指,当时感觉很疼痛——我知道,当时她由于重病而住在疗养院里。[①]

我的一个儿子,脾气暴躁,生病的时候很难护理。一天,当告诉他今天上午要呆在床上时,他很气愤,威胁说他要自杀——这种方式可能是他从报纸上了解到的。到了晚上,他让我看了他胸部一侧的一个肿块,这是他撞门柄时留下的。对于我嘲讽的提问——他为什么要这么做,其用意何在,这个 11 岁孩子的回答仿佛是他突然之间明白的:"这就是我早上说过的我要自杀的企图。"顺便说一句,我认为,我关于自我伤害的观点并不适合于解释当时我的孩子的情况。

有人相信[②]会出现半存心的自我伤害行为——如果我可以使用某种笨拙的表达方式——那么,这个人也要做好得出这种假设的准备:除了有意识意向的自杀之外,还有半有意图的自我毁灭(带有某种无意识意图的自我毁灭),能够巧妙地利用一些对生命的伤害事件,并且将它伪装成偶然的不幸事件。没有必

---

① 参见英文版第 169 页第三个脚注。
② 这个自然段和以下那个自然段可追溯到 1901 年。

要认为这样的自我毁灭为数很少。因为有自我毁灭倾向的人比已经做出这种行动的人要多得多；自我伤害实际上正是这种本能和仍然阻止它起作用的力量之间的一种妥协，即使在自杀已经成为事实的地方，这种自杀的倾向以前也以较低的强度或者以某种无意识的或者被压抑的倾向的形式存在了很长时间。

即使是持有某种有意识的自杀意图的人，也要选择自杀的时间、方式和机会；而且这种意图与以下论点完全一致：某种无意识的意图要等待某个突如其来的机会，这种机会能够取代因果关系的作用，并且通过利用主体的防御力量，把这种意图从压抑中释放出来。[①] 我在这里提出的这些观点远非无稽之谈。我从很多显然偶然的不幸中了解到（从马背上摔下来，或从车上摔下来），这些事故的详情使以下这种猜疑成为合理的：自杀是由于无意识的默许而表现出来的。例如，一位军官在和他的一些同事军官骑马比赛的时候从马上摔了下来，他的伤很重，几天后便死了。在重新回到意识中来的时候，他的行为表现出某些令人吃惊的方式；他在事故发生前的行为甚至就更为异常。他很爱他的母亲，他的母亲死后，他一直郁郁寡欢，多次在谈到此事时，在其同事军官面前都泣不成声，对他的好朋友多次说过他对生活已经厌倦了。他想要辞职去参加非洲的战争，而他以前对

---

① 总之，这种情况和对女人进行性攻击并无二致，此时一个女人无法通过其全部的肌肉力量来抵制一个男人的攻击，因为她的无意识冲动中的一部分鼓励她迎合这种冲动。众所周知，据说在这样的情况下，女人的力量瘫痪了；我们需要做的就是为这种瘫痪补充理由。作为这个岛上的统治者，山科·潘扎作出的这种巧妙的判断，在一定程度上来说是很聪明的，但从心理学的角度而言却是不合理的（《堂吉诃德》，第二部，第45章）。一个女人将一个男人拉到了法官面前，宣称他强暴了她，作为补偿，山科从被告身上拿出一满袋钱给了她；但是当这个女人离开后，他又允许他去追这个女人，并将钱袋抢回。这两个人又打着回来，令这个女人感到自豪的是，这个坏蛋并没有将钱袋从她那里抢走。这样山科说："如果你用保护这个钱袋的力量的一半来保护你的名誉，这个男人就强暴不了你。"

此则没有兴趣；①以前，他是一个熟练的骑手，现在他则尽可能地避免骑马。最后，在比赛之前，他已不可能退出，他表现出一些悲哀的预感；根据我们在这些事情中所持的观点，这些预感得到了证实，对此我们并不感到奇怪。有人还这样告诉我，如果一个人在这种神经抑郁的状态下不能像正常时那样驾驭一匹马，这也并不奇怪。我很同意这种看法；但是，我认为，由这种"神经(nerves)"状态所引发的动作抑制的机制也应该在我坚持的自我毁灭的动机中寻找。

布达佩斯的 S. 费伦茨为我提供了一个可以公布于众的观点，对一个表面看来偶然的枪伤事件的分析，②他把此解释为一种无意识的自杀企图。我只能宣布我同意他对这件事的看法：

"22 岁的建筑设计师 J 是一个熟练的木工，他于 1908 年 1 月 18 日来找我咨询。他想要从我这里找到答案，1907 年 3 月 20 日，一粒子弹穿透了他左侧的太阳穴，这个子弹能否或者是否应该通过手术取出来。除了有时候有一点不太严重的头疼外，他感觉很好，而且客观的检查也表明，除了左侧太阳穴有一个被弹药熏黑了的子弹疤痕外，并没有什么不正常的，因此，我建议不要动手术。当我询问当时的情况时，他解释说，这是一个偶然的伤害事件，他正在玩弄他哥哥的左轮手枪，心想里面可能没有子弹，因此用左手对着自己的左侧太阳穴扣动扳机(他并非是左撇子)，结果子弹射了出来。在这个能容纳 6 颗子弹的弹膛里竟然有 3 颗子弹。当我问他拿左轮手枪的这个想法是怎么产生的时

---

① 很明显，在战场上，可能借助有意识的动机完成自杀，但要避免使用直接的自杀方式。请比较(席勒的)《华伦斯坦之死》(*Wallensteins Tod*)中的瑞典船长在谈到麦科斯·皮科洛米尼(Max Piccolomini)之死时说的话(第 4 幕，第 11 场)："他们说他要死的。"

② 这个例子是 1910 年增补的。

候,他回答说,当时他正要进行服役体检。就在前一天晚上,他还拿着枪到了酒吧,因为他害怕打架。在体检的时候,由于他的静脉曲张而被认为不适合服役;他对此感到非常羞愧。他回到了家并且玩起了这个左轮手枪,但并没有伤害自己的意图——而此时不幸却发生了。当我进一步询问,他对自己的生活是否不太满意时,他叹了口气,讲述了他和一个姑娘恋爱的故事,这个姑娘也很爱他,但仍然离他而去。只是由于对金钱的欲望,她才移民去了美国。他像要和她一起去,但是他的父母阻止了他。他的恋人是于 1907 年 1 月 20 日走的;也就是,在事件发生前两个月。尽管有所有这些可疑的因素,但这个患者仍坚持他的观点,这次枪伤是一个'意外'。但是,我却坚定地相信,在玩枪之前他由于疏忽而没有确定子弹已经卸下,并且造成了自己施加的伤害,是由内在心理动力决定的。他仍然处在这种失恋的郁闷情绪之下,而且显然想要在军队'将这一切都忘掉'。但是,当自己的这个希望也破灭时,他去玩弄这个手枪——也就是说,无意识地想要自杀。他用左手而非右手来拿这个左轮,就提供了一个强有力的证据表明,他实际上只是在'玩'——就是说,他并非有意识地想要自杀。"

对某种显然是偶然的自我伤害进行的另一种分析,[①]这是其观察者(Van Emden,1911 年)传达给我的,使我想起了一句格言:"自掘坟墓。"[②]

"X 夫人出身于一个很好的中产阶级家庭,已婚,有 3 个孩子。她确实患有神经疾病,但决不需要任何积极的治疗,因为她

---

① 这是 1912 年增补的。

② 参见圣经旧约《传道书》(Eccelesiastes,第 10 章,第 8 节)"挖陷坑的,自己必掉在其中。"

完全能够应付日常生活。有一天,她把脸弄伤了,虽然是暂时的,但在当时却使她有点吃惊。事情的经过如下:她在一个正在整修的路上行走时,不小心踏到一堆石头上,结果把脸撞到一个房子的墙上。她的整个脸都被划伤了;她的眼睛也青了,并且肿了起来,由于她担心自己的眼睛可能会有什么问题,便去看医生。当她的情绪从那种情形中平定下来之后,我问她:'但是你为什么实际上会以这种方式摔伤呢?'她回答说,'就在此之前,她曾警告过她的丈夫要小心一点,因为他患关节炎已经好几个月了,因而走路都很困难,在那样的街上要非常小心。'这是她的一种相当经常的体验,在这些情况下她发现,当她警告别人不要做什么的时候,这件事往往就会发生在她自己身上。"

"这就是决定她发生事故的原因,我对她的这种解释不太满意,并且询问她是否还有其他更多的事情要告诉我。她说是的,就在这个事件发生之前,她在这个街道另一侧的商店里看到了一幅很漂亮的画;她突然产生了一种欲望,想要把它作为婴儿室的装饰品,因此想要立即将它买下来。她径直向这个商店走去,并未留意地面,结果失足踏在了那堆石头上,在摔倒时把脸撞到了房子的墙上,她甚至没有做出任何努力去用手保护自己的脸。买画的意图立刻就被她忘掉了,她尽可能快地回到了家里。'但是为什么你不仔细地看着路呢?'我问道。'哦,'她回答说,'这或许是一种惩罚,在讲述这段情节的时候,我悄悄地给你讲过的。'——'那么这件事还在继续使你烦恼吗?'——'是的,事后我对此感到非常懊悔,我认为自己邪恶,是个罪人,不道德,但是,在那个时候,由于我的神经问题,我几乎要发疯了。'"

"她谈到的这件事是一次流产,经过她丈夫同意,她曾经做过一次流产,因为,他们当时经济很困难,这对夫妻不希望再生孩子了。这次流产最初是由一个女江湖医生来做的,但后来不得不由一个专家来完成。"

"我经常自责自己,认为'你真的杀死了你的孩子',我害怕这样的事会遭到报应。现在,你已经向我保证说我的眼睛不会有什么问题,我的心也就放下了:现在,不管怎么说,我已经受到了足够的惩罚。"

"因此,这次意外事件是一种自我惩罚,首先是赎她的罪,其次还要逃避或许更为严重的某种莫名的惩罚,她已经为此持续担忧了好几个月了。当她急匆匆地走向那个商店买画时,对所有这些恐怖情节的记忆——当她警告她的丈夫时,这种记忆在她的无意识中已经相当活跃了——变得势不可挡,而且或许已经用这样的话表达出来了:'为什么你要装饰这个婴儿室?——你已经毁掉了自己的孩子了呀!你是个刽子手,你肯定要受到很大的惩罚!'"

"这种想法并没有成为有意识的,而是用这种情境取而代之,我可以称之为心理时刻,她借助于那堆石头惩罚了自己,那堆石头似乎很适合于这个目的。她在摔倒时甚至都没有伸出手去保护,而且她也没有感到非常惊恐,其原因也正在于此。导致她发生意外事件的第二个而且很可能不太重要的决定因素,毫无疑问就是对除掉她的丈夫这种无意识愿望的一种自我惩罚,顺便说一句,在这次犯罪中她的丈夫也是共犯。这种愿望通过她对其丈夫完全表面化的告诫而泄露出来,她告诫她丈夫在街上时要睁大眼睛小心石头,因为正是由于她丈夫的腿不太好,所以走路才十分小心。"①

对下面这个例子做了仔细的分析后,②一个人也将很可能会感觉到,斯塔克(Stärcke,1916)将这种通过烧灼而导致的显然意外的自我伤害视为"牺牲行为"(sacrificial act)是有道理的:

"一位女士在她的女婿就要离开家到德国服役的时候,在以下情况下烫伤了脚。她的女儿预期很快就要分娩了,而且对战争危险的反思使这一家人的心情怎么也高兴不起来。在他就要出发的前一天,她请她的女婿、女儿前来吃饭。她亲自下厨房做菜——很奇怪的是——她首先换掉了这个需要系带的长筒靴,靴子内还有一个拱形的支撑架子,穿上这个靴子走起路来是很舒服的,她经常在室内穿一下;但今天却穿上了她丈夫的拖鞋,而这个拖鞋穿起来较大,而且前面还开着口。当她把一大盆煮开的汤从火炉上端下来时,这个盆子掉了下来,使她的一只脚严重烫伤——尤其是脚背上没有被拖鞋保护的地方。——每个人都会自然而然地认为这次意外事件是由于她那可以理解的'神经紧张'造成的。在这次烫伤后的最初几天,她对任何热的东西都格外小心,但这也无法避免她在几天后被滚烫的肉汁烫伤了手腕。"③

---

① [这是 1920 年增补的注释]一个记者写信给我,谈到了以下主题"借助于失误行为而进行的自我惩罚":"如果一个人研究人们在街上的行为方式,他就有机会发现,男人在转头回望走过去的女人时——这并非不同寻常的习惯——会多么经常地发生一些小的意外事件。有时他们会把脚扭伤——即使是在平坦的道路上;有时他们会撞在电线杆上,或者以某种其他方式伤害到自己。"

② 这是 1917 年增补的。

③ [这是 1924 年增补的注释]在很多诸如这种因意外而导致的伤害或死亡的案例中,其解释仍存有疑问。局外人仅仅将它解释为偶然事件,而与这个事件有密切联系并且了解具体细节的人,则有理由怀疑在这种偶然事件背后的无意识意图。一个年轻人的未婚妻在街上被车撞倒,这个年轻人说的以下这段话,提供了一个很好的例子来说明我说的这种私人的了解和那种附加的细节本身:(转下页)

在人们狂怒的时候，①可能会隐藏着会伤害到自己的安全甚至生命的东西，这种伤害以这种方式隐藏于明显偶然的笨拙行为或动作失误上。同样，我们也不难发现，人们也可以把同样的观点迁移到严重伤害他人的健康甚至生命的错误上。我必须提

"去年9月，我认识了34岁的Z小姐，她出身殷实家庭，她在战前订了婚，但是她的未婚夫于1916年阵亡，当时他的部队服役担任军官。我们开始认识后并且双方的感觉都很好，但开始根本没有想到结婚，因为双方的情况特别是在年龄上的差异（我当时27岁），似乎有些不合时宜。因为我们就住在同一条街道的对面，每天都会见到，随着时间的推移，我们的关系发生了密切的转折。这时，我们已经产生了结婚的念头，我最后也同意了。婚礼计划在今年复活节举行；但是，Z小姐想去她的居住在M地的一个亲戚那里做一次旅行，但铁路罢工导致这次旅行被阻止，这次罢工被认为是卡普·帕奇（Kapp Putch）事件导致的结果（这是1920年3月发生在柏林的一次未遂的反革命政变）。工人的胜利及其结果在将来可能会延续下来，这种悲观的论调在短时间内也对我们的心情产生了影响，特别是对Z小姐，她是一个心境非常容易变化的人，因为她认为她已经看到了我们未来道路上的障碍。但是，在3月20日，星期六，她的心情似乎格外得好，这出乎我的意料，她和我单独待在一起，这样在我们看来一切似乎都很美好，充满了最浪漫的色彩。几天前，我们曾说要一起去教堂，但并没有将日期确定下来。第二天早上9点15分，即3月21日，星期日，她打电话让我直接带她去教堂；但是我拒绝了，因为我并没有足够的准备。此外，我还有一些工作必须完成。Z小姐显然很失望；于是她就单独去了，在她房子的楼梯上遇到了她的一个熟人，沿着从唐恩森大街到兰克大街的路，和他一起走了一段。在幽默的气氛中，她没有涉及我们的谈话。这个绅士用开玩笑的方式和她道了再见。（为了去教堂）Z小姐只穿过了库达姆大街（西柏林的主要大街），这里很宽阔，你可以很清楚地看清周围的东西；但是，在接近人行道的时候，她被一辆马车撞到（轧伤了肝脏，几个小时后便死了。）——以前，我们曾在这个地方走过几百次，Z小姐每次都十分小心，而且经常不让我走得太快；这天上午，街道上几乎没有什么车辆，这些电车、公共汽车等都由于罢工而停顿了，这个时候的街面上几乎是绝对安静的；即使她没有看到车，她也应该听到动静啊！人人都说这是一次'意外'。我首先想到的是：'这是不可能的——但另一方面，也无法怀疑她是存心这么做的。'我企图找到某种心理学方面的解释。很长一段时间后，我在你的《遗忘与失误》中找到了答案。尤其是，Z小姐曾多次表现出自杀的迹象，而且企图引导我也以同样的方式思考——我也经常劝诫她不要有这样的想法；例如，两天前，当我们散步回来，没有任何外在原因，她谈到了她的死以及处理房产的安排（顺便说一句，她对此并没有做任何事情——这表明，在她的这些话的背后并没有什么动机）。如果我冒险继续深入下去，我就会发现这个不幸的灾难并非是一个意外事件，也不是某种意识阴影的结果，而是在无意识目的支配下的一种自我毁灭，这一点被这种偶然的不幸事件所掩盖了。我的这个看法可以由Z小姐说的一席话所证实，这些话在她认识我之前不久给她的亲戚说过，在最后的几天里也对我说过；所以我倾向于认为，整个事情都与她失去未婚夫有关，在她的眼里，她的未婚夫的位置是不可替代的。"

① 这个自然段可以追溯到1901年。

供证据证明这种观点是有效的,这种证据源自我对神经症患者的治疗,因而不完全满足这种情境的全部要求。我将仅举一例予以说明,在这个例子中,严格来说,某种行为还不是失误行为,而应是症状行为或偶然行为,而这种行为给我提供了线索,因而使患者冲突的解决有了可能。一个很聪明的男人和他深爱着的妻子之间出现了分歧,我当时的任务是改善其目前的婚姻状况。他们之间的冲突无疑是有某种真实原因的,但是,正如他自己所说,他也不能完全以这种方式来加以说明。他一直存在离婚的念头,但是,每当看到自己的这两个活泼可爱的孩子,就放弃了这个念头。尽管如此,他还是有离婚的想法,但并没有做出努力,找到一种方法使情况可以被他自己所容忍。在我看来,他对待冲突的这种无能证明,无意识的和被压抑的动机帮助他加强了这些相互争斗的意识动机,在这些情况下,我想通过精神分析的方式来结束这种冲突。一天,这个男人告诉我一个使他极度惊恐的小事件。他正在和他的大孩子"嬉戏"(hetzen),也是他目前最喜欢的孩子;他将他抛到空中,然后再把他接住,反复数次。有一次,他将孩子抛得太高,差一点将孩子的头撞到屋顶上的那个很笨重的煤气灯上。是差一点撞上,但并没有撞上——或者说太玄了!孩子并没有伤着,但是被吓得昏了过去。父亲惊恐地搂着孩子站在那里,而母亲则歇斯底里似的发作开了。这个不谨慎举动的特别熟练性以及父母强烈的反应促使我寻找这种偶然事件中的症状行为——这种行为的目的旨在表现对自己所喜欢的这个孩子的某种邪恶的意图。我想我能够解决这个矛盾,他对孩子的这种伤害的冲动可以追溯到孩子的出生时期,当时只有一个孩子,而且孩子还太小,孩子的父亲还没有理由对孩子表现出某种感情上的兴趣。因为我很容易做出这样的假设,由于他从自己的妻子那里已经得不到满足,从那个时刻起,他可能就有了某种想法或者形成了这种决定:"这个小生命对我一点也不重要,如果他死了,我就可以自由地和妻子离婚了。"在他的无意识深处,他一方面希望这个小生命死掉;另一方面,由于时间的延续,他又深深地爱着这个孩子。从这一点出发,我们就很容易找到这种愿望被无意识固着(fixation)下来的途径。一个强有力的决定因素实际上由这个患者的童年记忆提供的:就是说,在他的弟弟死掉的时候,他的母亲指责说这是由于他的父亲的粗心造成的,因此父母之间便发生了强烈的争吵,几乎因此而离婚。后来我的这个患者的婚姻状况,以及我的成功的治疗都证实了我的猜想。

斯塔克(1916)①也列举了一个类似的例子,他认为,一些有创造性的作家会毫不迟疑地使用闪失行为来取代有意图的行为,并以这种方式使之成为导致最严重后果的根源:

"在海厄特(Heijermans,1914)的短剧中曾出现过一个闪失行为的例子,或者更准确地说,是一个失误行为,作者以此作为一个戏剧的主题。

"这个短剧名为《汤姆和特迪》(*Tom and Teddie*)。他们两个是一对潜水夫妻搭档,曾出现在很多戏剧中;他们要做的是进入一个铁箱里,箱子的四周罩上玻璃墙,墙内是水,他们要呆在里面很久时间来表演一些技巧。最近,他的妻子有了外遇,他是一个驯兽员,就在她的潜水员丈夫要上场表演的时候,在卧室抓住了他们。在死寂般地沉默片刻后,这个潜水员以威胁的面孔说:'走着瞧!'——表演开始,这个潜水员要表演他的难度最大

---

① 最后这个例子是 1917 年增补的。

的技巧：他要在水下的一个密封的箱子里停留两分半钟的时间。——这是一个他们已经表演过多次的技巧；箱子是上了锁的，而且特迪通常还要让观众看一下钥匙，并用他们的表对一下时间。她通常也要有目的地将钥匙丢到水箱里一两次，然后赶快潜到水下将钥匙取出，以保证在规定的时间内打开箱子而不致太迟。

"1 月 31 日，在这个特殊的晚上，和平时一样，人们看到汤姆像往常一样被他的妻子用娴熟而灵巧的手把他锁了起来，他微笑着从观望孔的后面看着人们——她玩弄着这个钥匙，等待着他的警告信号。驯兽员站在侧面，他穿着整洁的晚礼服，系着白色的领带，拿着马鞭，这就是'另一个男人'。为了引起她的注意，他吹了一下口哨。她笑着看他，她的注意力已经被分散了，她用很笨拙的动作使劲地将钥匙抛向空中，在过了 2 分 20 秒时才弹落下来，结果掉在了水箱旁边覆盖底座的一个旗布中间。没有人看到它，也没有人能够看到它。从剧院里给人留下的是这样的视幻觉，每一个人都看到这个钥匙掉在了水里，而且剧场里的帮手也没有听到响声，因为这个旗布无法使声音发出。

"特迪大笑着，毫不迟疑地爬到了水箱的边上。她笑着——汤姆将要从里面出来——走下梯子，她笑着消失在底座下面去那里寻找，当她没有马上找到钥匙时，她弓着身子在旗步前做着某种奇怪的手势，从她的面部表情来看，好像在说：'天哪！这真令人讨厌！'

"同时，汤姆则在观望孔的后面用滑稽的方式做着鬼脸，仿佛他也开始变得很烦躁不安，观众可以看到他的雪白的假牙，看到在浅黄色的胡须下活动的嘴唇以及滑稽的气泡，正如他们以前看到的一样，他还在吃着苹果。在他攀抓的时候，人们可以看到其淡红色的指关节,和以前一样,他们大笑着。

"2 分 58 秒……

"3 分零 7 秒……12 秒……

"好哇!好!好!

"接着,剧场的人开始惊慌失措,出现了一些杂乱的脚步声,这时剧场的助手和驯兽员也开始检查,在箱子的盖子打开之前就匆忙将幕布落了下来。

"6 个英国舞女出场了——接着那个带着小马、小狗和猴子的男人也出场了,等等。

"直到第二天早上,人们才知道出事了,特迪成了一名寡妇……

"显而易见,从我们引用的这一段引文就可以很好地理解,这位作者自己肯定了解某种症状行为的本质特征,人们发现,他已经如此令人吃惊地向我们展示了这个致命的闪失行为更深层的原因。"

九、症状行为和偶然行为[1]

迄今我们所描述的行为(第八章)——在这些行为中我们认识到它们是在实施某种无意识的意图——是以其他有意行为的干扰这种形式表现出来的,并且隐藏在笨拙行为的借口背后。我们就要讨论的“偶然行为”(chance action)和闪失行为的区别仅仅在于这样的事实:偶然行为忽略某种有意识意图的支持,因而也无须什么借口。它们是自行出现的,之所以允许它们出现,是因为人们并不怀疑它们有任何目的或意图。我们表现出偶然行为,“并没有想到其中会有任何东西”“纯粹是偶然的”“就是有点事情要做”,可以预料,这种说法就会终止人们对这种行为之意义的任何探寻。为了能够享受这种特权地位,这些不再以闪失为借口的行为,必须满足某些条件:[2]偶然行为必须是不唐突的,其效果必须是轻微的。

我已经从我自己和他人那里收集了大量的这类偶然行为,

① 这一章的前面部分一直到英文版第195页,都可以追溯到1901年。

② 只有在1901年的版本中写着:“某一条件”。

在对这些不同的例子做过仔细考察之后,我得出结论认为:"症状行为"(symtomatic acts)这个名称是一个更适合的称谓。这些行为表达的是当事人本人并没有想到会发生的事情,一般来说他也不想告诉他人,而只是为自己保留的。因此,就像我们迄今所考虑过的所有其他现象一样,它们起着症状的作用。

我们获得最多的关于这类偶然行为或症状行为的例子实际上是我们在对神经症患者的精神分析治疗中获得的。我忍不住要从这个资源中列举两例,从中我们可以看出,这些毫无意义事件的产生受无意识思想的影响有多么深远和多么具体。症状行为和闪失行为之间的界限界定得如此不清晰,以致我同样可以把这两个例子放在上一章。

(一)在对一个年轻的已婚妇女的面询过程中,这是通过联想的方式提到的:前天她正在剪指甲,"在她试图剪除手指尖上松弛的表皮时,剪伤了自己的手指"。这样的事件是如此得微不足道,以致我们会很吃惊地问她为什么会想到和提到这件事,而且我们开始推测,我们所应对的是一种症状行为。实际的结果是,这个微小的笨拙行为的牺牲品,即手指正是她戴结婚戒指的那个手指,而且那一天正是她结婚周年的纪念日。根据这个线索就会发现,这次表皮受伤具有某种非常明确的意义,且这个意义可以很容易地猜测出来。与此同时,她还提到了一个梦,这个梦暗示了她丈夫的笨拙和她本人作为妻子的麻木。但是结婚戒指(在她的国家)本来是应该戴在右手的,为什么她的结婚戒指戴在左手,而且正好伤着这个手指?原来她的丈夫是一个律师,一个"法学博士"(Doktor der Rechte,从字面上看有"右手博士"的意思),在她做姑娘的时候,她暗恋一个内科医生(人们都戏称他为"Doktor der Linke"["左手医生"])。这样"左手婚姻"也就具有了明确的意义。

（二）一个年轻的未婚女士对我说："昨天,我完全没有意图地把一张 100 弗洛林的钞票①撕成了两半,而将其中的一半给了一个来看我的女士。我能将此也视为一种症状行为吗?"经过仔细考察,以下特殊细节终于揭开。我们从这个 100 弗洛林的钞票说起:她曾花费了一些时间和方法从事慈善活动。她想要和另一位女士一起负责收养一个孤儿。这几百弗洛林的钞票是另一个女士送给她的捐赠。她将这些钞票装在了一个信封里,然后暂时放在写字台上。

这个来访者是一位很有名望的女士,她也在支持另一项慈善事业。这位女士想要一张纸记下那些捐助者的名字。由于当时找不到纸,我的这个患者便走到写字台旁拿起了那个信封,根本就没有考虑里面装有什么就把它撕成了两半;一半自己留底,以便以后可以复查这些名单,她把另一半交给了她的来访者。人们应该能够观察发现,尽管她的肯定不太适当,但完全没有造成任何伤害。如果一张 100 弗洛林的钞票被撕破了,我们知道,其价值一点也没有变化,只要我们将这些碎片再次完全粘好就行了。这张纸上有一些名字,这件重要的事情可以保证这位女士不会把它扔掉,而且同样可以肯定,一旦她注意到此事,她就会将这些有价值的内容送还。

那么,这种偶然行为——通过遗忘才使之成为可能——想要表达的无意识想法是什么呢? 这位来访者和我的这个患者的治疗有某种非常明确的关系。正是这个女士以前曾将我推荐为她的医生,如果我没有弄错的话,我的这位患者觉得非常感激她

---

① 当时值大约 8 英镑或 40 美元。

的这个推荐。那半张百元弗洛林的钞票是否意味着代表她作为中介提供服务所付的小费呢？这仍然使人感到非常奇怪。

但是，我们又进一步获得了一些材料。不久前，一个女士，她是一个完全不同的中间人，询问这位患者的一个亲戚，这位年轻的小姐是否希望和某一个绅士结交；那天上午，就在那位女士来访前的几个小时，这个求婚者的情书就到了，这使她激动万分。所以，当这位女士在询问了我的患者的健康状况后开始谈话时，我的患者可能在想："你当然已经为我找到了一个好医生，但是，要是你也能帮我找到一个好丈夫就好了。"（或进一步想："并且生一个孩子就好了。"）"我就会更加感激你。"由于这种被压抑的想法，她将这两种中介合而为一，将想象中应给另一个女人的小费给了她的来访者。当我补充说，我只是在前一天晚上才给这个患者讲述了这种偶然行为或症状性行为，此时这个问题的解决也就完全令人信服。于是她就第一次抓住这个机会做出了这种类似的行为。

这些极其常见的偶然行为或症状行为可以分为三组，根据它们是习惯性的，还是在某种条件下有规律发生的，还是偶然发生的来划分。① 第一组的行为（例如玩弄自己的表带，抚摸自己的胡子等）几乎可以认为是这个人自己的性格特征，近似于各种人们熟知的抽搐动作（tics），无疑应该与它们联系起来进行讨论。我把以下行为都包含在第二组，包括玩弄手杖，拿起偶然得到的铅笔随便地涂写，摇晃自己口袋里的硬币，将面包片或其他有柔性的东西捏成什么形状，以各种方式随便地摆弄自己的衣

---

① 这三组中的前两组在这个自然段进行讨论，第三组要到英文版第 210 页才会明确讨论，大多数干预材料是在后来本书再版时增补的——尽管很多插入的例子实际上已经属于偶然发生的第三种类型。

服,等等。在心理治疗中,这种随便摆弄有规律地揭示了某种感受或意义,而这些感受或意义无法通过其他方式表达出来。这个人通常根本就意识不到自己在做任何诸如此类的行为,或者没有意识到他以某些方式改变了其通常的行为;而且他既看不到,也听不到这些行为的效果。例如,他听不到自己把口袋里的硬币弄得叮当作响的噪声,而且如果有人提醒他注意此事,他的行为表现仿佛非常吃惊和不相信。一个人在玩弄自己衣服的时候,常常并没有意识到,虽然看来微不足道,但很值得医生的注意。他通常所穿服装的每一个变化,每一个粗心的细节——如忘记扣住纽扣——每一个暴露出来的痕迹,都是想要表现一些东西,穿衣服的这个人并不想直接说出来,而且在大多数情况下他也没有意识到的东西。对这些细小的偶然行为的解释,以及这些解释的证据,每一次都相对确定地从以下材料中出现,从面询中与之相伴随的材料中,从讨论的主题中,从注意力转向这种显然是偶然性为时所出现的联想中。由于这个缘故,我并不准备用分析所提供的例子来支持我的观点;我之所以提到这些行为,是因为,和患者一样,在正常人身上出现的这种行为也具有同样的含义。

我忍不住还是要至少举一个例子[①]来说明,通过习惯的力量而形成的象征性行为(symbolic action)和健康人生活的那些最密切和最重要的方面之间究竟有多么密切的联系:[②]

"正如弗洛伊德教授教导我们的,象征作用在正常人童年时期的发挥的作用更大,比早期精神分析经验导致我们预期得还

---

① 这是 1912 年增补的。

② 琼斯[Ernest Jones(1910a)]。德文版本要比已发表的英文版本长很多,而且与此有细微差别。现在这个版本是根据德文译出的,虽然尽可能地保持了英文版的风格。

要大。在这一点上，以下这个简短的分析可能会很有趣，尤其是鉴于它涉及的是医学的主题。

"一个医生在将他的家具安排到一个新家的时候，发现了一个老式的木制直立式听诊器，把它放在什么地方呢？在犹豫片刻之后，他被迫决定把它放在写字台的一侧，位于他的椅子和留给他的患者坐的椅子之间。这个行为本身很有点怪，其原因有二。首先，他经常根本就不用听诊器（他实际上是一个神经学专家）。如果他需要用的话，他使用的也是双耳听诊器。其次，他的所有的医疗器械和工具都放在他的抽屉里，唯独这个听诊器例外。然而，他本人并没有对此有过多的考虑，直到有一天，一个从没有见过这种听诊器的患者询问他这是什么东西。在听到回答以后，她又问他为什么将这个东西放在这里；他含含糊糊地说放在哪里都一样。但是，这却使他对此产生了思考，他想，他的这个行为中是否有什么无意识的动机呢？由于他本人熟悉精神分析方法，因此他便企图对此进行探讨。"

"由此引发的第一个记忆是以下这个事实，在他还是一个医学院学生的时候，他对一个实习医生有很深刻的印象，他有一个习惯就是在查房的时候总是在手里拿着一个直立式听诊器，尽管他从未使用过。他当时非常崇拜这个医生，一度很依恋他。后来，当他自己也成为实习医生的时候，他也形成了同样的习惯，如果他离开房间时手上忘记携带这个听诊器，他就会感到很不舒服。但是，这个习惯并没有什么目的性，这不仅是因为他使用过的唯一的听诊器是双耳听诊器，他通常将双耳听诊器放在口袋里，而且还因为，在他以后做外科实习医生，而且根本就用不着听诊器的时候，他的这个习惯仍然保留着。如果我们提到这种象征行为的生殖器性质，这些观察发现的意义立刻就变得昭然若揭了。"

"他回忆起的另一个事实是,在其童年早期,他对他的家庭医生有很深刻的印象,他也习惯携带这种直立式听诊器,只不过他是将它放在帽子里;他发现这事很有趣,医生本来应该总是把其主要器械带在手上的,但这个医生在看患者的时候,只好不得不先将帽子脱下来(也就是他的衣服的一部分),而且"要把它掏出来"。作为一个小孩子,他很依恋这个医生;简短的自我分析后,他就能够发现,在他三岁半的时候,他出现过生一个小妹妹的双重幻想——就是说,首先,他是自己的孩子和他的母亲的孩子,其次,是这个医生的孩子和他自己的孩子。因此,在这个幻想中他扮演了男人和女人双重角色。他还进一步回忆起来这样的经历,当他 6 岁的时候,这个医生为他做检查,他在离他很近的地方用听诊器压着他的胸部,发出有规律的呼吸声,使他逼真地回想起那种性感的感受。在他 3 岁的时候,他曾患过慢性气管炎,因此需要经常做检查,虽然他实际上对此已经回忆不起来了。"

"在他 8 岁的时候,他对一个年龄比他大的男孩子给他讲述的话留下了深刻印象,这个医生习惯于和他的女患者上床。这个谣传当然也是有某些真实根据的;不管怎么说,附近的女人,包括他的母亲在内,都很爱恋这个年轻漂亮的医生。这个当事人自己有好几次也体验过他的女患者对他的这种性诱惑;有两次爱上了他的女患者,最后终于和其中的一个结了婚。毫无疑问,他的无意识中对这个医生的认同是他选择医生职业的主要动机。对其他方面的分析也使我们得出假设认为,这无疑是最普遍的动机(尽管我们很难确定其普遍性程度)。就目前这个案例而言,它是由两种因素决定的:首先,在某些情况下医生要比父亲优越,父亲曾经是儿子妒忌的对象。其次,这个医生了解这些禁忌的话题,而且他有机会获得性满足。"

"接下来是一个梦,这个梦已经其他地方发表过了(琼斯,1910b);这个梦显然具有同性恋－受虐狂的性质。在这个梦里,有一个男人,他是代替这个医生的人物,用一把'剑'袭击这个当事人。这把剑使他想起了维尔松·尼布龙根传奇(Völsung Nibelungen Saga)中的一段话,西格德(Sigurd)将一把出鞘的剑放在他自己和熟睡的布伦希尔德(Brünhilde)之间。同样的情节也在我们的当事人非常熟悉的亚瑟的传说中出现过。"

"这种症状性行为的意义现在变得明确了。我们的这个医生把他的直立式听诊器放在他自己和他的女患者之间,实际上就像西格德把他的剑放在他自己和他不能触碰的女人之间一样。这种行为已经达成某种妥协:它可以满足两种冲动。它可以满足他的想象中那种被压抑的愿望:和任何一位漂亮的女患者发生性关系,但与此同时又可以提醒他,这个愿望是不可能成为现实的。可以说,这是一种防止使自己受到诱惑的魔咒。"

"我可以再补充一点,莱顿(Lytton)勋爵的《黎塞留》(Richelieu)中的以下诗句给这个男孩留下了深刻印象:

在那些伟人的统治背后

笔的威力超过了剑……[1]

而且他成了一个多产的作家,他使用的是一个格外大的自来水钢笔。当我问他为什么要用这么大的笔时,他给了我这个非常典型的回答:'我有那么多的东西要表达。'"

"这个分析再次提醒我们:对所谓'天真的'和'无意义的'行

---

[1]　比较一下奥德赫姆(Oldham)的诗:"我佩带笔就像别人佩带剑一样。"

为的分析,可以使我们对心理生活产生多么深刻的洞见,而且发现,象征化的倾向在人生中发展得有多么早。"

我还想从我的心理治疗经验中列举一例,[①]在这个经验中产生了一个有说服力的证据,用手玩弄一个面团。我的患者是一个不到 13 岁的男孩;在近两年里,他患上了严重的癔症,他长期在一个水疗机构治疗,但没有成功,此后我终于使他接受了精神分析治疗。我可以得出这样的假设:他一定有性方面的体验,并且被这方面的问题所困扰,这在他的这个年龄是很有可能的;但是,我不能用这些解释去帮助他,因为我希望使我的这个假设再次得到验证。因此,我很自然地对他表现出的行为方式很好奇,我正在寻找的就是这种方式。有一天,他留给我的深刻印象是,他在用右手的手指捏着什么东西;他有时将手放在口袋,并且在里面玩弄着,一会又将手拿出来,如此反复多次。我并没有去问他手里拿了什么东西;但是,他却突然伸出手来给我看。那是用面包粉捏成的一块面团。在下一次面询时,他再次带来了类似的面团,而这次,在我们谈话的时候,他将这个面团捏成了很多的形状,这引起了我极大的兴趣;他做这些动作时,活动的速度快得令人难以置信,而且眼睛是闭着的。这无疑是一些小人儿,一个脑袋,两个手臂和两条腿,就像史前原始的崇拜物,在两腿之间还有一个向外延伸了很长的突起。在他还没有弄好之前,就又将它揉在一起;后来他把这些人物保留下来,但是,一个类似的突起却出现在了背部或身体的其他部位,以便掩盖其最初的含义。我想要向他表明,我已经理解了他,但与此同时我又想阻止他,不要装出什么都没有想的样子,若无其事地制作着这些

---

① 这个例子可以追溯到 1901 年。

形状。心里有了这种想法之后,我突然问他是否记得罗马国王的故事,这个国王在花园里用手势动作给他的儿子的使者提供了一个答案。这个孩子没有回忆起来这个故事,尽管我知道他最近对此的了解比我要多得多。他问我这是否是关于奴隶的那个故事,答案就写在他刚刮过的头顶上。[①] 我回答说,不是的,这是源自一个希腊历史故事,我就将这个故事讲给他听。国王塔克文·苏佩布(Tarquinius Superbus)[②]让他的儿子赛克斯忒斯秘密地潜入敌国的拉丁城。这个儿子在这个城市里找了一个随从,让他带信给国王,请示他下一步应该如何行动。这个国王没有回答,而是到了花园里,在那里让使者向他重复了同样的问题,然后他不动声色地将花园里那些最高和最好的罂粟树的头砍掉了。这位使者所能做的就是把这个信息传给赛克斯忒斯,他理解了他的父亲的用意,安排人暗杀了这个城市里最显赫的人物。

在我讲这个故事的时候,这个小男孩停止了捏面团的动作,在我说到这个国王在花园里的活动时,我提到了"不动声色地砍下",这时他做了一个很快的动作,将他手里的小人儿的头给掐掉了。因此他已经理解了我的意思,而且可以看出,他已经被我理解了。现在,我能够直接向他提出问题了,我给他提供了他所需要的信息,而且在不长的时间内,我就治好了他的神经症。

在健康人身上[③]可以观察到几乎不胜枚举的症状行为,而且

---

① 这个故事可以在希罗多德(Herodotus),第5卷,第35章中找到。

② 在1901年和1904年的版本中写的是"塔克文·普利斯库斯(Tarquinius Priscus)"。在其1904年插入的版本中(参见编者导言,英文版第 xiii 页),弗洛伊德对这个笔误做了一个不太容易读懂的评论。他的评论的大意是,用父亲的名字来代替儿子的名字,是对他后来在本书(英文版第220页)所说的那些话的预期,这些话是《梦的解析》中用宙斯替代克洛诺斯那种类似的替代。阉割的主题在这两个例子之间提供了联系。

③ 这一段是1907年增补的。

一点也不比在患者身上的少,这些症状行为在不止一个方面使我们感兴趣。对医生而言,这些症状行为常常可以用作有价值的线索,使他能够在新的或不熟悉的情境中获得心理的支撑;对于善于观察人类本性的人来说,这些症状行为常常能够说明很多东西——有时他甚至会收到料想不到的效果。如果一个人熟悉这些行为的重要性,有时就会有一种所罗门王的感觉,根据东方的传说,所罗门国王懂得动物的语言。

有一天,我要给一个我不认识的小伙子做检查,检查是在他妈妈的房间里进行的。当他向我走近时,我发现他的裤子上有一大块污迹,好像是蛋白物弄成的,因为我能够从独特的硬边判断出来,我对此留下深刻的印象。窘迫了片刻后,这个年轻人抱歉地说,他觉得嗓子嘶哑,因而吞了一个生鸡蛋;一些光滑的蛋清很可能流到了他的衣服上。他指了一下在房间里还能够看得见的放在小盘子上的蛋壳以示证明。用这种方式对这个可疑的痕迹做出某种天真的解释;但是当他的母亲离开而只留下我们两个人时,我对他表示感谢:他使我这么容易就做出了诊断,而且没有费太大的劲就把以下事实作为我们讨论的依据,他承认他被手淫的习惯所困扰。

还有一次,我去看一位很富有的女士,但她也很吝啬且又愚蠢,她习惯于在还没有讨论其病情的简单原因之前,就在医生面前大发牢骚。当我进入她家后,她正坐在一个小桌子旁,忙着把一些小银币分成几堆。在她起身的时候,将一些银币撞到了地上。我帮她捡了起来,而且很快就通过下面的提问而打断了她的诉说,我问她:"你那高贵的女婿是否又挥霍了你很多钱?"她很生气地否定了这一点,但此后不久她又继续讲述她的这个女婿多么浪费,因而使她感到很生气。但此后,她却再也没有找过我。因此我说，一个人只要向他们表明其症状行为的意义，他就必然不能和那样的人做朋友。

(来自海牙)的埃姆顿(J. E. G. van Emden)医生报告了另一个"通过失误而承认真情"的例子。[①] "我在柏林的一个小店用餐，付账的时候，这个服务员说，有一盘菜的价格由于战争的影响上涨了 10 个芬尼(1 马克的 1％)。当问他为什么在菜单上看不到，他回答说可能是他们疏忽了——价格确实上涨了。他笨拙地把钱装进口袋，将一个 1 芬尼的硬币丢落在我面前的桌子上。"

"现在我敢肯定，你多收了我的钱，你是否愿意和我到收银台核实一下？"

"'请原谅……请等一下。'然后，他就离开了。"

"无须赘言，我允许他离开了，几分钟后，他向我道歉说，不知什么原因他错将我的菜当成了另一种菜。我让他把这 10 个芬尼收起来，作为他对日常生活的心理病理学贡献的一种奖赏。"

任何一个人，[②]只要细心观察自己同餐的伙伴，都将观察到一些最真实和最有启发意义的症状行为。

汉斯·萨克斯医生因而说道："在我的一对老夫妇亲戚吃晚餐的时候，我碰巧就在那里。这个女士有胃病，只好在饮食上遵守非常严格的限制。当把一片烤肉放在她丈夫面前时，他要不能吃这种菜的妻子将芥末递给他。他的妻子打开了壁橱，用手去拿，结果将她的一小瓶胃药放在了她丈夫面前的餐桌上。当然，圆筒状的芥末瓶和这个小药瓶之间并没有任何相似之处，这

---

① 这是 1919 年增补的。
② 这个自然段和后面的 4 个例子是 1912 年增补的。

可以说明是她拿错了，但是，直到她丈夫大笑着要她注意时，这位妻子才注意到自己把两者混淆了。这个症状行为的意义自当无须解释。"

我要感谢维也纳的达特纳医生（B.Dattner）提供的一个这类精彩的例子，观察者都曾很熟练地应用过：

"我和我的一个同事 H 在饭店里一起进餐，他是一个哲学博士。他谈到了试用生的艰难，并且不经意地提到，在他完成学业之前，他曾接受了担任一个大使秘书的工作，或者更确切地说，是担任智利外交部部长的特命全权大使的秘书。'但是，不久这个大使就被调走了，我也没有向他的继任者介绍自己。'在他说最后一句话时，正把一块蛋糕往嘴里送；但他显然不小心把这块蛋糕从餐刀上掉了下来。我立即就明白了这个症状行为所隐含的意义，并且看似不经心地对这个不懂精神分析的同事发表了我的看法：'肯定是你自己把就要到嘴的肥肉给弄丢的。'然而，他并没有注意到，我的这句话也同样适用于他的这个症状行为，他只是用一种特别迷人和惊奇的口吻重复着我说的这句话，好像这句话出自他的口：'是的，这当然是我丢掉了到嘴的肥肉，'并且继续如释重负地仔细描述了使他失去这个高薪水职位的闪失行为。"

"如果你认识到我的同事心神不安地给一个像我这样相当不熟悉的人讲述其不确定的物质生活情境，因而把这种莽撞的想法作为一种症状行为而伪装起来，象征性地表达了被隐藏事物的意思，并且以这种方式使讲话者从这种潜意识的折磨中得到解脱，那么这种症状行为的意义也就更加清楚了。"

以下的例子将表明，人们显然无意地将一些东西带来或带走，这种行为中究竟有多么深刻的含义。

达特纳医生报告说:"一位同事去拜访他的一个朋友,一个他年轻时很崇拜的女士;这是在她结婚后第一次拜访。谈到这次拜访,他的脸上露出吃惊的神色,在去之前,他决定不要和她呆得时间太长,但他并没有做到。然后他重新叙说了他在那里出现的一个奇特的失误行为。他朋友的丈夫也加入了会谈,当他找一盒火柴时,怎么也找不到。实际上,在他进来的时候,这盒火柴很明显就放在桌子上面。我的同事自己也摸了一下自己的口袋,看是否是自己不经意地'顺手把它也带走'(snapped it up),①但是没有找到。一段时间之后,他实际上发现'它'就在他的口袋里,使他惊奇的是里面只有一根火柴。——几天后他做的一个梦显著地说明了这个火柴盒的象征意义,这个梦也涉及了他年轻时的这个朋友,这个梦证实了我的解释,我的同事的这个症状行为是想要宣称,他有优先权,而且想要证明他要单独占有(盒子里那唯一的一根火柴)。"

汉斯·萨克斯医生报告说:"我们家的女佣特别喜欢某一种糕点。对此毋庸置疑,因为这是她必然能够做好的唯一的事情。一个星期天,她把这种独特的糕点端上来,把它放在餐厨上,收拾了桌子上其他吃完菜的盘子和刀叉,把这些盘子堆在这个装有糕点的盘子上面,然后她将糕点放回到那一堆盘子上,而没有将它放在桌子上,带着这些盘子进了厨房。最初我们以为她可能发现了什么问题,应该把什么东西添加到糕点上,但是她再也没有出来。这时我的妻子摇铃问她:'贝蒂,糕点怎么了?''你说的是什么意思?'女佣回答,不理解我的妻子的问话。我们首先对她说,她将糕点又拿了回去。她把糕点放在这堆盘子上,把它

---

① 在德文中,盒子(Schachtel)这个单词是个隐性名词;所以这句话同样含有"顺手把她也带走"的意思。

拿走了,而且在拿走时居然'一点也没有注意到'。——第二天,在我们吃前一天剩下的糕点时,我妻子注意到,糕点和前一天剩下的一样多,换句话说,这个女佣自己并没有共享她的这个美味糕点。当问她为什么不吃,她有点窘迫地回答说,她不想吃。——在这件事里,孩童般的态度非常明显地出现了两次:首先,她有儿童般的贪婪,她不想和任何人共享她喜欢的东西,其次是那种同样孩子气的挑衅反应:'如果你因此而怨恨我,那你就自己留着吧;我现在什么也不要了。'"

婚姻问题中出现的偶然行为和症状行为[①]常常具有最重大的意义,可能会使那些不了解无意识心理学的人因此而相信预兆的存在。(参见英文版第258页,脚注1)如果一个年轻的新娘在度蜜月时丢掉了自己的结婚戒指,这绝不是什么好兆头;但毕竟在通常情况下只是把戒指误置了而已,而且很快又将它找了回来。——我认识一位女士,现在已经与她的丈夫离婚了,她在用钱时,通常签署她婚前的名字,这实际上在几年前就已经开始了。——我有一次在一对年轻的夫妇家里做客,听见这个少妇在大笑着描述她最近经历的一件事。度蜜月回来的第二天,她和平时一样叫上她未婚的妹妹上街购物;同时,她的丈夫也去上班了。突然,她发现一个绅士站在街道的对面,她推了一下她的妹妹说:"看,L先生从那边过来了。"她已经忘记了,这个绅士在几星期前已经成了她的丈夫。在我听到这个故事后,打了个冷战;但我却不敢做出这种推断。当我几年后听说,他们已经结束了其不幸的婚姻时,这件小事才在我心中出现。[②]

---

① 这个自然段是1907年增补的。

② 弗洛伊德后来把最后两个例子以及随后的一个例子都包含在他的《精神分析引论》的第三讲中(1916—1917)。

以下的这个观察引自阿方斯·梅德尔（Alphonse Maeder）的一项有价值的研究，这个例子曾用法语发表过（Maeder，1906）。这个例子同样完全可以包含在遗忘的例子中：

一位女士告诉我们一件她最近忘记去试穿她定做的结婚礼服的事，直到结婚典礼前夕的 8 点钟才想起来。裁缝师已经放弃了看到这个顾客的希望。这个细节表明，这个新娘对于穿结婚礼服并不觉得非常幸福；她希望忘记这个痛苦的仪式活动。现在……她，离婚了。

一个已经学会观察这种信息的朋友[①]告诉我说，伟大的女演员埃利奥诺拉·杜丝（Eleonora Duse）曾将这种症状行为引入她饰演的一个角色之中，这种症状行为表明了她使其艺术技巧受这种行为的影响程度有多深。这是一场关于女人偷情的戏剧，她刚和她的丈夫发生了一场争吵，现在站在一边陷入沉思，等着她的情人的到来。在这个简短的间隔时间，她不停地玩弄着自己的结婚戒指，从手指上取下来，再戴上，然后再次取下来。现在她在准备迎接另一个男人的到来。

这里我再增补西奥多·赖克（Theodor Reik，1915）[②]讲述的包含戒指的其他一些症状行为。

"我们熟悉已婚者的症状行为，他们将结婚戒指取下来和误置他们的结婚戒指。我的同事 M 就出现了一系列类似的症状行为。他收到了一枚戒指作为礼物，是一个他喜爱的女孩送给他的，与戒指一起的还有一个条子，上面说，别把它丢了，否则她就会知道他不再爱她了。结果，他越来越害怕将这个戒指丢掉。如果是暂时将这个戒指取下（例如在他洗澡的时候），这个戒指

---

① 这个自然段是 1907 年增补的。
② 这是 1917 年增补的。

经常发生误置的情况,这样通常只有经过很长时间的搜寻才能找到。在他寄信的时候,他往往压抑不住某种轻微的恐惧:这个戒指可能会顺着信箱的边上掉下去。有一次他如此笨拙地往信箱里送信,以致这个戒指真的掉进了信箱。他这时要发的信是给另一个他原来喜欢的女孩的断交信,而且他对她有一种负疚感。同时,他还深爱着这个女孩,这导致他对现在这个恋爱对象情感上的冲突。"

关于戒指这个主题①给人再次留下了这种印象:以前一些有创造性的作家已经知道了一些事情,一个精神分析学家想要再从中发现什么新的东西是多么得困难啊。在冯塔纳的小说《暴风雨前》(*Vor dem Sturm*)中,塔甘尼(Justizrat Turgany)在一次赌博游戏中宣称:"你可能坚信,女士们,人们下的赌注可以揭示出人性中最深层的秘密。"其中有一例他用来支持他的这个论断,这应该值得我们特别感兴趣:"我想起了一个教授的妻子——她已经到了发福(embonpoint)的年龄——她一再地将自己的结婚戒指摘下来作为赌注,还是别让我描述她的婚姻生活的幸福状况吧。"然后他继续说道:"在同一个圈子里有一个绅士,他总是不停地把他的英式袖珍刀具——有 10 个刀锋,还有螺丝刀、打火石和刀片等——丢置在女人的大腿上,直到在割坏了几件丝绸衣服之后,这个持刀片的恶魔最终才在人们普遍愤怒的喊叫声中消失了。"

如果像戒指这样充满了丰富的象征意义的物品可以在某些有意义的失误行为中,甚至在以结婚戒指或订婚戒指的形式表现出来,但并没有任何性欲联系的地方,可以发挥某种作用的

---

① 这个自然段和其后两个自然段是 1919 年增补的。

话,我们是不会感到奇怪的。以下出现的这种例子是卡度斯(M. Kardos)医生提供给我的:

"几年前,一个地位比我低得多的小伙子很依赖我;他和我分享一些理智努力的成果,他和我的关系就像学生对老师的关系一样。在一次特殊的场合,我送给他一枚戒指;每当我们的关系出现不愉快时,这枚戒指有好几次都使他出现了症状行为或失误行为。不久前,他报告了如下案例,这件事实际上特别简单明了。我们通常每周约见一次,按照常规都是他来看我,并和我交谈;但是,有一次,他找了个借口说他不能来了,因为他要去和一个似乎很吸引他的女孩约会。第二天早上,他注意到——但是,此时他离开家不久——这个戒指没有戴在手上。他对此倒是没有怎么担心,因为他认为他可能将它放在床边的茶几上了,因为他每天晚上都要放在那里,而且回家后就会在那里找到。而他这次回到家后,却没有找到,然后他仔细地搜寻了房间的每一个角落,仍一无所获。最后,他想起来,这个戒指就在床边的茶几上——实际上一年多来一直如此——就放在一个袖珍小刀的旁边,而这个小刀一般是放在他的背心口袋里的;他猜想,可能是自己'粗心大意'了,将戒指和小刀放在了口袋里,因此,他摸了一下口袋,发现这个丢失的戒指实际上就在里面。'他的结婚戒指放在背心口袋里'是用谚语的形式来指这样一个放戒指的地方,如果一个丈夫想对自己的妻子不忠,这个丈夫就会将妻子给他的戒指放进口袋。由于这种负疚感,我的朋友首先通过这样的方式进行了自我惩罚('你不再值得去佩带这个戒指');其次,他要忏悔他的不忠实,尽管只是以某种未注意到的失误行为的方式。当他在描述这种失误行为时,他只有用这种委婉的方式——顺便说一句,这是一种可以预测到的偶然事件——他才开始忏悔他这种微小的'不忠实'。"

"我还认识一位老人,①他和一个非常年轻的姑娘结了婚,他决定,在一个镇的旅馆里度过新婚之夜,而不是去做蜜月旅行。在他们还没有到达这个旅馆之前,他吃惊地发现没有带钱包,这个钱包里装有度蜜月的所有费用;他要么把它误放在了其他什么地方,要么是丢失了。好在他还能给他的佣人打电话;佣人在他脱下的结婚礼服里找到这个钱包,然后前往旅馆将这个钱包送给了这个正在等待的新郎。由此可知,他陷入了一桩无可奈何的(Ohne Vermögen)婚姻。这样,第二天早晨他就能够和他的年轻新娘开始蜜月旅行了。但是,到了晚上,正如他曾担心地预料到的,证明他的'性功能突然丧失了'(unvermögen)。"②

令人宽慰的是,人们可以反思,"丢失东西"是人类习惯的一种毋庸置疑的扩展——就是说,也是一种症状行为,因而这种习惯是受欢迎的,至少对丢失者的秘密意图而言是这样的。这种行为常常只是表明人们对丢失的这个东西的评价较低,或者对它有一种隐秘的反感,或者对送他这个东西的人有某种隐秘的反感;或者丢失这件东西的倾向通过某种思维的象征联想而从其他更重要的东西上转移到这件东西上。丢失贵重的东西可以用来表示各种冲动;它要么可以作为某种被压抑想法的象征性表现——就是说,他可以重复一个警告信号,他很高兴忽略这个警告信号——要么(最普遍的原因)它可以给自己难卜的命运提供一种供奉品,以表明现在我们仍然忠诚于这种命运。③

---

① 这个自然段和下一个自然段是 1907 年增补的。

② "unvermögend","无可奈何""没有能力",因而指"性无能"。

③ 这是 1907 年德文版中在这里插入的一个脚注,而且在后来的版本中进行了扩展,其中包含着许多比较简短的症状行为的例子。这些例子被转移到 1924 年的版本中,并将在本书后文英文版第 213-216 页中找到。

这里有几个例子可以例证我们关于丢失物品的这些论断。[①]

B. 达特纳医生："一个同事告诉我说,他很意外地将他的'彭卡拉'(Penkala)[②]笔丢失了,这支笔他已经用了两年多了,由于这支笔的质量很好,因此他非常珍视它。分析揭示了下述事实。就在前一天,我的同事收到一封他姐夫寄来的信,这使他气急败坏,因为信的最后有这么一句话:'现在我既没有兴趣,也没有时间去谈论你的无聊和懒惰。'与这封信有关的感情影响如此之大,以致第二天我的同事就将这支笔丢掉了,原来这支笔正是他的姐夫送给他的礼物,这样他就不至于感到受姐夫的恩惠太大。"[③]

我认识的一位女士在哀悼她的老母亲的日子里拒绝去到剧院看戏,这是可以理解的。距哀悼结束还有几天时间,她说服自己接受了朋友的劝说,买了张票去看一场特别有意思的戏剧表演。但是,到剧院后她发现,她将票丢失了,后来她想起来,一定是从电车上下来扔车票的时候一起扔掉了。这个女士以前一直为自己从未因为不小心而丢失过东西而自豪。

她还有一次丢失东西的经历,公平而论,她的这个行为也不是没有原因的。当她到一个疗养院的时候,她决定去参观一个寄宿学校,因为上一次她去过那里。作为一个老朋友她受到了欢迎和热情款待,当她想要付费的时候,人们告诉她,她可以把自己当作客人来看待;但是她认为这似乎不太恰当。他们同意

---

① 最后这句话,后面这个引自达特纳的例子,以及下文英文版第208页上指兰克(Rank)文章的那句话,都是1912年增补的。这一页上插入的两个自然段和下一个自然段是1917年和1920年增补的。

② 一种特殊的钢笔的商标名称。

③ 也引用自《精神分析引论》第三讲(1916—1917),在那本书中"彭卡拉笔"只是被称为"彩色蜡笔"。

她给那个为她服务的女佣留些东西作为补偿,因此她从钱包里掏出一马克钱币放在桌子上。晚上,这个学校的男仆人给她送来了5马克,说这些钱是在桌子下面找到的,女老板认为这一定是这个女士的。这一定是在她向外掏小费给女佣的时候带出来的。这很可能是她无论如何都想要付账的表示。

奥托·兰克(1911,第450页)曾写了一篇长文章,他试图用梦的分析的方法来说明这是一种献祭的心情,这种心情构成了(丢失东西的)基础,并企图揭示这一行为更深层的动机(deeper motives)。[1] 有趣的是,他后来还写道,不仅人们丢失东西,而且找到东西似乎也是由(心理因素)决定的。这句话在多大程度上可以理解,可以通过他收集的一个例子予以说明,我把它包括在这里(Rank,1915a)。很明显,在丢失东西的情况下,这个东西已经事先提供好了;而在找到东西的情况下,这个东西首先是要寻找的。

一个在物质上依赖父母的女孩很想买一个便宜的首饰。她在一个商店询问那个她很喜欢的首饰的价格;但她失望地发现,就她目前的积蓄,她还买不起。尽管如此,在她和这个很小的快乐之间还差两个金币。怀着郁闷的心情,她沿着大街闲逛着向家走去,傍晚街道上满是喧闹的人群。尽管她说自己陷入了沉思,但她突然注意到,在这个最忙乱的广场里有一片纸;虽然她从上面走过,但并没有注意到它。她又转了回去,将它捡了起来,她吃惊地发现,这是一张两个金币的钞票,她想:'这是命运

---

[1]　[这是1917年增补的脚注]在《精神分析文摘》(*Zentralblatt für Psychoanalyse*)(1912年第2期)以及在《精神分析杂志》(*Zeitschrift für Psychoanalyse*)(1913年第1期)将可以发现关于同一主题的其他文章。——(本文这个自然段的其他部分和以下的例子也是1917年增补的。)

送给我的,这样我就可以去买那个首饰了',她很兴奋地返回去,心里想着就按这种暗示去做。但同时,她又告诫自己,她不能这样做,因为一个人捡到的钱是幸运钱,幸运钱是不能花的。

"即使我们缺少有关这个女孩自己的个人信息资料,从所描述的这种情境我们也完全可以做出这种分析推断,这显然也是一种'偶然行为'。在她回家的路上,她的脑中思考着很多东西,想到自己的贫困,想到自己有限的物质地位,无疑都变成了大问题;此外,我们可以猜想,这种想法采取的形式是,她希望改变自己的这种贫困状态。她还想怎么以最容易的方式得到所需要的钱,这种想法当然源自她想要满足自己最微小的愿望这个兴趣;而且这就是最容易的解决方式——也就是,拾到钱。通过这种方式,她的无意识(或前意识)显然倾向于'拾到',尽管——她说自己当时正在思考其他什么事情(陷入沉思)——她并没有完全意识到这个真实的想法。我们可以对已经分析过的类似案例的强度做进一步的分析,并且实际上可以认为,这种无意识的'寻找什么东西的准备'比有意识的指向性注意更有可能导致成功。否则,就几乎不可能对这样的情况做出解释——街道的灯光那么黯淡,人群那么嘈杂——在数以百计的人当中,唯独她令人吃惊地捡到了这些钱。从以下这个明显的事实中,我们可以获得这种无意识的或前意识的准备的实际力量的某种标示:在她有了这次幸运的发现之后——当这种态度成为不必要的时候,而且当然已经从人们的意识中消除了的时候——这个女孩后来在回家的时候,在郊区街道的一个黑暗、偏僻的地方拾到了一块手绢。"

我必须指出，①正是这种症状行为为我们理解人们隐秘的心理生活提供了最好的方式。

现在我们转向偶然出现的偶然行为，②我将报告一个例子，甚至无须解释，它就已经暗示了某种比较深刻的解释。它对以下状况提供了清晰的例证，在这些状况下，这些症状可以非常小心翼翼地表现出来，而且它能使我增补一些具有现实意义的话语。在有一年暑假期间，我碰巧在某个地方为等一个旅行伙伴而不得不逗留几天。这时，我认识了一个年轻人，他似乎也很孤独，而且很想与我结交。因为我们在一个旅馆，很自然地，我们一起用餐，一起散步。第三天的一个下午，他突然告诉我说，那天晚上他的妻子就要乘火车到这里来。现在我的心理学的兴趣被唤起来了，因为那天早上我的旅伴留给我留下了很深的印象，他拒绝了我提出的长途旅行的建议，并且在做短途旅行时，他拒走某条小道，说这条路太陡峭，太危险。在下午散步的时候，他突然说我毫无疑问也肯定饿了；由于他的这个说法，我在用晚餐时一点也没有迟到——他要等待他的妻子的到来，并和她一起用晚餐。我明白了他的用意，就在餐桌旁边坐下来用餐，而他则到车站去了。第二天早上，我们在旅馆的大堂遇到了，他给我介绍了他的妻子后对我说："你和我们一起用早餐，好吗？"由于我得先到另一条街上去办点事，我答应他们很快就赶回来。当我回到餐厅时，我看到这对夫妇坐在靠窗子的桌子的同一侧，他们的对面只有一把椅子；但这个丈夫的又笨又大的雨衣就放在椅子的靠背上，把整个椅子都盖住了。我理解了他这样放置雨衣

---

① 这个自然段是 1912 年增补的。

② 参见英文版第 194 页脚注。——这个自然段和以下那个自然段都可以追溯到 1901 年。

的用意;这当然并不是有意的,因而表现得更加明显。意思是说:"这儿没有你的地方了,你是一个多余的人。"这个丈夫并没有看到我站在桌子旁边,没有坐下来;但他的妻子看到了,推了一下她的丈夫,对他悄声说道:"看你,占了这位先生的座位。"

这个经历以及其他类似的经历使我得出这样的结论,这些无意间做出的动作不可避免地会成为人际关系中产生误解的根源。那个并不知道还有某种意图与这些动作有联系的当事人,觉得不应该因这些行为而指责他,也不认为他们应对这样的行为负责。另一方面,旁观者,由于他经常把针对当事人的意图和情绪得出的结论建立在这些偶然行为的基础上,对他人心理过程的了解要多于这个人自己准备承认或相信他已经说过的东西。如果用从其症状行为中得出的结论来反对或指责他,当事人确实会变得很愤怒;他会说这些结论是没有根据的,因为在做这种行为的时候,他并没有意识到有这样的意图,因此抱怨另一个人误解了他。严格说来,他的这种误解是建立在过分细致和过分广泛的理解基础上的。两个人越是"神经过敏",两个人之间因此发生的误会就越多,他们都会推脱自己的责任,并据自己的分析去指责另一个人。当自己的不忠实通过这种遗忘、闪失行为和没有目的地做出的冲动行为而表现出来,而且自己又不得不承认这一点,或在掩盖不住的情况下,在别人的面前也承认自己的这一动机,这无疑是对他的不忠实行为的惩罚。实际上可以相当普遍地认为,每一个人都在持续不断地对自己的邻居进行着心理分析,因而对邻居的了解要比对自己的了解要多。如果其目标是观察这个格言γνωθισεαυτον,[①]那么这条道路就必

---

① "认识你自己"(Know thyself)——这是刻在希腊德尔菲的阿波罗神庙里的一句铭文。

须通过研究自己本人的偶然行为和疏忽才能达到。

一些作家[①]经常不时地评论我们那些微小的症状行为和失误，或者利用这些东西，在这些作家当中，没有谁能够像斯特林堡(Strindberg)那样如此清楚地理解其隐秘的本质，或者以如此神奇的生活方式将它表现出来——斯特林堡的天才就在于他能够认识这些东西是什么，这也确实是受其严重的心理异常来支配的。[②] 维也纳的卡尔·维斯(K.Weiss,1913)医生注意到在他的作品中有下面这段话：

"过了一会儿，这位伯爵真的来了，他悄悄地走近埃丝特，仿佛他和她有个约会似的。

'你等好久了吧?'他低声问道。

'6个月，这你知道，'埃丝特回答，'但是你今天要见我吗?'

'是的，就现在，就在这个电车里，我看穿了你的眼睛，感觉我在和你交谈。'

'自从上次以来，发生了很多事情。'

'是的，我相信我们之间的事情都结束了。'

'怎么会这样?'

'你给我的所有的小礼物都打碎了——而且，打碎的方式很神秘。但是，这件事情我在很久很久以前就注意到了。'

'天哪! 现在我想起了所有这一系列事件，我曾认为这是些偶然事件。有一次，我的祖母送给我一副夹鼻眼镜(pince-nez)，当时我们还是好朋友。这副眼镜是由光滑的无色水晶制成的，

---

① 这个自然段和来自斯特林堡的那段话都是1917年增补的。

② 妄想狂患者可以正确地解释他人的症状行为，这种能力在下文英文版第256页进行讨论。

很适合于验尸时使用①——这是一个真正的奇迹,我对这幅眼镜非常珍爱。有一天,我和这个老太太绝交了,她对我非常生气。在下一次验尸的时候,这副眼镜却碰巧无缘无故地跌落下去。我想,这仅仅是损坏了,因此就送去修理。但是,他们拒绝修理;后来不得不把它放在抽屉里,最后还是找不到了。'

'天哪! 奇怪的是,与眼睛有关的事情总是最敏感的。有一次我的一个朋友送给我一副看歌剧用的眼镜;这副眼镜是如此得适合我,以致戴上这幅眼镜真是一件很快乐的事。这个朋友最后和我吵翻了,你知道并没有任何明显可见的原因;仿佛谁也不想让步。在我下一次想要使用这副眼镜的时候,我却怎么也看不清楚。两个镜片之间的横梁太短了,我看到的是重影。我无须这样对你说,这个横梁并没有变短,我的两个眼睛之间的距离也没有变宽! 这是每天都会发生的奇迹——不好的观察者是注意不到这一点的。我们如何解释这种现象呢? 心理上的这种憎恨的力量一定比我们想象的要大。——而且,你给我的那个戒指,上面的宝石也不见了,也不能修理了;是的,无法修理了。那么,你想和我分手吗? ……'"[《歌特小屋》(*Gothic Room*),德文译本,第 258 页以下]。

在症状行为这个领域,②也必须允许有想象力的作家优先使用这种精神分析式的观察。这里只能重复他们在很久以前就说过的话。威廉·斯特罗斯(Wilhelm Stross)使我注意到了劳伦斯·斯特恩(Laurence Sterne)的著名幽默小说《相狄传》(*Tristram Shandy*)中以下这段话(第 6 卷,第 5 章):

---

① 在斯特林堡的小说中,埃丝特·博格(Esther Borg)是个医生。
② 这个自然段和从斯特恩那里引用的原话都是 1920 年增补的。

"……我一点也不奇怪,《拿先斯的圣格里高利》(Gregory of Nazianzum)在观察到朱利安的那些一晃而过的意外姿势时,就预言说,他将来某一天会变成一个叛党;——或者圣·阿布罗斯(St. Ambrose)会将他的文书(Amanuensis)驱逐出门,因为他的脑袋粗鄙地动了一下,就像链枷一样前后摆动;——或者德漠克利特(Democritus)在看到普罗泰戈拉(Protagoras)捆一束柴,并且像他做过的那样,向里面插一些小树枝的时候,就认为普罗泰戈拉是一个学者。——我父亲继续说道,有上千个没有人注意到的空缺,这使一个独具慧眼的人立刻就能洞穿某个男人的心灵;而且我坚信,他补充说,一个敏感的人不会在进入一个房间时放下自己的帽子,——或在出去的时候将它戴上,但他会发现,有些东西不见了。"

我在这里增补一些在健康人和有神经症的人身上发现的一些简短和多变的症状性行为:[1]

我的一个老同事,打牌时不是一个好的输家,一天晚上,他又输掉了一大笔钱。当时,他并没有抱怨,只是心情特别沉重。在他离开后,人们发现,他将带在身上的几乎所有的东西都忘在了他的座位上:眼镜、烟盒和手绢。我们无疑可对此做这样的解释:"你们这些强盗,你们可真是把我抢劫一空了。"

一个有时患性无能的人——主要是由于在童年时期和他的母亲过分亲密造成的——说,他有这么一个习惯,用字母 S 装饰他的影集和笔记本,这是他母亲名字开头的一个字母。他不能

---

[1] 从这里往下一直到本章末尾,最初是在 1907 年的版本中作为一个脚注出现的(参见以上第 207 页),并且被增补到后来的版本中。1924 年被转移到本书以及现在这个位置。——除了另外说明的之外这些例子都可以追溯到 1907 年。

容忍那些与污浊的东西相联系的字母摆在自己家里的桌子上，因此，他强迫自己把第一个字母和其他的字母分开。

一个年轻的女士突然打开了咨询室的门，尽管那个在她前面的女士还没有离开。她抱歉地说自己是"无心的"；不久就表明，她表现的是这种好奇心，这种好奇心曾使她闯入了其父母的卧室。

因自己有漂亮的头发而自豪的女孩，她们往往能够以这样的方式来控制她们的梳子和发卡，以致在谈话的时候，她们的头发会突然散落下来。

一些男人，在躺下来做检查的时候，往往会从他们的裤袋里掉出一些零钱，用这样的方式来支付他们认为适合于这次面询的任何费用。

人们在治疗时会忘记带走他们带到医生房间里的东西，如夹鼻眼镜、手套和钱包等，用这种方式表示，他们还舍不得离开这里，而且不久还会回来。厄尼斯特·琼斯（1911b，第 508 页）说："通过检查一个医生在进行心理治疗的一个月中收集东西的多少——如雨伞、手绢、钱包等——人们就几乎可以判断这个医生的治疗水平。"[①]

一些习惯性的最微小的行为往往很少引起人们的注意，如睡前给表上发条，离开房间时将灯关掉等，这些行为通常受制于一些困扰，这些困扰无可置疑地证明，无意识情结会对那些似乎已经完全固定下来的习惯产生影响。梅德尔在杂志《菌团》（Co-enobium）上讲了一个家庭医生的事，有一天晚上，他决定到镇上去赴一个重要的约会，虽然他正在值班，不应该离开医院。当他

---

① 最后这个句子是 1912 年增补的，以下两个自然段是 1910 年增补的。

回来时,他惊讶地发现他的房间里的灯还亮着。当他出去的时候,他忘记关灯了,而在以前,他是从来不会忘记关灯的。但他马上了解到他的这种遗忘的动机。这个医院主管住宅区的医院官员自然会从医生值班室房间的灯光而得出结论认为,这个家庭医生在房间里。

有一个过度烦恼而且有时会抑郁的男人使我确信,如果前一天晚上他觉得生活似乎完全冷酷无情,那么他通常在早上就会发现他的表停摆了。通过忘记给表上发条,他想要象征性地表明,他要到第二天才会觉得生活不那么冷漠了。

另一个①我本人并不认识的男人写道:"在命运给了我以此沉重的打击之后,生活似乎如此残酷无情,以至于我想,我没有足够的力量去过第二天的生活。这时我注意到,几乎每一天我都会忘记给我的表上发条。而在以前我从来没有忘记过上发条;这是在我上床前通常要做的一件事,是一种几乎机械的和无意识的行为。但是现在我只是非常②罕见地记住这么去做,只有在我第二天有很重要的事情,或者使我特别感兴趣的事情时,才能够记起来。这也是一种症状行为吗? 我自己对此完全无法解释。"

如果一个人很费力地进行配音,正如荣格(1907)和梅德尔(1909)③所做的那样,他会发现自己没有目的地发出嗡嗡的声音,而且通常意识不到自己在这么做,他能够很有规律地发现歌词和占据自己心灵的某个主题之间有联系。

---

① 这个自然段是 1912 年增补的。
② 这个词只是在 1912 年的版本中出现过。
③ 提到后者是 1910 年增补的。

　　一个人在口头或书面表达思想的时候，①也有一些微妙的决定因素应当引起我们的注意。我们相信，我们通常可以自由地选择我们想要用来修饰我们思想的任何词，或者用来掩盖这些思想的任何意象。更仔细地观察表明，其他的考虑可以决定这种选择，而且在以这种形式表达这种思想的形式背后，无意的一瞥可能包含着某种更深刻的含义——常常是一种并非有意的含义。当一个人形成对自己的判断的时候，他特别表现出的对短语的意象和转折很少是没有深刻含义的；而其他的则常常是对某一主题的暗指，这个主题当时一直处在背景之中，但对讲话者有很大的影响。在某些理论讨论过程中，有一次我听到有人重复使用这样的表述："如果某个东西突然穿过一个人的脑袋。"②我碰巧知道，他最近得到一个消息，一颗俄国人的子弹正好穿过了他的儿子戴在头上的帽子。③

―――――――

①　最后这个自然段是 1917 年增补的。

②　意即，"如果某种想法突然闯入一个人的脑海。"

③　正如弗洛伊德在 1915 年 7 月 30 日写给卢·安德里亚斯－莎乐美（Lou Andreas-Salome）的一封信中报告的，这件事就发生在他自己的大儿子身上。

十、差　错①

　　记忆差错与伴有记忆错误的遗忘之区别主要在于这样一种特征,在前者中差错(记忆差错)并没有被人们认识到,但却发现了证据。但是,我们对"差错"(error)这个术语的使用似乎还要依赖于另一个条件。我们说的是"出现差错"(being in error)而不是"记忆错误"(remembering wrongly),在这里我们希望强调的是在我们试图重现的精神材料中客观现实的特点——就是说,在这里我们努力想要记住的是那些与我们自己心理生活的实际不同的东西;是易于招致他人的记忆验证或反驳的东西。在这个意义上说,记忆差错的反面是疏忽。

　　在我的《梦的解析》(1900a)中,我要对其中的很多错误负责,这是在这本书出版后,我才惊讶地发现它们的。② 这些错误的内容涉及的是一些历史的观点,而且一般都是事实的东西。

---

　　① 　这一章的前面部分,一直到英文版第 220 页,都可以追溯到 1901 年。
　　② 　在本书出版之后的 1899 年 11 月 5 日和 11 日,弗洛伊德立即写信给弗利斯,在信中提到了这些错误中的两个(弗洛伊德,1950a,第 123 和 124 封信)。

经过更仔细的检查,我发现这些错误并非都源于我的疏忽,但却都可以追溯到记忆差错,用精神分析也可以对此予以解释。

(一)在第 266 页(第 1 版)(《弗洛伊德全集标准版》,第 5 卷,第 456 页),我提到一个叫马尔堡(Marburg)的镇(在德国的黑塞州)——在奥地利的施蒂利亚州(Styria)也可以发现这个名字,我将这个镇当作席勒的出生地。这个差错出现在我对一个梦的解释中,这是我在旅行时的一个晚上做的梦,而且在我做梦的时候被车警报马尔堡车站名的声音惊醒了。梦里有这样的一个内容,有人问关于席勒的一本书的问题。事实上,席勒并非出生于(黑塞州的)马尔堡大学城,而是在德国施瓦本的马尔巴赫(Marbach in Swabia),而且我敢肯定,我对此必然是清楚的。

(二)在第 135 页(《弗洛伊德全集标准版》,第 4 卷,第 197 页),我将汉尼拔(Hannibal)的父亲称作哈斯德鲁巴(Hasdrubal),这个差错尤其使我烦恼,但这个差错却可以为我提供关于这种差错之观点的最强有力的证据。我的这本书的很多读者可能比我更熟悉巴卡(Barca)家族的历史,而我却出现了这个差错,虽经 3 次校对也没有发现。汉尼拔父亲的名字是哈米卡尔·巴卡(Hamilcar Barca)——哈斯德鲁巴是汉尼拔哥哥的名字,也是他的姐夫和前任共有的名字。

(三)在第 177 页和第 370 页(《弗洛伊德全集标准版》,第 4 卷,第 256 页;第 5 卷,第 619 页)两处,我都谈到宙斯阉割他的父亲克罗诺斯,并让他的父亲退位。但是,我却错误地将这种暴行前推了一代。根据希腊神话,这样的暴行是克罗诺斯对他的父亲乌拉诺斯(Uranus)实施的。[1]

　　我的记忆在这些方面提供给我的是不准确的信息,而在其他方面——正如本书读者自己就能看出来的——却把那种最罕见和最不同寻常的材料交给我来支配,对此应当如何解释呢?而且,我怎么会忽略这样的差错呢? 为什么经过三次仔细的校对,仿佛像一个瞎子一样没有发现这些错误呢?

　　歌德在谈到利希滕贝格(Goethe said of Lichtenberg)时说:[2]"在他开玩笑的地方,总是隐藏着某个问题。"同样的,对我在这里引用的我的这本书里的有些部分也可以这样说:在出现某种差错的地方,其背后必然隐含着某种压抑。——或者更确切地说,某种最终根源于被压抑的材料的伪善、某种歪曲。在分析我在那里报告的那些梦时,由于梦中的想法与这些主题有关,因此我受这些主题的根本性质所迫,一方面要在这个分析完满结束之前的某个时段终止这次分析,而另一方面,又被迫通过轻微的歪曲来减弱某些不慎重的细节。我不得不这样做,如果我希望提出例子和证据来的话,我实际上别无选择。我的这个难堪的做法是梦的独特特性的必然结果,这种特性就在于要使那些被压抑的材料表现出来——换句话说,使那些不允许进入意识的材料表现出来(尽管如此,似乎还留有很大的空间来得罪某些敏感的心灵)。然而,在歪曲或掩盖这些想法的时候,我并没有成功,我知道这些想法仍然在继续活动着,而且也没有留下什

---

　　① 这并非完全是一个误差。这个神话在奥尔菲斯(Orphic)的版本中让宙斯重复了阉割他的父亲克罗诺斯的过程(参见罗奇尔[Roscher]的《神话学词典》)。(参见英文版第 198 页第二个脚注。)

　　② 只有在 1901 年和 1904 年的版本中:"人们是这样说利希滕贝格的。"——弗洛伊德在其《诙谐及其与无意识的关系》(1905c)一书中也引用了歌德的话,《弗洛伊德全集标准版》,第 8 卷,第 93 页,在这本书中还讨论了利希滕贝格的许多讽刺诗,在其《精神分析引论》(1916—1917)第二讲的末尾也做了引用。

么痕迹。通常,我想压抑的东西往往能成功地阻止我的意志进入我选择要表达的内容,并且以我没有注意到的差错的形式在其中表现出来。另外,同一个主题就是我提供的 3 个例子的基础:即这些差错是与我已故父亲有关的那些被压抑想法的衍生物。①

(一)凡是通读过第 266 页分析的这个梦(《弗洛伊德全集标准版》,第 5 卷,第 455 页及以下)的读者,将会部分明显地发现,而且能够部分地从这些暗示的信息中猜测出来,在出现了包含着对我父亲不友好的指责的想法时,我就发生了中断。随着这些思想和记忆的继续,实际上出现了某种令人烦恼的故事,在这个故事中,书籍发挥了某种作用,其中还有我父亲的一个生意上的朋友,他的名字也叫马尔堡——和那个在火车南站(Südbahn)的马尔堡车站唤醒我的车站的名字一样。在分析的时候,我企图将这个马尔堡先生压抑下去,不让我自己和读者知道;他通过侵入不属于他的领地,并且把席勒的出生地的名称从马尔巴赫变成了马尔堡。

(二)这个把哈斯德鲁巴换成哈米卡尔的差错,或将哥哥的名字换成父亲名字的差错,正是在以下某种背景关系中出现的,与我在学龄时期产生的关于汉尼拔的幻想有关,也与对父亲的不满有关,这种不满主要来源于父亲对待"我们民族的敌人"的行为表现。② 我要继续谈一下我和父亲的关系是如何通过对英国的一次访问而发生改变的,在那里我认识了我的同父异母的

---

① 在 1908 年撰写的《梦的解析》第 2 版的序言中,弗洛伊德指出,在他完成这本书之后,他发现"这是我自己的自我分析的一部分,是对我的父亲去世的反应。"(《弗洛伊德全集标准版》,第 4 卷,第 xxvi。)

② 见《梦的解析》(1900a),《弗洛伊德全集标准版》,第 4 卷,第 196 页及以下。

哥哥,他生活在那里,是父亲和第一个妻子的孩子。我哥哥的大儿子的年龄和我差不多。所以,我们年龄之间的这种关系,使我突发奇想,如果我不是我父亲的孩子,而是我的这个哥哥的孩子,情况会是何等的不同啊。这些被压抑的幻想使我的著作在这个地方出现了错误,在此我中断了分析,迫使我将哥哥的名字取代了父亲的名字。

(三)同样是由于我对这个哥哥的记忆的影响,我错误地将希腊神话中的这种暴行向前推进了一代。我的这个哥哥对我的一句劝告长期滞留在我的记忆里:他对我说:"有一件事你不要忘记,就你生活中的行为而言,在与你父亲的关系方面,你实际上并不属于第二代,而属于第三代。"我们的父亲在晚年再婚,因此,由于他的第二次结婚,使他比他的孩子们要大得多,我的这个差错已经在我讨论孝道的那本书中的那个地方描述过了。

有时还会发生这样的情况,我在梦的分析中报告或间接地提到朋友或患者的梦时,他们都会使我注意到这样的事实,我们一起体验到的这些事件的细节没有被我正确地说出来。这些也可以归类为历史的差错。在我的误差被校正以后,我考察了各种案例,在这里我也使我自己相信,只有当我有意地在分析中歪曲或掩盖某件事情时,我对这些事实的记忆才会是不正确的。在这里我们再次发现:一个没有被察觉到的差错会取代一个存心的掩盖或压抑。[①]

这些源于压抑的差错与那些基于真正的疏忽而导致的差错截然不同。因此,例如,在我到瓦豪(Wachau)旅行时,由于疏忽

———————

[①]　另一个诸如此类的可能的例子是在《癔症研究》的附录 A 中讨论的,《弗洛伊德全集标准版》,第 2 卷,第 307—309 页。一个具有相同机制的例子是在"17 世纪的一个鬼神学神经症"的第四节出现的,《弗洛伊德全集标准版》,第 19 卷,第 97—98 页脚注。

而使我认为我到了革命领导人菲施霍夫(Fischhof)的家乡。这仅仅是因为这两个地方的名字相同。菲施霍夫的埃莫斯村(Emmersdorf)在卡伦西亚(Carinthia)。但是,我对此并没有更多了解。(参见《弗洛伊德全集标准版》,第4卷,第211页。)

(四)[①]这里还有另一个使我感到羞愧的有教益的差错,这是一个可以被称为暂时疏忽的例子。一天,一个患者提醒我给他两本关于威尼斯的书,这是我曾答应过他的,因为他需要为他在复活节外出旅行时做好准备。"我已经准备好了,"我回答,并去图书馆取书。但实际情况是,我忘记了去找这两本书,因为我实际上并不完全赞成我的患者这次旅行的,在我看来,就这样中断治疗是很不必要的,而且对医生是一种物质损失。因此,我匆忙地在图书馆查找这两本书,我曾经把眼睛落在这两本书上。一本是《威尼斯:艺术之城》;但是,除此之外,我认为我必须要拥有同一个系列的一本历史方面的书。对了,就是它:《美第奇家族》(*The Medici*)。我把它拿了回去,并带给了等待我的患者;但是,我羞愧地承认我出了差错。实际上我当然知道,《美第奇家族》与威尼斯没有任何联系;但在短时间内,我却怎么也没有发现这个差错。现在,我不得不公平一点;因为在分析患者的症状行为时,我通常以患者眼中权威的态度要求患者要诚实。这时我不得不告诉患者我的这个疏忽的动机(我曾视为秘密而予以保密):我并不赞同他的这次旅行。

总的来说,我讲真话的动机力量比通常预想的要大得多,这似乎使人非常吃惊。但是,或许是因为我的职业是从事精神分析的缘故,我很少能够说谎。当我企图歪曲一些事实的时候,我

---

① 从这里一直到第5个例子的末尾都是1907年增补的。

便会出现暴露我内心秘密的这样或那样的差错或失误行为,这正如在最后这个例子以及前面的例子中所看到的那样。

在所有的失误行为中,差错似乎具有最不严格的机制。也就是说,某种差错的发生通常更能表明,心理活动本身不得不与这样或那样的干扰性影响做斗争;但是,差错所采用的特殊形式并不是由隐藏的干扰性的观念的性质决定的。通过反省以前的讨论,我们可以在这里做点补充,这一解释同样也适合于很多简单的口误和笔误行为。每当我们出现口误或笔误的时候,我们就会推断,在我们的意识之外存在着某种可归咎于心理过程的干扰;但也必须承认,口误和笔误通常也服从相似律、怠惰律或加速倾向律,这种干扰因素并没有继续将其本身的任何特点强加于由此而导致的口误或笔误。正是对语言学材料的顺从才使错误的决定成为可能,与此同时这也限定了可能发生失误的限度。

为了避免使我自己局限于我自己的差错,我将再报告几个例子,这些例子确实也可以包含到口误和闪失行为之中;但这是一件无关紧要的事情,因为所有这些失误行为的形式都是彼此相当的。

(五)我阻止一个患者给和他恋爱的女孩打电话——但是他自己想和她断绝关系——因为每次谈话都只会使他重新产生放弃她的念头。他想要写信将他的这个决定告诉她,尽管给她发出这样一封信有一些困难。在 1 点钟的时候,他打电话给我说,他找到了克服这些困难的方式,问我是否可以引用我这个作为内科医生的权威人士的话。在 2 点的时候,他正忙于写这封中断关系的信,这时他突然停了下来,对和他在一起的母亲说:"对了! 我忘了问这个教授我是否可以在这封信中提到他的名字。"

他冲到电话机旁,拨通了电话,说:"我能和教授讲话吗? 他是否吃过了晚餐?"对方的回答使他大为惊奇:"阿道夫,你疯了吗?"这就是我劝告他不应再听到的声音,他刚好"犯了一个差错",他拨的不是教授家里的号码,而是这个姑娘的号码。

(六)①一个年轻女士要到 Habsburgergasse("哈布斯堡大街")去看一个朋友,一个新近结婚的女士。当一家人围在桌旁就餐时,她谈起了这件事,但讲话时出现了差错,她说要去 *Babenbergergasse*(巴苯伯格大街)。桌旁那些人的笑声使她注意到了她的这个差错——或者口误(根据你自己的选择)——这是她并没有注意到的差错。事实上,在两天前,共和国在维也纳宣布成立了,黄、黑的色彩被老式的奥斯特马克彩色(Ostmark)——由红、白、红组成——所取代,哈布斯堡皇族被赶下了台。这个讲话者将王朝的变更引入她的朋友的住址。在维也纳,有一个很著名的 *Babenbergerstrasse*,但没有一个维也纳人会将此说成"*Gasse*"。②

(七)③一个当地中学教师,虽然家境贫寒,但却是一个很帅气的小伙子,在一次暑假里,他拼命地追求一个别墅业主的女儿,这个姑娘来自大都市,直到这个姑娘充满激情地爱上了他,甚至劝说她的家人同意他们结婚,尽管他们存在着社会地位和种族的差异。一天,这个教师给他的哥哥写了一封信,他在信中说:"这个女孩当然并不漂亮;但她却很甜,我们将因此而相处得

---

① 这是 1919 年增补的。

② 在维也纳,用来表达街道的词有两个:一个是"Strasse"标识一些重要的街道;另一个是"Gasse",表示一些小一些的街道。查里曼取名为"奥斯特马克"的地方(东部省份),现在几乎都成为奥地利的地盘。它最初属于巴苯伯格王朝。但到 13 世纪,被哈布斯堡王朝推翻,这个王朝的统治一直持续到第一次世界大战结束,红白红的色彩被共和国所采用(取代了旧王朝的黑黄色),新共和国采用的色彩就是巴苯伯格王朝的色彩。

③ 这是 1907 年增补的。

很好。但是，我是否能下决心要娶一个犹太人，我还不能告诉你。"这封信被他的未婚妻收到了，由此而终结了他们的婚约；与此同时，他的哥哥很奇怪地收到了一封充满甜言蜜语的信。叙述这件事的教师向我保证说，这是一个差错，而绝非存心的计谋。我知道另一个案例，在这个案例中一位女士对他的老医生深感不满，但又不愿意公开地放弃他，这位女士通过把两封信相混淆而达到了其目的。在这里至少我可以保证，这是差错，而不是利用这个主题的有意识的计谋，这样的计谋在喜剧中是我们如此熟悉的。

（八）[1]布里尔（1912，第 191 页）谈到一个女士，她向他打听他们共同熟悉的一个朋友的消息，在这样做时她错误地称呼这个朋友做姑娘时的名字。当让她注意到这个错误后，她被迫承认，她不喜欢这个女士的丈夫，认为她的这桩婚事是不幸的。

（九）[2]这个差错也可以被描述为是一种口误。一位年轻的父亲在为他的二女儿去做出生登记。当问他孩子的名字时，他回答说："汉娜。"工作人员告诉他，他已经有一个孩子叫这个名字。我们由此可以得出结论：对这两个女儿来说，他更喜欢大女儿。

（十）[3]我将要增补其他一些把名字搞混的观察发现；它们当然同样完全可以包含在本书的其他章节中。

一位女士是 3 个女儿的母亲，其中两个早已经结婚；小女儿还在等待自己的归宿。在两次婚礼上，这家人的一个朋友——

---

[1]　这是 1912 年增补的；也在弗洛伊德《精神分析引论》（1916－1917）的第三讲中报告过。

[2]　这是 1907 年增补的。

[3]　第 10 和第 11 个例子是 1920 年增补的。

一个女士——送的礼物都是相同的,一套昂贵的银制茶具。每当话题转到这套茶具时,这位母亲总是出现差错,说这是自己三女儿的茶具。很明显,这个差错表明,这位母亲希望看到自己最小的女儿也结婚——并且推测,也会收到同样的结婚礼物。

母亲经常搞混女儿、儿子或女婿的名字,这样的情况是比较容易解释的。

(十一)这是一个顽固地弄错名字的很好的例子;这是我从 J. G. 先生那里借用的,是他自己在一所疗养院里时观察到的例子。

"一天,在吃饭的时候(在疗养院),我和坐在我旁边的一个女士交谈,但这个谈话并不是我很感兴趣的,而且完全是一些传统的话题,在谈话过程中,我使用了一个特别亲切的短语。这个多少有点上了年纪的老处女禁不住地评论说,我通常对她并非这么亲切和殷勤。这种回答不仅包含着某种遗憾,而且也包含着对一个年轻女人明显的讥讽,我们都认识这个女人,而我对她尤其注意。诚然,我马上明白了她的用意。在我们继续谈话的过程中,使我感到尴尬的是,我邻桌的人一再地指出,我用那个年轻女人的名字称呼这个女士。但是这个老妇人却比较公正地认为那个年轻女人是她幸运的情敌。"

(十二)①我还将报告一个"差错"这是一个有复杂背景的事件,这是一个亲身参与了这件事的目击证人告诉我的。一个女士在户外和她的丈夫以及两个陌生人呆了一个晚上。在这两个"陌生人"中,其中一个是她的相好;但其他人对此并不了解,意思是对此一无所知。这些朋友伴着这对已婚夫妇来到了他们的门前,当他们等待开门的时候,他们相互道别。这个女士向那个

---

① 这是 1917 年增补的。

陌生人鞠躬致谢,并将自己的手给他,说了一些礼貌的话。然后,她挽住她的这位秘密情人的手臂,转向她的丈夫,并且用同样的方式对他说再见。她的丈夫也融入了这种情境中,脱掉帽子,用很夸张的礼貌口吻说道:"再见,亲爱的女士!"这位惊恐的女士放下了她的相好的手臂,在看门人出现之前,她才有时间喊叫起来:"天哪! 自己做的这件事多么愚蠢啊!"这个丈夫是那种对自己妻子超越可能限度的不忠贞装腔作势的已婚男人。他不断地发誓说,在这样的情况下,不止一种生活处于危险状态。因此他内心有那种最强烈的阻碍,阻止他注意到在这种差错中所包含的挑战。

(十三)①这是我的一个患者的一次差错:为了表达某种相反的意思而进行重复,这个事实特别耐人寻味。经过较长时间的内心思想斗争之后,这个过分谨慎的小伙子决定向那位与他相恋很久的姑娘提出结婚,因为他也很喜欢她。他护送他的未婚妻到家里,和她道别后,在最幸福的心境中上了电车,并向售票员买了两张票。6 个月后,他结了婚,但他无法适应这种新婚燕尔的婚姻生活,他怀疑自己的婚姻是否正确。因为,他不能再像从前一样和他的朋友来往,而且他的岳父岳母还经常刁难他。一天晚上,他将他的年轻的妻子从她的父母那里带回家去,和她一起上了电车,买票的时候却只买了一张。

(十四)②一个勉强压抑起来的欲望怎样才能通过"差错"的方式得到满足,这是在梅德尔(1908)的一个很好的例子中予以描述的。一个同事,有一天休假,在休假期间,他不想有人打扰;但是,他不得不去卢塞恩(Lucerne)看一个人,虽然他很不情愿。

---

① 这是 1919 年增补的。
② 这是 1910 年增补的。

经过长时间的考虑,他决定还是到那里去。在从苏黎世到阿尔特－戈尔道的路上,他一直在看那些日报,以此来消磨时光。在下站他换了车,然后继续读他的报纸。直到检票员来查票的时候,他才知道他坐错了车——是从阿尔特－戈尔道到苏黎世的车——他又从阿尔特－戈尔道回到了苏黎世,尽管他拿的是到卢塞恩的车票。

(十五)[①]V. 陶斯科(Tausk,1917)医生描述了一个类似的、尽管不完全成功的例子,试图借助于与差错相同的机制而使某种被压抑的想法得到表达,他将此命名为"错误方向的旅行"。

"我离开前线回维也纳。一个老患者听说我在镇上,就邀请我去给他看一下病,因为,他还在因病卧床。我应邀去看他,在那里停留了两小时。当我要离开的时候,这个病人问我应付多少诊费。'这是在我回家的路上,现在并非行医,把我当作来看你的朋友好了。'我回答。这个患者犹豫了,毫无疑问,他感到自己无权利将这种专业服务当作朋友间无偿的行为。但最后,他还是很感激地接受了我的好意,并为自己能够节省一些钱而高兴。作为一个精神分析医生,我这么做无疑也是正确的。几分钟后,我开始怀疑自己的这种慷慨举止的真实性,而且我的心中充满了疑虑——我难以对此加以解释——我上了 X 路电车,之后,又要换乘 Y 路电车。当我在换车的地方等车时,我完全忘记了收费的事情,心里想的只是这个患者的症状。我要等的车来后,我上了车。但是到了下一站,我不得不再下车。事实上,在上车的时候我有些漫不经心,而且没有注意到这是 X 路电车而不是 Y 路电车,因此我又回到了最初出发的那个地方——即我

---

① 这是 1919 年增补的。

没有接受诊费的患者居住的那个方向。但我的无意识是想收费的。"

（十六）[1]一个与例 14 非常类似的戏法曾经（once）[2]在我自己身上发生过。我曾经答应我那个一向严厉的哥哥,那年夏天,我要长途跋涉到英国的一个海滨避暑胜地去看望他,由于时间比较仓促,我承诺要走最近的路线,而且不会在路途上耽搁时间。我问他,我是否能在荷兰停留一天,但他认为,我可以推迟一天,回去的时候在荷兰停留。这样,我便坐车由慕尼黑出发,经过科隆到鹿特丹和荷兰湾,再由此出发于星夜乘船去哈维奇。途中,我要在科隆换车;我下了火车后,便去找到鹿特丹的快车,但是怎么也找不到。我问了很多铁路上的工作人员,从一个站台到另一个站台,仍没有找到,我完全失望了,而且很快就认识到,在这个毫无结果的搜索过程中,我一定是错过了这趟车。在这一点得到证实之后,我想是否应在科隆住一晚上。经过一番思考后,我认为,最适合那个计划的是尽孝心,因为根据我的家族的传统,我的祖先在犹太人受到迫害的时候从这个城市逃了出来。[3] 但是,我决定放弃住在科隆,而是乘下一班车到鹿特丹去,车到达的时候已是深夜,我不得不在荷兰停留一下。这一天的时间满足了我的这个夙愿;我可以在海牙和阿姆斯特丹的国立博物馆看到伦勃朗（Rembrant）的巨幅绘画。只是到了第二天上午,当我要乘车跨越英国而且能够收集我的印象时,我才清楚地回忆起来,在科隆火车站我看到过一个大的标牌——就在我

---

① 这是 1910 年增补的。

② 在 1910 年写的是:"只是最近"（only recently）。

③ 参见"自传研究"（1925d）,《弗洛伊德全集标准版》,第 20 卷,第 8 页。对弗洛伊德这次旅行的完整说明可以在琼斯的书（1955）,第 57—58 页中找到。

下火车的同一个站台几步远的地方——上面写着"到鹿特丹、荷兰湾"。就在那里停着我要等待的继续我的旅行的车。尽管这个标牌非常醒目,而我的行为比较匆忙并且一直在另一个地方寻找,可以把这种行为描述为一直不可理喻的"盲目行为",除非对这种行为做出这样的假设——与我哥哥的指令相反——在外出旅行的路上我确实想要观赏伦布朗的作品。所有这一切——我那长得很像的困惑、我想在科隆住一晚上那种"伪善"意图的出现——都只是一种发明出来的想法,想要使我的这种解决方法不让我自己知道,直到事情得到完全解决之后我才知道。

(十七)①J. 斯塔克(Starke, 1916)从他自己的个人经历讲述了一个由"遗忘"而导致的类似的策略,目的是满足某种表面上宣布放弃的愿望。

"一次,我不得不用幻灯片为一个村的村民做一次讲座;但这个讲座因故推迟一周。我在回信中说明了推迟的原因,并在笔记本上记录下了这次讲座的新的时间。我很高兴想下午到达这个村庄,因为这样我就可以抽出时间去拜访一位我认识的居住在那里的作家。但遗憾的是,当时我没有一个下午有空。因此,我多少有点不情愿地放弃了这次拜访的念头。

就在我要去讲课的那个晚上,我匆匆忙忙拿着幻灯片到车站去赶火车。我叫了一辆出租车去赶火车(在我因事耽搁而要赶车的时候,我经常都是叫出租车的)。当我到了目的地,我感到有点奇怪,没有一个人到车站接我(因为这是在小地方做讲座通常的惯例)。这时我突然想起来,这个讲座推迟了一个星期,这一天是原来确定的讲课日期,我白跑了一趟。我在强烈地抱

----

① 这是 1917 年增补的。

怨了我的遗忘之后,我思忖着是否要赶下班车回家呢? 但是,经过更仔细的考虑,我想,现在我有一个很好的机会去拜访一下我很想拜访的作家,因此,我便去了。走在路上我才猛然警醒,是我的那个要有足够的时间进行这次访问的无法实现的愿望,促使我做出了这样的行为。由于沉重的幻灯片箱子的拖累和匆忙地赶火车,可以更加有效地将这种无意识的意图很好地掩藏起来。"

人们或许认为,①我在这里做出解释的这类差错,为数并不太多,也不特别重要。但是,这里有一个问题供大家思考,是否有某种基础,可以将同样的研究路线推广到对一些更重大判断差错的评价上,例如人们在生活中和在科学研究中做出判断的那些更为重要的差错。只有那些为数很少的,有最好的适应性的人,才有可能保留住外界现实的画面,使其不会受到歪曲,这种歪曲往往发生在那些有辨别力的个体身上。

---

① 这个自然段可以追溯到 1901 年。

十一、混合失误①

　　前面提到的两个例子——我自己把美第奇家族转换为威尼斯的差错(英文版第 221 页)和那个年轻人违背我的禁令而和他的未婚妻打电话的差错(英文版第 222 页)——实际上并没有得到完全准确的描述。仔细地考察后发现,它们是某种遗忘行为与某种差错的混合。我可以举一些其他的例子更清楚地说明这种混合失误。②

　　(一)一个朋友给我谈了他的以下这个经历:"几年前,我参加了一个文学协会,并被选为委员,因为我认为这个组织可能有一天会有助于我的剧本创作;我每周五都抽出时间参加这里举办的会议,尽管我对此没有多少兴趣。几个月前,我得到许诺,我的剧本可以在 F 地的一个剧场里上演了;从此以后,我经常忘记这个协会的例会。当我读过你有关这个主题的书后,我很羞

　　① 这一章第一次被包含在 1907 年的版本中。当时只有前四个自然段和最后一个自然段组成。更多的例子是在本书后来的版本中增补的。

　　② 以下例子中的前三个在《精神分析引论》(1916－1917)的第三讲中得到了重述。那里的第二个例子可归功于赖特勒(R. Reitler)。

愧我的这种遗忘。我指责自己的这种想法,这是一种卑鄙的行为,怎么能在不需要这些人时就将他们甩开,并且下决心下一个星期五的例会无论如何不能忘记了。在此之前,我不断地提醒自己,直到我准时到了那个举行活动的地方。到门口后,我吃惊地发现,门是锁着的;会议已经结束了。我实际上把日期搞错了;现在已经是星期六了!"

(二)下面这个例子是症状行为和误置行为的混合。虽然我是以有点迂回的方式得到这个例子的,但其来源却是很可靠的。

一位女士和她的姐夫到罗马旅游,她的姐夫是一个知名的艺术家。罗马的德国社团给了他们很高荣耀的接待,并赠送了很多礼品,其中有一个有古典风格的金质奖章。这位女士烦恼地发现,她的姐夫根本就不欣赏这种可爱的礼物。当她回到家后(在罗马的家被她的姐姐占用了),在她从包里向外拿东西的时候,她发现将这个金质奖章带了回来——她不知道为什么会这样。她马上给她的姐夫寄了一封信,把这个消息告诉他,并且宣称她第二天把这个带走的礼品寄送给他。但是,到了第二天,这个奖章却被如此聪明地误置了,以致她怎么也找不到,因此无法将这个奖章寄出去;到这个时候,她的这种"疏忽"才引起了这个女士的注意:她发现她自己想要拥有这个奖章。

(三)[1]在有些情况下,失误行为会很顽固地重复出现,同时会改变它所采用的方式:

有一次,厄尼斯特·琼斯(1911b,第 483 页)莫名其妙地将一封信放在桌子上好多天而没有发出,最后,他决定要把这封信发了。但是这封信又从"死信办公室"(Dead Letter Office)[2]退

---

① 第 3 到第 5 个例子是 1912 年增补的。

② 这是用英文写的原话。

了回来,因为,他忘了在信封上写地址。他马上在上面写了地址,但是,当他将这封信带到邮局的时候,他发现他忘记在上面贴邮票了。这时,他再也不能忽视他根本就不愿意发这封信的力量了。

(四)由于与某种内在抵抗相对立的力量而无法使某种行为付诸实施,维也纳的卡尔·维斯(Karl Weiss)博士(1912)在一次简短的交流中曾做过描述,给人留下了最深刻的印象:

"以下这个情节将表明,如果无意识有某种动机,想要阻止人们去实施某种行为,它会多么固执地使自己被人感受到,而要避免这种坚持又是何等的困难。一个熟人让我借给他一本书,并且第二天把书带给他。我当时爽快地答应下来,但我感到有一种最初原因不明的不快:稍后我才知道,这个人多年来曾欠我一笔钱,但到现在显然还没有要归还的想法。我不再想这件事了,但第二天早上,我仍然记得此事,同样感到很不愉快,我马上对自己说:'你的无意识将安排你忘掉这本书;但你千万不要这么小气,因此你一定设法不要把这件事给忘了。我回到家里,将书包好,并将它放在我写信的那个桌子上。一段时间之后我出了门;才走了几步,我想起来自己遗忘了桌子上写好的几封要发出的信(顺便说一句,在其中的一封信中我被迫写了一些不赞同某人的话,在某件事情上我希望得到这个人的帮助)。我转身走回去,拿了信后又再次出门。上了电车我才想起来,我答应给我的妻子买些什么东西给她,我非常高兴地想到,所有的东西也只不过有一小包。就在这时,由这个'小包'使我联想到'书',现在我才注意到,我没有带那本书。我不仅在第一次出门时忘记了这本书,而且当我去拿放在旁边的那些信时也完全忽略了这件事。"

(五)在奥托·兰克(1912)详尽分析过的一个例子中也发现同样的情况：

"一个拘谨古板、有点迂腐的男人报告了以下这个对他来说很不寻常的经历。一天下午，他走在大街上，突然想看一下时间；发现他竟将自己的手表忘在了家里——他记得这样的事情以前从没有发生过——由于他晚上有一个约会，而自己又不能迟到，而且回去取表已经没有足够的时间了，因此他准备提前去一个女士，他的一位朋友，那里借一块表用一晚上。这样就更合适不过了，因为他本来就准备第二天上午去看她的，而且他答应那时再把表归还给她。然而，当第二天他要将借来的表还给表的主人时，他才吃惊地发现，他将这块表放在家里了。这次他戴的是他自己的表。于是，他决定当天下午把这位女士的表归还给她，而且他确实实施了这个决定。但是，当他离开她家想要看时间的时候，他非常懊恼而又吃惊地发现，他又将自己的表忘在了家里。

"如此反复多次地出现失误行为，对一个喜爱有序的男人来说似乎是如此病态，以致他很想了解其心理动机；这一点很快就通过精神分析的询问而揭示出来，我问他第一次忘记戴表的那一天是否有什么不愉快的事情发生，如果有的话其细节如何。他马上说道，午餐之后——在他忘记戴表出去前不久——他和他的母亲在谈话，他的母亲告诉他，一个已经使他很烦恼而且花了不少钱的不负责任的亲戚，现在又将他(这位亲戚)的表典当了，但是，由于表对一个家庭来说是必需的，她让他(叙述者)借钱把这个表赎回来。他因为这种多少有点被迫的借钱给别人而非常烦恼，他还回忆起来，这个亲戚已经如此打扰他好多年了。由此可见，他的症状行为证明是由几个因素所决定的。首先，这表明了他的如下这一系列的想法：'我不允许以这种方式让他向我敲诈钱财，如果需要表的时候，我就把我自己的表留在家里。'但是，因为他晚上按时赴约还需要手表，这个意图只能通过无意识的渠道发生作用，以某种症状行为的方式表现出来。其次，他的这个遗忘行为说明：'为这个一无是处的人花钱，就像去填一个无底洞，总有一天会把自己拖垮，因此，我不会再为他做任何事情了。'尽管，根据他的看法，他对这件事情的愤慨只是暂时的，但是这同一种症状行为的反复出现却表明，它仍然在其无意识深处发挥着作用，仿佛他的无意识在说：'这件事总是萦绕在我的脑海，难以消除。'①鉴于这种无意识的态度，同样的事情竟然发生在他借了那个女士的表忘记归还上，这也不会使我们感到奇怪。但是，或许还有另外的动机，驱使他将这种失误转移到这位'无辜'女士的手表上。最明显的动机很可能是，他无疑很想留下这块表，以取代自己失去的手表，因此第二天便忘记归还这块手表。他或许很高兴地想把这块手表作为这位女士的一个纪念品。再者，忘记这位女士的手表给他提供了一次机会，使他能再次拜访这位他很欣赏的女士。本来他是因为其他什么事情于那天上午去看望这个女士的，由于他忘记了手表，这次为归还表这个偶然的目的而利用这次不久前安排的拜访似乎令他蒙羞。再者，他两次将自己的表遗忘，而且能以那种方式归还另一块手表，这足以表明，他无意识地力图避免一次同时携带两块表。他显然想要避免给人留下这种有多余手表的印象，这样就和那个亲戚的欲望形成了鲜明对比。但是，另一方面，他设法通过这样的方式来抵抗他显然想要和这个女士结婚的念头，他警

---

① 某种想法在无意识中持续地发挥作用，有时是这样表现的，首先出现一个失误，然后再以梦的形式表现出来，有时则重复这种失误行为，或者难以纠正这种失误。

告自己,他对其家庭(他的母亲)负有不可分离的义务和责任。最后,遗忘一个女士手表的另一个原因可以在以下事实中寻找,前一天晚上,作为一个单身汉,在众多朋友的面前看女士的表,他觉得很难堪。因此他只好偷偷地看时间;为避免这种难堪局面的重复出现,他就不愿意再戴这块表了。但是,另一方面,他不得不将这块表归还,结果这也是某种无意识表现出来的症状行为,证明是相互冲突的情绪冲动和一个无意识代理人取得了可贵的胜利之间的一种妥协的形成。"

下面是斯塔克(J. Stärcke,1916,第 108—109 页)观察发现的三个例子:①

(六)误置、损坏和遗忘是被撤回的对立意志的一种表现形式。"我保存有很多科研方面的插图,有一天,我的哥哥让我借给他一些,以供他为一个讲座而做幻灯片使用。尽管我当时意识里有这样的想法,我费尽心血收集的这些复制品尚未展出或发表,我也愿意让人们看一下,我答应他找出他需要的这些图画的底片,并将它们制成幻灯片。然而,我却找不到这些底片。我翻看了一大沓装有相关底片的盒子,看了足足有两百多个底片,每一个都仔细过目;但是,没有发现我要找的底片。我怀疑自己实际上似乎不想将这些图片借给哥哥。在我使这种不友好的想法成为有意识的并力图消除它之后,我才想起来,我将这叠盒子最上面的一个放在了一边,而且没有看里面的东西;这个盒子装的就是我要找的底片。在盒子的盖上有一个对其内容的简短说明,很可能我粗略瞟了一眼,就把它放到了一边。但是,这种不友好的想法似乎还没有完全被克服,因为在把这些幻灯片送去

---

① 第 6—8 个例子是 1917 年增补的。

之前,又发生了很多其他的事情。我在用手按压其中的一个幻灯片时,由于用力太大,将它弄破了(以前,我从来没有像这样弄破过幻灯片)。当我重新做了一个幻灯片后,这个新的幻灯片从我的手里滑落到了地上,幸亏我及时用伸出去的脚将它接住,才没有将它摔坏。当我把这些幻灯片叠在一起时,这一叠幻灯片又都掉在了地上,幸运的是没有幻灯片损坏。最后,在我实际上把这些东西包好准备寄出去时,几天时间已经过去了;因为尽管我每天都想尽快将它寄出去,但每次我总是一再地遗忘。"

(七)反复遗忘——最后出现闪失行为。"一天,我要给我的一个熟人寄一张明信片;但我将这件事一再地推迟了好几天。我强烈地猜疑这是由于以下的原因:他曾用信通知我说,某人要在某一星期来看我,我实际上特别不期望这个人来访。当这个星期过去了,不希望的这次来访的日期越来越接近时,我最后写了这个明信片通知他,让那个人在我有空的时候再来。明信片写好后,我最初想再加上一句,说明我由于 druk werk(荷兰语,意思是'费力的、细致的和繁重的工作')而没有早一点写信;但是最后我并没有这样做,因为任何有理性的人都不会再相信这样的借口。但是,这个小的谎言是否一定是导致这件事情出现的原因,我不知道;但是,当我把明信片放入信箱的时候,我却意外地将它放在了下面的那个开口里,上面写着:Drukwerk(荷兰语,意思是'打印材料')。"

(八)遗忘和差错。"一天早上,天气极好,一个女孩想到国立博物馆去画那里的一些石膏像。尽管她很想去散一下步,因为天气是这么好,但她还是下定决心还是要勤奋一次,去多画一些画。首先,她要去买些画纸。她到了商店(从博物馆到这里走路要用 10 分钟时间),买了笔和其他一些材料,是素描用的,但是唯独忘记了买画纸。然后她就回到了博物馆,当她放好画架准备开始的时候,她才发现没有画纸,因此她不得不再去商店。她将纸取回后便专心地画了起来,画得速度很快。一段时间后,她听见博物馆的大钟敲了好多下,她想,'已经 12 点了。'她继续画画,直到一刻的钟声敲响的时候(她认为是 12 点过一刻),她包起这些绘画的材料,决定步行穿过温德尔公园(Vondelpark)①到她的姐姐家去喝咖啡(在荷兰这就相当于午餐)。在苏亚索博物馆,她吃惊地看到,现在才 12 点,并非 12 点半! 欣赏好的天气胜过了她勤奋工作的动机,结果她并没有回忆起来:大钟在 11点半的时候也是敲 12 下的,钟塔的大钟在半点的时候也是这样敲的。"

(九)②正如以上某些例子所示,无意识的干扰动机也可以通过固执地重复同样的失误行为来达到其目的。我从一个小册子中引用一个诸如此类有趣的例子,这个小册子的名字叫《弗兰克·魏德金和剧院》(*Frank Wedekind und das Theater*),是在慕尼黑由三市麻石出版社(Drei Masken Verlag)出版的;但是我必须把这件趣闻的责任归于这本书的作者,这是一个以马克·吐温的方式讲述的故事。

"在魏德金的一幕剧《稽查》(*Die Zensur*)中,在一个很庄重的时刻有这样一句表白:'对死亡的恐惧是一个理智的错误(Denkfehler)。'作者非常重视这段话,他让这个表演者排练的时候在单词 Denkfehler 这里稍微停顿一下。到了晚上,这个演员专心致志地进入了角色,并且小心翼翼地关注这个停顿;但他却

---

① 这是阿姆斯特丹的"布洛涅森林"(Bois de Boulogne)。苏亚索博物馆(Suasso Museum)是市立博物馆(Municipal Museum)的一部分。

② 这是 1919 年增补的。

无意中以最庄重的语调说：'对死亡的恐惧是一种 Druckfehler（排印错误）'。表演结束后，在对演员的询问进行回应的时候，这位作者肯定地说，他的表演无可挑剔；但是其中的那一段不是'对死亡的恐惧是一种排印错误'，而应是'对死亡的恐惧是一种理智的错误'。——第三天晚上《稽查》重演，到了这一段的时候，这个演员还是用最庄重的口气说：'对死亡的恐惧是一种 Denkzettel（备忘录）。'魏金德再一次毫不吝啬地表扬了这个演员，只是偶然地提到，剧本中的这句话不是对死亡的恐惧是一种备忘录，而是一种理智的错误。——第二天晚上，《稽查》再次上演，这个同时与作者建立了良好友谊的演员，在与作者交换了对艺术问题的观点后，到了演出这一段时，又用世界上最庄重的面孔说：'对死亡的恐惧是一种 Druckzettel（打印的标签）。'演员同样得到了作者的绝对褒奖，而且这个戏剧又多次上演；但是这个作者已经下定了决心，这个'理智错误'的概念永远是一种注定要失败的努力。"

兰克（1912 和 1915b①）也注意到，在"失误行为和梦"之间存在着非常有趣的关系，但是，如果不透彻地分析与失误行为有联系的梦，这些联系是无法发现的。我曾经做过一个梦，这是一个很长的梦的一部分，梦见我丢了钱包。早上，在我穿衣服的时候，我发现自己的钱包真的不见了。在我做梦之前的那个晚上脱衣服的时候，我忘记将钱包从裤子的口袋里取出，并将钱包放在通常放置的地方。因此我并没有忽视我的这种遗忘，而且这很可能意味着它要在某种无意识想法中表现出来，这种想法为

---

① 这个自然段是 1912 年增补的；把兰克的第二篇论文作为参考文献提出来是在 1917 年插入的。

在梦的内容中表现出来做好了准备。①

我的意思并非是说，与在那些单纯的例子中观察到的失误行为相比，这些混合失误会教给我们一些新的东西。不过，在这种情况下，只是失误的形式发生了变化，其结果仍是一样的，这种情况给人留下了生动的印象，某种意志力图实现某个确定的目标，而且以某种更加生机勃勃的方式与下述观念形成矛盾对抗：某种失误行为是一种变化，无须做任何解释。我们也可能很惊奇以下这个事实：在这些例子中，某种有意识的意图竟然完全未能阻止这种失误行为的发生。我的朋友终究未能参加那个协会的活动，而那个女士发现自己无法与那个奖牌分开。与这些意识倾向相反的那种未知的因素，在第一条路行不通之后，又会找到另一条出路。因为用来克服无意识动机的东西只不过是某种有意识的相反意图；这需要做出心理的努力，可以使那些未知的东西被我们的意识所知晓。

---

① ［这 1924 年增补的脚注］人们丢失或误置了东西，又会通过一个梦而使之得到解决——即通过在梦中了解到，失去的东西在哪里可以找到，这样的失误事件并不少见；但是，只要做梦者和丢失东西的是同一个人，那么这件事就和具有神秘性质的有关事件毫无关联。（参见下文英文版第 262 页。）一个年轻的女士写道："大约 4 个月前，在银行里（我注意到我）丢失了一枚非常漂亮的戒指，我找遍了房间的每一个角落和缝隙，仍没有找到。一个星期前，我梦见戒指就放在暖气炉旁边的壁橱里。自然，这个梦使我再也睡不着了，第二天早上，在这个地方我确实找到了戒指。"对这个偶然事件她感到很惊奇，而且坚持认为，她的想法和愿望经常以这样的方式得到满足，但她并没有问自己从丢失戒指到重新找到它，她的生活发生了些什么变化。

十二、决定论、机遇和迷信①

　　通过对前面个别问题的讨论,我们可以用以下术语得出这个普遍的结论:我们心理功能的某些缺点——我们过一会儿将对其共同特点做出更仔细的界定——以及某些看似无意的表现,如果用精神分析的方法对此加以研究,就会证明,它们都有其确切的动机,而且是由意识所不知道的动机决定的。

　　为了以这种方式将心理失误行为包含在可以解释的这些类别中,它必须满足下列条件:

　　1. 它一定不能超出我们的判断所确定的某些维度,我们认为其表现出的特点是在"正常的界限之内"。

　　2. 它必须是一种持续时间很短的暂时性混乱。在此以前,同一种心理功能必须是更准确地表现出来,或者说,我们必须在所有情况下都坚信我们自己能够更正确地完成它。如果有人对我们进行更正,我们必须立刻就认识到其纠正的正确性和我们

_____

　　① 除了另外指明的之外,本章的前面部分(一直到英文版第 243 页)都可以追溯到1901 年。

自己心理过程的错误。

3. 如果我们确实知觉到了这种失误,我们一定不会认识到我们自己身上有任何这种动机存在。相反,我们一定倾向于将它解释为一种"粗心",或将它归因于某种"偶然事件"。

因此,在这类行为中有一些案例:遗忘(Vergessen),自己本能更好地认识到的差错(Versprechen)、读误(Verlesen)、笔误(Verschreiben)、闪失行为(Vergreifen)和所谓的偶然行为。语言指出了大多数这类现象之间的内在相似之处:它们(在德语中)都同样混合着这个前缀"ver-"。[①]

我们对以这种方式界定的心理过程的解释导致了一系列观察发现,这些观察发现部分地引起了我们更大的兴趣。

一

如果我们听从这样的观点:我们的部分心理功能是不能用有目的的观点来解释的,那么我们就无法鉴别心理生活中决定性的程度。[②] 无论在这一领域还是在其他领域,这种决定论的影响比我们猜想得要深远得多。1900 年我看到文学史家梅耶(R. M. Meyer)在《维也纳日报》(*Die Zeit*)上的一篇文章,他列举事例提出和例证了自己的观点:人们不可能存心和随意地做出一些无意义的言行。我早就发现,在要人们做出自由选择的时候,一个人不可能毫无原因地生成一个数字或名字。对这种以显然存心的方式生成的数字的研究——我们不妨说,一个人在开玩笑的时候说出的一个数字,或者在兴高采烈时生成的一个数

---

① 在德文中"ver-"这个前缀与英文的这些词中的前缀"mis-",如"mis-hear"(误听),"mis-lay"(误置),"mis-read"(误读)密切对应。

② 即决定论原则发挥作用的程度。

字——表明:这些数字的出现也是由人们实际上认为这绝不可能的方式所严格决定的。我将先简单地讨论一个随意选择名字的例子,然后仔细地分析一个"不加思索地甩出"一个数字的类似的例子。

(一)在我想要准备发表我的一个女患者的病历时,[①]我首先想到的是给这个患者取一个什么样的名字。看起来选择的范围很广;确实,有些名字从一开始就被我排除了——首先是其真名,然后是我自己家人的名字,对此我自己就会反对,或者有某种独特发音的其他女人的名字。但是,否则的话我就没有必要为了一个名字而不知所措了。可以预料——而且我自己预料——我头脑中会有一大群女人的名字。但恰好相反,却只出现了这一个名字——即"杜拉"(Dora)这个名字。

我问自己,这是由什么决定的呢? 谁叫杜拉? 我本来想怀疑地抛弃出现在我心中的另一种想法——这是我妹妹保姆的名字;但是经历过那么多的自我训练或者有那么多的精神分析实践,以致我很坚信这种观点,并且让我的思绪继续由此展开。马上,前一天晚上发生的一个很小的偶然事件进入了我的脑海,为我提供了我要寻找的这个决定因素。我在我的妹妹的餐桌上看到了写给罗莎·W小姐(Rosa W.)的一封信,我惊奇地问叫这个名字的是谁,我被告知我认识的那个叫杜拉的女孩实际上叫罗莎,但是,当她被雇用做保姆的时候,不得不放弃其真实的名字,因为,我的妹妹也被取名为"罗莎"。"可怜的人",我怜悯地说,

---

① 这就是"一个癔症案例分析的片段"(中文译本翻译为《少女杜拉的故事》——中文译者注)(1905e)。虽然其最大一部分是1901年1月撰写的(就是说,在本书出版之前),但弗洛伊德直到1905年秋天才予以发表。参见编者注,《弗洛伊德全集标准版》,第7卷,第3页脚注及以下。

"他们甚至不能拥有自己的名字啊!"我现在回忆起来,在此之后,我沉默了片刻,然后开始思考各种严肃的问题,这些问题堆积起来颇为费解,但现在我却能够很容易地使之成为有意识的。第二天,当我在为某个不能使用她自己名字的人取一个名字的时候,出现在我心中的只有"杜拉"这个名字。这里完全没有其他可供替代的名字出现,这种缺失依据的是与我正在探讨的主题有联系的某种固定的联想:因为这是一个受雇于另一个家庭的人,一个家庭教师,对我的这个患者的病情产生过决定性的影响,而且对其治疗过程也有很大的影响。

　　几年后,①这个小小的偶然事件又出现了一个未曾预料到的续集。有一次,当我在一个讲座中讨论这个早已发表的现在叫杜拉的女孩的病例时,但我突然想起来,在我的两位女士听众中有一位也叫杜拉,以致我不得不在各种经常的联系中如此经常地加以说明。我便转向我的这个年轻的同事,我个人也认识她,向她道歉说,我实际上并没有记住她也叫这个名字,并且补充说,我非常愿意在我的讲座里用另一个名字来取代它。现在,我面临的问题就是迅速地选择出另一个名字,我想,我必须不惜任何代价避免选择听众中另一位女士的名字,以免让我的那些有精神分析基础的同事将此作为一个坏的例子加以分析。因此,当我决定要用"厄纳"(Erna)这个名字取代杜拉的时候,我感到非常的高兴,而且我在讲座中使用了这个名字。讲完课以后,我问自己,厄纳这个名字可能是从哪里来的呢? 当我注意到这个名字的来源的时候,我忍不住大笑起来,我在选择可供替代的名字时,我曾担心的那种可能性还是发生了,至少在某种程度上发

----

① 这个自然段是 1907 年增补的。

生了。另一位女士的姓是露切尔纳(Lucerna),厄纳正是其中的一部分。

(二)在写给我的朋友的一封信中,我告诉他说,此时我刚校对完《梦的解析》一书的清样,而且不想再对此书做任何更多的修改了,"即使里面包含着 2467 个错误"。[1] 我立即想要给我自己解释这个数字的来源,并在我的信中的一个附言里增补这个小小的分析。最好的计划还是在我自己做了这件事之后把我当时写下来的东西全文摘录下来:

"我不妨匆忙地再对日常生活的心理病理学做一次贡献。你们将会发现,在这封信中我随意写下了 2467 这个数字来大胆地估价这本释梦的书中出现错误的数量。我的意思仅仅是指这个错误数字很大;但是唯独这个数字出现了。然而,头脑中出现的任何东西都不会是随意的或无法确定的。因此,你将正确地预期,是无意识匆忙地决定了这个数字进入意识。[2] 就在此之前我在报纸上看到,E. M. 将军从军需署长的位置上退休了。我应该解释一下,我对这个男人很感兴趣。当我作为军医在军队服役的时候,有一天他来到病房(当时他还是一个上校),对一个军医说:'你必须在一周内让我好起来,因为皇上有很多事等着我去做。'在经历了这段情节之后,我决定效仿其职业,哎呀,嗨,真想不到!现在他的职业已经走到尽头,曾经的军需署长,已经(在 1899 年)列入了退休人员之列。我想计算一下他从事这种职业有多长时间了。假设从我 1882 年在医院见到他时起,到现在

---

[1] 这个朋友就是柏林的威廉·弗利斯,弗洛伊德在 1899 年 8 月 27 日写给他的一封信的附言中把这个分析寄给了他(弗洛伊德,1950a,第 116 封信。)

[2] 在《梦的解析》(1900a)中弗洛伊德曾简短地提到决定数字的这个观点,《弗洛伊德全集标准版》,第 5 卷,第 514—515 页。

已经有 17 年了。我对我的妻子讲了这些后,她回答说:'那么是否你也在这个退休名单上?' '上帝不会同意的!' 我大声地说。在这次谈话之后,我便坐下来给你写信。但是,前面这一系列的想法仍然萦绕在我的心头,而且这合乎情理。我算错了;在我的记忆中有一个很明确的事实可以证明这一点。我是在监禁中(没有请假就外出)庆祝我的法定年龄,即我的 24 岁生日。所以,那是在 1880 年,或者说是 19 年前。这样就出现了 2467 中的 '24' 这个数字。现在,用我现在的年龄——43——加上 24,这样就有了 67 这个数字。换句话说,在回答是否我也想要退休这个问题时,我希望自己还能够再工作 24 年。自从我要追随 M 上校那时起,我显然对自己在这段时期没有取得什么大的成就而感到烦恼不已;但是,与他在这个时候就结束其生涯相比,我庆幸自己还是一个胜利者,我面前还有很多事情可做。这样人们就会很公平地说,我不加思索地脱口而出的这个数字 2467,并非没有来自无意识的决定因素。"

(三)①自从我第一次解释了这个显然随意选择的数字后,我经常重复地做相同的实验,其结果也相同;但是,大部分案例中的内容涉及如此隐私的东西,以致无法予以报告。

但是,正是由于这个根本的原因,我要利用这次机会,在这里增补一个关于"数字"联想的非常有趣的分析,这是维也纳的医生阿德勒(1905)从一个"完全健康的"人那里获得的。这个提供信息的人报告说,"昨天晚上,当我正在潜心阅读《遗忘与失误》的时候,如果没有某个显然很偶然的干扰,我就会一口气把这本书读完。事情的经过是这样的,当我读到这一段论述,即我

---

① 第三个例子,除了第一个句子可以追溯到 1901 年之外,都是 1907 年增补的。

们认为看似随意地闯入意识的每一个数字都有某种确定的意义,我决定做一个实验。这时出现于我头脑的记忆是1734,与此相联系的意念很快地出现在我的面前:$1734 \div 17 = 102$;$102 \div 17 = 6$。然后我将这个数字分成 17 和 34,我现在 34 岁,我认为我曾经对你说过,我相信 34 岁是青年的最后一年,由于这个原因,我的最后一个生日过得很不愉快。在我 17 岁结束的时候,我看到了我的发展中一个非常愉快而有趣的时代的开始。我将我的人生以 17 年为单位分开,那么这个区分有什么意义呢?在想到数字 102 时,我想到了在雷克拉姆万国图书馆(Reclam Universal Library)中 102 这个数字是克茨布(Kotzebue)的剧本《厌恶和悔恨》(*Menschenhass und Reue*)。[①]

"我现在的心理状态便是厌恶和悔恨中的一种,万国图书馆里的编号 6(我用心地记住了其全部的编号)是穆尔纳(Mullner)的《罪过》(*Die Schuld*)。[②] 这种想法经常使我痛苦不已,这是我自己的罪过,因为我并没有达到以我的能力所能达到的水平。接下来使我想到的是万国图书馆中的第 34 号,包括同一个穆尔纳的童话,书名是《枪口》(*Der Kaliber*),我将这个单词分为'Ka'和'Liber'两个部分;接下来出现在我脑海中的这个单词包括'Ali'和'Kali'(钾)两个部分。这使我想到有一次和我的儿子阿里(6 岁)的押韵游戏,我让他找出和单词'Ali'押韵的词,但是他一个也想不起来,当他想要我给他说出一个的时候,我说:'Ali reinigt den Mund mit hypermangansaurem Kali'(Ali 用高锰酸

---

① 雷克拉姆万国图书馆是一个很早建立的而且非常综合的平装重印版的系列出版社。克茨布(1761—1819)仍然在英格兰以其另一部戏剧《爱人的誓言》(Lovers' Vows)而为人们所熟知,这出戏并没有在《曼斯菲尔德庄园》(*Mansfield Park*)中表演。

② 阿道夫·穆尔纳(Adolf Müllner,1774—1829)。

钾清洗了他的嘴）。我们大笑了很久,而且阿里非常 lieb(快乐)。在最后这几天,我不得不遗憾地注意到,他是"ka(kein) lieber Ali"["而不是快乐的 Ali"("ka lieber"的发音是"Kaliber")]。

"然后我问自己:万国图书馆里的 17 号是什么呢?但我却怎么也想不起来。但是我当然很早就知道的,因此我认为我是想要忘掉这个编号,我的任何反思都是徒劳的。我想要继续阅读,但我只是在机械地阅读,并没有理解书中的内容,因为 17 这个数字仍萦绕在我的脑海。我把灯关掉,继续我的思索。最后,我得出结论认为,17 这个编号一定是莎士比亚的一个剧本。但它是哪一本呢?我想到了《海洛和利安得》(*Hero and Leander*)——很明显是我的意志中某种愚蠢的企图使我引入歧途。最后,我站起身来,查阅了万国图书馆的目录——17 号是《麦克白》(*Macbeth*)。使我感到困惑不解的是,我被迫承认我对这出戏几乎一无所知,尽管我对它关注的程度和关注莎士比亚的其他剧本一样。我想到的仅仅是:杀人犯、麦克白女士、巫婆、'公平即邪恶',而且有一次我发现席勒的麦克白译本非常好。因此毫无疑问,我希望忘掉这个剧本。我进而想到的是 17 和 34 可以被 17 整除,得出的结果是 1 和 2。在万国图书馆里 1 和 2 号是歌德的《浮士德》。以前我曾发现我自己和浮士德有很多相似之处。"

我们必须遗憾地说,这个医生的考虑无法使我们对这一系列联想的意义产生任何启发。阿德勒观察发现,这个男人并没有成功地把他说的话进行综合。联想的持续进行可以给我们提供理解 1734 这个数字和全部系列联想的关键,但是,如果在联想中什么东西都没有出现,在我们看来,这些联想似乎就没有什么价值。

"今天早上我的一次经历确实有力地支持了弗洛伊德学派观点的正确性。前天晚上当我下床的时候,惊醒了我的妻子,她问我为什么要找万国图书馆的目录。我对她讲了当时的情况。她认为我只是小题大做而已——但有一个很有趣的观点——她接受了《麦克白》,而我却对此予以如此强烈的抵抗。她说在她想一个数字的时候,什么东西也不会在她脑海中出现。我回答说:'让我们测试一下。'她说了一个数字117。我马上回答说,'17是指我告诉你的那个数字。另外,我昨天对你说过,一个82岁的妻子和一个35岁的丈夫在一起的确不协调。'因为在前几天我就取笑我的妻子说,她是一个82岁的小老女人,82+35=117。"

因此,这个没有能够为他自己的数字找到决定因素的男人,当他的妻子给他一个随意选择的数字时,他马上就找到了问题的答案。实际上,他的妻子非常理解她丈夫的这个数字起源于什么样的情结(complex),而且她选择的自己的数字也是出于同一个情结——这当然是他们两人共有的情结,因为在他这种情况下,这个数字涉及他们相关的年龄。因此我们就很容易对出现在这个丈夫头脑中的数字进行解释了。正如阿德勒所提议的,这个数字表明了他的一种被压抑的愿望,这个愿望发展到成熟阶段便是:"只有17岁的妻子才合适像我这样34岁的男人。"

为了避免人们过分轻率地认为这是"毫无价值的琐事",我可以补充一点,最近我从阿德勒医生那里得到消息,在他的这个分析出版一年之后,这个男人和他的妻子离婚了。[①]

---

① 在解释万国图书馆的第17号《麦克白》时,阿德勒告诉我说,在17岁的时候,这个男人加入了一个无政府主义协会,这个协会以弑君为其主要目的。这无疑就是他遗忘《麦克白》内容的原因。在那时,他还发明了一种编码,可以用数字取代字母。

阿德勒对强迫生成数字的起源给予了类似的解释。

(四)①另外,对所谓"吉祥数字"的选择并非与这个人的生活毫无联系,而且它的出现也并不是没有某种心理原因的。一个男人承认自己特别偏爱17和19这两个数字,在稍做思考后,他便发现,在17岁这个年龄,他考上了大学,并从此获得了他梦寐以求的学术研究的自由。19岁的时候,他第一次做长途旅游,之后不久便有了他的第一个科学发现。但是这种偏爱被固定下来还是在10年以后,即同样的数字在他的爱欲生活中具有某种重要意义时——甚至连一个人特别经常地在某种特殊联系中,以某种显然很随意的方式使用的那些数字,都可以通过分析而追溯到其料想不到的含义。因此我的一个患者有一天给我留下了深刻的印象,当他烦恼的时候,他特别喜欢说"我已经告诉你17到36次了",而且他问自己他这么讲话是否有什么动机。他的脑海中马上出现的是,他生于那个月的27日,而他的小弟弟生于这个月的26日,他抱怨说,命运如此经常地从他的生活中夺走美好的东西,以便把这些东西给他的弟弟。因此他便在自己的生日上减去10而在弟弟的出生日期上加上10来表示命运对自己的这种不公,"我是哥哥,但我却要像这样矮人半截"。

(五)②我还要进一步分析一下数字联想,因为,我知道没有任何其他独立的观察事件能够像数字这样如此强有力地证明那些还没有被我们的意识所知的、高度混合的思想过程的存在。同时,我也不知道还有什么更好的可供分析的例子,在这些例子中医生所发挥的作用(暗示)——如此经常地由此而引起——被如此明确地排除。因此在这里我将提供一个报告,这是一个在

---

① 这是1910年增补的。
② 这是1912年增补的。

我的患者(征得他的同意)身上发生的数字分析的报告。我只需要补充说,他是一个大家庭中最小的孩子,在很小的时候就失去了他非常尊敬的父亲。当他心情特别愉快的时候,426718 这个数字就会在他心中出现,他问自己:"我会由此联想到什么样的观念呢? 首先是我听到过的一个笑话:'当医生治感冒的时候,需要持续 42 天;如果不要医生的治疗,则要持续 6 个星期。'"这已在该数字的前面部分反映出来(42=6×7)。在解决了这个问题之后的停顿期间,我让他注意这个事实:他选择的这个 6 位数包含着除了 3 和 5 之外的所有的首位数。这是他马上发现可以继续解释。"我们兄弟姐妹 7 人,我是老小。就年龄顺序来说,3 是我的姐姐 A,5 是我的哥哥 L;他们是我的敌对方。在孩子的时候,我就习惯于每天晚上向上帝祈祷,请他把这两个令人烦恼的家伙从生活中赶走。现在在我看来,在这种数字的选择中,我自己满足了这种愿望;3 和 5——邪恶的哥哥和可恨的姐姐——被清除了。""如果这个数字代表你的哥哥和姐姐们的出生顺序,那么最后 18 的意思是什么呢? 因为你们毕竟只有兄弟姐妹 7 人。"——"我常想,如果我的父亲活得再长久一些的话,我就不会是最小的孩子,如果再有一个孩子的话,我们就有 8 个了,我就会有一个比我小的弟弟,我就会当他的哥哥了。"

我们以此对这个数字做了解释,但我们还要在解释的第一部分和第二部分之间建立联系,这种联系很容易就可以从最后数字的必要的前提条件中得出来:"如果我的父亲活得再长久一些的话"。"42=6×7"表示对那个没能医治好他父亲的医生的讽刺,因此,用这种形式表达他希望他父亲还活着的愿望。这个数字(426718)实际上与他在家中产生的两个童年愿望的满足相对应——一个愿望是希望他那个可恶的哥哥和姐姐死去,另一个是希望在他之后再有一个孩子,或者用最简单的形式表达为:"要是这两个人死了而我可爱的父亲还活着多好!"①

(六)②这是从一个记者那里得到的一个小例子。在 L 地的电信局工作的经理写道:他的 18 岁半的儿子想学医,而且已经开始学习《遗忘与失误》,正试图说服他的父母说明我的观点的正确性。我将他做的一个实验不加任何评判地复制如下:

"我的儿子正在对我的妻子谈论我们所谓'偶然事件',并向她证明说,她不能把在她脑海中真实出现的任何歌曲或数字说成是纯粹'偶然的'。随即便发生了以下的对话。儿子:'给我任何一个你喜欢的数字。'——母亲:'79。'——儿子:'由此你想到了什么?'——母亲:'我想到了我昨天看到的那个美丽的帽子。'——儿子:'它卖多少钱?'——母亲:'158 马克。'——儿子:'可以这样解释:$158 \div 2 = 79$。你认为这个帽子太贵了,无疑你在想:如果便宜一半,我就会将它买下。'

"对我儿子的这个主张我首先提出了反对意见,女人通常对数字很不在行,他的母亲当然也不会想到 158 的一半是 79。因此,他的理论主要依据的是这个完全不太可信的事实:下意识中的算术要比正常意识中的算术更好。'不对,'我得到的回答是这样的,'也许我的母亲不能很好地计算出 $158 \div 2 = 79$,但是,她却完全可能碰巧看到了这个等式——她确实可能在做梦的时候想起了这个帽子,然后认识到,如果价钱便宜一半会是多少钱。'"

---

① 为了简便起见,我省略了患者的一些同样很重要的中间联想。
② 这是 1920 年增补的。

（七）①我从琼斯（1911b，第 478 页）那里再引用一个对数字进行分析的例子。一个他熟悉的绅士想到 986 这个数字，然后向琼斯挑战说，要他把这个数字与他想到的任何东西联系起来。"用自由联想的方法，他首先进行了这样的记忆，一种以前在其心灵中从未出现过的记忆，产生了以下效果：6 年前，在他所能记住的最炎热的日子里，他在晚报上看到了一则笑话，这个笑话说的是，现在温度计的读数是 986 华氏度，这显然是对 98.6 华氏度的一种夸张。我们当时正坐在一个非常热的火炉旁边，他刚刚从这个地方退出，而且他很可能非常正确地说，这种炎热唤起了这种潜伏的记忆。但是，我很好奇地想要知道，为什么这个记忆会如此生动地存在着，就像随时准备出现似的，因为对大多数人来说，除非这种记忆与某一其他更重要的心理体验联系起来，否则它肯定会被忘记，很难将它回忆出来。"

"他告诉我，在读这个笑话的时候，他笑得前仰后合，以后又多次想起来，每次都倍感愉悦。由于这个笑话显然很贫乏，并不令人可笑，这就强化了我的期待，在此背后一定存在着更重要的东西。他接下来的想法是进行那种普遍的反思，热这个概念总是给他留下很深的印象；热是宇宙中最重要的东西，是所有生命的源泉，等等。一个很普通的年轻小伙子有如此鲜明的观点，当然需要进行某种解释，因此我让他继续他的自由联想。下面想到的是一个工厂的烟囱，他从他卧室的窗户可以看到这个烟囱。他经常在晚上站在那里看从里面冒出的烟火，而且反思这是能量的一种糟糕的浪费。热、火，生命之源，从一个直立的空心管

---

① 这是 1912 年增补的。——这里给出的是琼斯的原文，和弗洛伊德的版本只有非常小的差异。

子里流出的生命能量的浪费——从这种联想中,我们不难推断出,在他的心灵中,热和火的观念与爱的观念有无意识的联系,因为在象征性思维中这是经常发生的,而且有一种强烈的手淫情结存在,这是他母亲已经承认了的一个结论。"

那些希望对数字材料在无意识中发挥作用的方式获得好印象的人,[①]可以参考一下荣格(1911)和琼斯(1912)的文章。

在对我自己的这类问题进行分析的时候,我发现有两种东西给我的印象特别深:首先,确定这是明确的梦游症,[②]这是我为我的那个未知的目标设立的,并且放置到一系列数字的思考中,这样马上就想到了所期望的数字,而且以后全部工作得以完成的速度很快。其次,在我的无意识思维中,我可以如此自由地支配这些数字,而我却是一个很差的计算者,而且非常难以有意识地记住日期、房间号码和诸如此类的数字。再者,在对数字进行的这些无意识的思维活动中,我发现我有一种迷信的倾向,我很长一段时间不明确其根源[③]。(参见英文版第 260 页第 3 个脚注。)

---

① 这个自然段也是 1912 年增补的。

② 参见上文,英文版第 168 页脚注。

③ 在 1901 和 1904 年版中,这个句子的结尾是:"……其根源我自己尚不明确。"这个自然段的下文继续写道:"我通常会产生一些思考,内容是我自己生命的久暂以及我的亲人生命的久暂;我在柏林的一个朋友把人的生命长短作为其计算的主题,其依据是生物学单位,这个事实必定表现为这种无意识歪曲的一个决定因素。他的这项研究有两个前提,现在我不同意其中的一个前提。从高度自我中心的动机出发,我应该很高兴用我的观点对他进行反驳,而且我还可以用我自己的方式来模仿他的这些计算。"从 1907 年以来,这段话就被全部省略了,这句话前面的那个句子给出的是其现在的形式。在省略的这段话中提到的是弗洛伊德在柏林的朋友和经常通信的人,威廉·弗利斯,还提到了对 2467 这个数字的分析(上文,英文版第 242 页),这个分析(在 1901 年和 1904 年)就在这段话前面。弗洛伊德自我中心的动机对弗利斯的这个假设表示不同意,这个假设无疑就是,预计他将在 1907 年 51 岁时去世——这段话把这个年份删掉了。参见《梦的解析》(1900a)《弗洛伊德全集标准版》,第 5 卷,第 439 页脚注和第 513 页,和厄尼斯特·琼斯关于弗洛伊德的生平(1953 年,第 341 页)。

　　我们发现，不仅数字，而且另一种字词联想在分析研究中也有规律地证明，它们是完全被决定的，我们对此并不感到惊讶。[①]

　　（八）在荣格（1916）那里可以发现一个很好的例子，这是派生出某个强迫性单词的例子——即一个不可能消除的单词。"一个女士告诉我说，几天来，'Taganrog'[②]这个词经常挂在她的嘴边，而她却不知道它源自何处。我让这位女士提供一些信息，

　　接上：[这个脚注是 1920 年增补的]慕尼黑的阿道夫·施耐德先生提出了对数字的这种分析的结论性意见的一个有趣的反对论证，他用呈现在他面前的数字进行实验——例如，当他打开一本历史书时，首先进入他的眼帘的数字——或者他向另一个人提供一个他选择的数字；然后他注意观察，看是否有联想会出现在强加的数字上，联想看起来决定着数字的出现。这种事情确实发生过。在一种情况下，他说这种情况和他自己有关，联想提供了决定因素，就像我们对数字进行分析中自发产生出来的那样，这些决定因素具有大量而丰富的意义，而在施耐德的实验中，数字是从外面呈现给他的，则回想不到任何决定因素。在第二种情况下，实验是对其他人做的，他显然把这个问题弄得太简单了，因为他为别人设立的数字是 2，而且每一个人都有一些材料，使他能够为这个数字找到某个决定因素。——于是施耐德从这个实验中得出了两个结论：第一，"和发现对概念的联想一样，心灵对数字拥有同样的联想潜能"；第二，自发地出现在心灵中对数字的决定性联想的出现，无论如何都不能证明，这些数字起源于在对数字进行"分析"中发现的那些想法。第一个结论无疑是正确的。人们很容易就会发现，和对单词的回忆一样，人们会对数字产生某种适当的联想——确实，这或许会更容易些，因为人们对少数数字形成联系的能力是特别大的。人们发现自己的这种情境只不过就是所谓"联想实验"的情境而已，这种情境已经被布洛伊勒和荣格学派从最多种多样的视角研究过了。在这种情况下，联想（反应）是由呈现的单词（刺激词）决定的。但是，这种反应仍然具有多种类型，而且荣格的实验已经表明，即便做进一步的区分也并非依据这些"偶然"的反应，而是说，如果无意识"情结"被触及，这些"情结"就会参与到这种决定之中。——施耐德的第二个结论走得太远。呈现的数字（或单词）所引发的适当联想告诉我们的并不是自发出现的数字（或单词）的起源，而是在这个事实被知晓之前就已经考虑过的东西。这些自发的观念（单词或数字）或许不是由分析中出现的想法决定的，或者也可能是由这些想法决定的，或者是由还没有在分析中被发现的其他想法决定的——在后一种情况下，分析就会使我们误入歧途。重要的是要消除这种印象，这个问题对数字的联想和对单词的联想是有差异的。对这个问题的批评性考察，以及对与之相伴随的联想的精神分析技术的辩解已经超出了本书的范围。在分析实践中我们遵照以下假设进行，我们的假设是，以上提到的第二种可能性可以满足这些事实，在大多数例子中可以对此加以利用。一位实验心理学家（Poppelreuter，1914）的研究已经证明，这是迄今为止最有可能的。在这一方面可以进一步参见布洛伊勒关于自闭症患者思维的书的第九节中的一些有价值的发现（1919）。

　　① 　这个句子，以及第 8 和第 9 个例子是 1912 年增补的。

　　② 　塔甘罗格是俄罗斯南部一个港口的名称。

在最近过去的这些天里是否有一些感情强烈的事件和某些被压抑的愿望。在犹豫片刻后他告诉我,她很喜欢一件晨衣(德文,Morgenrock);但是她的丈夫对她所希望的这件衣服不感兴趣,'Morgenrock''Tag-an-rock'(字面的意思为"白天—穿—睡衣")——它们在发音和意思上的部分相似性是显而易见的。俄文的方式是由以下这个事实决定的,大约在同时这位女士刚认识了一个来自塔甘罗格的人。"

(九)我很感谢 E. 希奇曼(E. Hitschmann)医生对另一个例子的阐明。在一个特殊的地方,一行诗歌作为一种联想强迫性地反复出现,其根源和联想却很不明显。

"E 是一个法学博士,他说,6 年前,我从比阿里茨(Biarritz)到圣塞瓦斯蒂安(San Sebastian)旅行,铁路线跨越比达索阿河(River Bidassoa),在这个地方形成了法国和西班牙的边界线。从桥上看,这里的景色很优美——一侧是一条宽阔的大峡谷和比利牛斯山脉(Pyrenees),另一侧是一望无际的大海。这是一个美丽清爽的夏日;万物被阳光普照,我在做假日的旅行,而且很高兴能到西班牙来。在这个地方我的脑海里出现了下面的诗行:

Aber frei ist schon die Seele ,

Schwebet in dem Meer von Licht. [①]

"我回忆起来,当时我正在想这条铁路的起点在哪里,但是怎么也回忆不起来这个地方。从韵律上来判断,这些词一定来自一首诗歌,但这首诗歌我完全忘掉了。我相信,后来,当这些

---

① "但是灵魂已经自由,它在阳光之海飘荡。"

诗行反复地出现在我的脑海中的时候,对此我问了很多人,但是一无所获。"

"去年,当我从西班牙回来的时候,也经过了这条相同的铁路线。那是一个漆黑的夜晚,而且天在下雨。我看着窗外,看是否我们已经到了边防站,而且我注意到我们正在比达索阿桥上。以上这几行诗马上又闯入了我的记忆,而且我还是回忆不起来它们的出处。"

"几个月后,当我在家里的时候,我发现了一本乌兰特(Uh-land)的诗集,打开后,这几句诗映入眼帘:'Aber frei ist schon die Seele,Schwebet in dem Meer von Licht',这是一首被称为'Der Waller'①的诗歌的结尾部分。读这首诗的时候,我隐隐约约地认识到,许多年前我就知道这首诗。这次活动的场景是在西班牙,在我看来,这似乎可以在上述诗行和我描述的铁路线那个地方之间形成唯一的联系。我对这个发现,只有一半的满意,然后我继续翻看着这本书。这句诗'Aber frei ist schon…'等,印在某一页的最下面。翻过这一页,我在另一边发现了标题为'比达索阿大桥'的诗。"

"我可以再补充说明一下,与前面的内容相比,我对这首诗的内容似乎更不熟悉,其最初的几行诗是这样的:

"*Auf der Bidassoabrücke steht ein Heiliger altersgrau,*
Segnet rechts die span schen Berge,
segnet links den fränk'schen Gau."②

---

① "朝圣者"(the pilgrim)。

② 在比达索阿大桥上,站着一个白发苍苍的圣者;在右侧,他为西班牙的山川祈祷;在左侧,他为法国的土地祝福。

二①

对显然随意选定的名字和数字的决定因素进行的探讨,可以使我们获得某种顿悟,这种顿悟可能有助于解决另一个问题。众所周知,很多人通过诉诸这种确信感来反对彻底的心理决定论(psychical determinism)假设,他们特别相信自由意志的存在。② 这种确信感是存在的;而且,即便你相信决定论,它也不会让步。和每一种正常的情感一样,这种情感也是有证可寻的。但是,就我所能观察到的而言,这种确信感并不会在做出重大的意志决定时表现出来:在这些情况下,我们所拥有的这种情感实际上是一种不可抗拒的心理力量,我们很高兴它能够代表我们的意志("我就站在这里:我只能这样做。")③。另一方面,恰恰正是对于一些无足轻重的决定,我们才愿意宣称,我也同样只能这样做:我们是按照我们自由的——而且不受动机驱使的——意志而采取行动的。根据我们的分析,我们没有必要争辩我们有自由意志这种确信感的正确性。如果我们要考虑意识和无意识动机之间区别的话,我们的确信感就会提醒我们,意识动机不会扩展到我们所有的动作决定方面。*De minimis non curat lex*(法律不关注琐碎的小事)。但是,被一方视为自由的活动,却从另一方——即从无意识那里——获得了其动力;心理领域中的

---

① 除了特别说明之处以外,第二节和第三节的全部内容都可以追溯到1901年。

② 简短地提到自由意志是在"怪怖者"(The uncanny)(1919h)这篇论文中出现的,《弗洛伊德全集标准版》,第17卷,第236页,以及在《精神分析引论》(1916—1917)的第三讲和第六讲中出现过。

③ 这是马丁·路德(Martin Luther)在判处他为异教徒的会议上(Diet of Worms)的宣言。

决定性就是以这种方式进行的,而没有留下任何间隙。①

三

虽然在前面章节里描述的失误行为的动机,是一件就其根本性质而言一定不为意识思维所认识的东西,但我们还是可以发现具有那种动机的心理学证据的存在;确实,随着我们对无意识的更进一步了解,人们很有可能在其他地方发现这些证据。实际上有两个领域有可能证明看起来与某种无意识相对应的现象,因而取代了对那种动机的了解。

(一)人们通常观察到妄想狂(paranoics)患者的一个典型的行为特征是,他们将我们通常忽略的他人行为的细小细节赋予最深刻的意义,对这些行为进行解释并且使之成为一些深远结论的基础。例如,我最近看过的一个妄想狂患者得出结论认为,周围的人们好像都达成了共识,因为,当他的火车驶出车站时,人们都是用一只手做出某种特殊的动作。另一个患者注意的是人们在大街上走路的方式,他们挥动手杖的方式,等等。②

---

① [1907年增补的脚注]关于显然随意的心理活动的严格决定论的这些概念,不仅在心理学上已具硕果累累,而且或许也在司法领域得到了应用。通过对它们的应用,布洛伊勒和荣格使所谓"字词联想实验"中的反应可以在理智上得到理解,在这个实验中,当测验的被试听到一个单词(刺激词)的发音时,用他心中想到的与此有联系一个字词来回答(反应),测量单词的出现到反应之间间隔的时间(反应时)。在其《字词联想研究》一书中,荣格已经表明,这种联想实验可以解释我们所具有的多么微妙的心理反应能力。[韦特海墨(Wertheimer)和克莱因(Klein,1904),都是汉斯·格罗斯(H. Gross)的学生,格罗斯是布拉格刑法教授,他们从这些实验中开发出一种技术,用这个技术可以确定犯罪过程的事实,这项技术现在已经受到了心理学家和司法学家的考察。——弗洛伊德自己最近写了一篇关于这个主题的论文(1906c)。参见那篇论文的编者注中关于荣格联想实验的一些更进一步的说法,《弗洛伊德全集标准版》,第9卷,第100页以下。——汉斯·格罗斯(1847—1915)通常被视为是现代科学犯罪研究的创立者之一。]

② 从其他观点来看,其他人对这些不重要的和偶然的行为表示所做的解释被归类为一种"关系妄想"(delusion of reference)。

这是一些偶然的、无须动机的行为范畴——正常人把他自己的心理表现和失误行为也包含在这个范畴中——在妄想狂患者看到他人的心理表现时,他们并不认为这是一种正常的心理表现。他在其他人身上观察到的一切都充满了深刻含义,所有的一切都可以做出解释。他是怎么达到这种状态的呢？或许在这里和在许多类似的情况下一样,他把在他自己身上无意识地表现出来的东西投射到了他人的心理生活中。在妄想狂患者身上,许多种东西都强行进入到意识中来,我们只有通过精神分析才能证明它们在正常人和神经症患者身上存在。[1] 因此,在某种意义上说,在这一点上妄想狂患者是正确的,因为他洞察到了正常人认识不到的东西:他比有正常心智能力的人看得更清楚,但是,把他认识到的这种事态移置到他人身上,却使他的这种认识变得毫无价值。我希望现在大家不要以为我认为这些妄想狂患者的解释都是合理的。但是,妄想狂患者在这一点上对偶然行为的解释还是有部分的合理性,这种认识有助于我们从心理上理解这种确信感,即偏执狂患者确信其解释的正确性。实际上

---

[1] 例如,癔症患者关于性虐待和残暴行为的幻想,和迫害妄想狂患者的抱怨相对应,有时甚至会幻想到很多细节。令人奇怪,但却不可思议的是,性反常者为了满足他们的欲望而发明了很多方法,在现实生活中,我们也需要用同样的内容。[参见在"杜拉"的病例中对此所做的讨论(《弗洛伊德全集标准版》,第 7 卷,第 47—52 页),这是在本书出版之前写成的,但直到四年后(1905c)才出版。这个材料在弗洛伊德的《性学三论》(1905d)第一篇论文中的一个脚注中重复出现,《弗洛伊德全集标准版》,第 7 卷,第 165—166 页。]

其中有某些符合实际的东西;①我们的那些不能算作病理性的判断失误也应该以同样的范式获得这样的确信感。这种确信感可以合理地说明错误的思想系列的一部分是有道理的,或者可以合理地说明这些失误是有一定原因的;而且这样我们就可以把它扩展到本章的其他部分。

(二)还有另一种迹象可以表明,我们可以无意识地和移置性地了解偶然行为和失误行为中的动机,这种迹象可以在迷信现象中找到。我将通过讨论使我开始这些反思的细小经历而把我的观点清楚地展现出来。

在我度假回来后,我的思绪马上回到我的患者身上,在刚开始的这一年的研究中,是她引起了我的注意。首先,我要看望的是一个非常年长的老妇人,多年来我一直坚持每天两次为她提供专业服务(英文版第 164 页[和第 177 页])。由于环境都是一样的,因此在我去看望这位患者的路上和对她进行治疗的过程中,一些无意识的想法就会经常设法表现出来。她已年逾九旬;因此在每一年开始治疗时,我都会很自然地问自己,她还能活多久。就在我说这句话的当天,我匆忙地叫了一辆出租车载着我赶往她家。在我家房子前面的每个车夫都知道这个老妇人家的

---

① 在妄想狂患者的妄想中有一个真理的核心,这个观点在弗洛伊德的作品中有很长的发展过程。这一点已经在其论"防御的神经—精神病"(1896b)的第 2 篇论文的最后几个自然段中以某种相当不同的形式表现出来了。在其后来出版的作品中可能提到过,一个是在《格拉迪娃》的论文中(1907a),《弗洛伊德全集标准版》,第 9 卷,第 80 页,另一个似乎是紧跟在当前的某些讨论之后发表的,是在"神经症的某些机制"这篇论文中(1922b),同上书,第 18 卷,第 226 页。在弗洛伊德最后的作品中这个观念得到了扩展。现在他把真理的某种历史核心这个观念首先应用到神话中,在关于火的起源的论文中(1932a),然后应用到宗教中,在《摩西与一神教》(1939a)中,第三篇论文,第一部分,第四节和第二部分,第六节。在"分析的建构"(1937a)这篇论文的第三节中,从更为临床的视角也对这个主题做了探讨。在这些后来的讨论中弗洛伊德阐述了"物质的"和"历史的"真理之间的区别。也请参见 1950a,第 57 封信。

地址,因为他们经常载我到那里去。但是,这一天却发生了这种情况,这个车夫并没有在她家的门口停车,而是在附近另一个与此平行的街道上,而且实际上看上去相似的同一个门牌号前停了下来。我注意到了这个错误,并因此而斥责了这个车夫,他急忙对我道歉。那么,我在另一个没有居住这个老人的家门口停车是否有重大意义呢? 当然,这并非对我有什么意义,但是,如果我迷信(superstitious)的话,从这个偶然事件中我就可以看出一种预兆,命运之手就会宣布,今年将是这个老妇人的最后一年。历史上记录的很多预兆也只不过是依据这样一种象征作用。我当然将这种情况解释为一种偶然,没有任何更多的意义。

如果我步行前往,而且当我"陷入沉思"或者由于"心不在焉",而到了另一个与此平行的街道的这个房子,而不是这个老妇人的家门口,那么情况就会大不相同了。这就不能解释为偶然,而应解释为一种具有无意识目的的而且需要解释的行为。我对诸如此类"误入歧途"的解释很有可能是这样的:我预料不久就不会再看到这个老妇人了。

因此,我和那些迷信的人有如下区别:

如果某一事件发生时,我的心理生活并没有发挥作用,我不相信这样的事件能够告诉我们关于将来在现实中隐藏着的任何东西;但是,我相信,我自己心理活动的某种没有意图的表现确实会在另一方面揭示一些隐藏的东西,尽管这些东西仍然是只属于我的心理生活(而不属于外在现实)。我相信外部的(真实的)机遇,确实如此,但并不相信内部的(心理的)偶然事件。而迷信的人的看法则完全相反。他们对其偶然和失误行为的动机一无所知,而且相信这些心理的偶然事件;另一方面,他有一种倾向,认为外部偶然发生的事件具有某种意义,这种意义将在现实的事件中表现出来,认为这些偶然发生的事件是表达某种东西的一种手段,这种东西隐藏在外部现实中不让他知道。我自己和迷信的人之间的区别表现在以下两个方面:首先,他在外部展现某种动机,而我则在内部寻找;其次,他把偶然解释为由于某种事件使然,而我则将偶然解释为一种思想。但是,隐藏着不让他知道的东西和我意识不到的东西相对应,而且,都强迫性地不想把偶然解释为偶然事件,而宁肯对它做其他的解释,这是我们的共同之处。①

我认为,对偶然的心理事件之动机的有意识疏忽和无意识的认识是迷信的心理根源之一。因为迷信的人并不知道他自己偶然行为的动机,而且因为这种动机又敦促他在其再认领域中安排一个地方,这样他就不得不通过移置而把它安排在外部世界。如果这样的联系确实存在,它就不可能局限于这种单一的应用。实际上,我相信,世界上大部分的神话观点——经过漫长的演化,形成了最现代的宗教——只不过是心理向外部世界的投射。对心理因素和无意识中的这些联系的模糊再认②(可以

---

① [这是 1924 年增补的脚注]在这一点上,我可以引用奥斯坡(Ossipow,1922)的一个很好的例子,奥斯坡用这个例子讨论了迷信的观点、精神分析的观点和神秘的观点之间的差异。他在俄国的一个小镇上结了婚,婚后便和他的年轻妻子立即启程前往莫斯科。在一个车站——距目的地还有两个小时——他产生了一种愿望,想要走出这个车站,看一下这个小镇。因为他认为,这个火车应该在这里停留很长时间,但是,几分钟后,当他返回的时候,火车已经带着他的年轻妻子离开了这里。当他在家里把这个偶然事件告诉他的老保姆时,她摇着头说:"这桩婚姻不会有好结果。"当时奥斯坡对她的预言付之一笑。但是 5 个月后,他和他的妻子离婚了,他不可避免地要进行反思,把离开火车的行为视为对其婚姻的"无意识的反对"。几年后,这个出现失误的小镇对他具有很重要的意义,因为住在这里的一个人后来和他的命运有密切的联系。当时,他对这个人,甚至对这个人存在的事实完全一无所知。但是,对其行为的这种神秘的解释就是:他在那个小镇走下了前往莫斯科的火车,离开了他的妻子,是因为在未来,他的命运要与这里的另一个人联系起来,未来就是通过他的行为表现出来的。

② 某种再认当然不具有(真实)再认的特点。

说,这是灵魂中的知觉)[1]得到影射——难以用其他的术语进行表达,而且在这里和妄想狂患者做类比有助于我们——建构一个超自然的现实,这个超自然的现实注定会通过科学而再次变回到无意识心理学。人们可以大胆地以这种方式去解释天堂的神话和人的堕落,去解释上帝,去解释善与恶,去解释不朽,等等,并且把形而上学转化为超心理学(metapsychology)。[2] 妄想狂患者的移置与迷信者的移置之间的沟壑并不比初看起来时更大。当人类开始思维的时候,众所周知,他们被迫借助于他们自己意象中的多种人格对外部世界进行拟人的解释,他们用迷信的观点把偶然事件解释为人的行为和表现。因此其行为表现就像妄想狂患者,即从其他人给他们提供的细小的行为迹象中得出结论,有时又像所有的正常人,他们相当正确地把他们对其邻居性格的估计建立在邻居的偶然和没有意图的行为基础上。只有在我们现代的、科学的、但却很不完善的 Weltanschauung(世界观)中,迷信似乎才如此不合时宜;在前科学时代和民族的世界观里,迷信才是合理的和一致的。[3]

如果罗马人看到门口飞过一只小鸟,便认为这不是好的兆

---

① 括号中的这些词是 1907 年增补的。弗洛伊德在关于"鼠人"病例(1909d)的理论部分提到了这段话,《弗洛伊德全集标准版》,第 10 卷,第 231－232 页。——他在 1897 年 12 月 12 日写给弗利斯的一封信中以"灵魂中的神话"这个名义提出了一个类似的建议(弗洛伊德,1950a,第 78 封信)。

② 这是这个词第一次在公开发表时出现。弗洛伊德有十四年没有再使用它——在"论无意识"(1915e)中才再次使用,《弗洛伊德全集标准版》,第 14 卷,第 181 页。但是,他最初于 1896 年 2 月 13 日在写给弗利斯的一封信中引入了这个词(弗洛伊德,1950a,第 41 封信)。

③ 弗洛伊德提出的关于投射(projection)在迷信、妄想狂和宗教的起源方面所发挥作用的观点是在"鼠人"的病例中(1909d),《弗洛伊德全集标准版》,第 10 卷,第 229－136 页,以及在史瑞伯(Schreber)的病例中(1911c),同上书,第 12 卷,第 66 页;和在《图腾与禁忌》中(1912－1913),同上书,第 13 卷,第 61 页和第 92 页及以下。

头,他们就会放弃去做那些重要的事情,因此,在某种相对的意义上说,罗马人的这种做法是合理的;他的行为与他的逻辑前提是一致的。但是,如果他放弃去做这件重要的事情是因为他在门槛上摔了一跤('*un Romain retournerait*'①),在某种绝对的意义上他也比我们这些不信奉的人还要优越;他比我们力图想要成为的心理学家更像心理学家。因为摔了这一跤必定向他揭示了某种疑虑的存在,某种相反的力量在他的内心深处发挥作用,这种力量可能会在执行时涣散其意图的努力。因为,如果我们把所有心理力量联合起来去达到这个欲求的目标,我们肯定会取得完满的成功。这正如席勒笔下的泰尔,在让他用箭去射他儿子头上的苹果时犹豫了那么久,官员问他为什么抽出两根弓箭? 他的回答是这样的:

Mit diesem zweiten Pfeil Durchschoss ich——Euch,

Wenn ich mein liebes Kind Getroffen Hatte,

*Und Euer——wahrlich, hatt'ich nicht gefehlt.*②

四③

任何人只要有机会用精神分析的方式研究人类隐藏的心理冲动,也就能够对在迷信中表现出来的无意识动机的性质说出一些新的看法。我们可以在那些患有强迫性思维或强迫性状态的神经症患者那里——这些人的智力一般都很高——最清楚地

---

① 这个明显的引用没有找到出处。

② 席勒,《威廉·泰尔》(*Wilhelm Tell*),第三场,第三幕:"我用第二根箭射穿——你,如果我伤了我亲爱的儿子的话;这根箭就是射向你的,真的,我不会放过的。"

③ 第四节是在 1907 年第一次出现,而且在后来的版本中得到了扩展。前面的六个自然段可以追溯到 1907 年。

认识到,迷信来源于被压抑的敌对的和残忍的冲动。① 迷信在很大程度上是对麻烦事情的一种预期。一个经常对他人怀有邪恶愿望,而在成长过程中要求他友善,因而就把这些愿望压抑到无意识之中的人,尤其随时准备预期以外部威胁他的形式而表现出来的对其无意识的邪恶行为的惩罚。

尽管我们承认,关于我们自己的这几句话根本不可能完全阐明迷信心理学,但是我们至少触及了这个问题:我们是否要完全否认迷信有任何现实的根源;是否根本就没有诸如真实的预感、预见性的梦、心灵感应的体验以及超自然力量的表现,等等。我的意思并非是对这些现象一概否定,甚至很多哲人名士都对此做过那么多详细的观察,而且最好是使之成为进一步研究的主题。我们甚至可以希望,其中的一些部分能够通过我们对无意识心理过程的越来越多的认识而得到解释,而不必使我们今天的观点发生剧烈的改变。② 如果其他一些现象仍然存在——例如,巫师们所宣称的那些现象——得以确定下来,那么我们就只需要以新发现所要求的方式来修改我们的"法律"即可,而不致使我们对世界上事物之间一致性的信念发生动摇。

在这些讨论面前,我对这里提出的问题给出的唯一答案只能是一个主观性的答案——就是说,一个与我个人经验相一致的答案。遗憾的是,我必须承认我也是一个凡夫俗子,我出现的

---

① 例如,请比较"对'鼠人'的分析"(1909d),《弗洛伊德全集标准版》,第 10 卷,第 233—234 页。——在弗洛伊德 1904 年插入的版本中(参见编者导言,第 xiii 页),可以在这本书的稍微靠前一点的地方看到以下这段话,"愤怒、生气和由此产生的杀人的冲动在强迫性神经症患者身上是迷信的源泉:这是一种虐待狂的因素,它与爱相联系,因而针对所爱的人,而且正是由于这种联系以及这种联系的强度很大,才使其受到压抑。"——"我自己的迷信可以在被压抑的野心(不朽)中找到其根源,而且在我这种情况下可以取代对死亡的焦虑,这种焦虑源自正常生活的不确定性……"

② [这是 1924 年增补的脚注]参见希奇曼(Hitschmann)(1910 年和 1916 年)。

时候,神灵停止活动,超自然的力量也隐身而去,因此我从未有过任何这方面的经验使我可以相信这种奇迹的存在。和每一个人一样,我也有过预感,并经历过一些烦恼;但是二者总是无法相互联系起来,所以预言的事件总不出现,而且麻烦的事情会无声无息地出现在我的面前。在我独自居住在外国城市的那些日子里——当时我还年轻①——我经常听到突然有一个明确而亲切的声音叫我的名字;然后我就把这个幻觉产生的确切时刻记下,并且急切地探寻在那个时候我的家人是否有什么事情发生。但是,什么也没有发生。与此相应,后来有一次,在我忙于为一个患者看病的时候,我的一个孩子面临出血死去的危险,当时我没有受到干扰,也没有任何预感。我也从不认为患者报告给我的任何预感都是完全可靠的。——但是我必须承认,在最近几年,我有过一些明显的经历,可以用心灵感应的意念移动的假设进行解释。②

坚信梦有预见性可以得到很多人的拥护,因为这可以从以下事实中获得支持,以前在梦中由愿望安排的许多事情,在后来确实都以这种方式在现实中得到了实现。③ 但是,一点也不令人奇怪的是,通常,在梦和愿望的满足之间有很大的差异,而这种差异往往被梦者的轻信所忽略。一个聪明、诚实的女患者提供给我一个很好的可以公正地称之为预见性的梦的例子,让我进行详细的分析。她的故事是这样的:她曾经做过这样一个梦,梦

---

① 指的是弗洛伊德于1885—1886年在法国巴黎的日子。

② 最后一句话是1924年增补的。——大约在这个时期弗洛伊德写了大量关于心灵感应这个主题的文章:他死后发表的论文"精神分析与心灵感应"(1941d[1921]),对"梦的神秘意义"的注释(1925i),和《精神分析引论新编》中"梦与神秘主义"这一章(1933a),此外还有他在下一个脚注中引用的那篇论文。

③ [这是1924年增补的脚注]参见我关于"梦与心灵感应"的那篇论文(1922a)。

见自己在某条街道的某个商店前遇见了她以前的一个朋友和她的家庭医生;第二天早上,当她来到市中心时(英文版第137页),她实际上就在梦里梦到的那个地方见到了他。我观察发现,后来的事件并没有证明这种奇迹般的巧合(coincidence)①有什么重要性,因此不可能在未来对此进行论述。

经过仔细的询问才确定,没有任何证据证明在她做梦后的第二天早上,她曾回忆起来这个梦——就是说,直到她出去散步并遇到这个人时才回忆起晚上的梦。她对这样的解释并不反对,这就消除了其中任何神奇的情节,留下来的只不过是一个有趣的心理学问题而已。有一天早上她正走在那条街道上,在一家特殊的商店门前遇到了她以前的家庭医生,在见到他的时候,她觉得可以确定,前天晚上她曾梦到过就在这个地方遇到了他。对她做了具体的分析后,就能够表明她的这个确信感是怎样出现的,一般而言,人们完全不可能否认其真实性。一个期待已久的在某个特殊的地方相遇,实际上等同于一种约会(rendezvous)。这个老家庭医生唤起了她对以前经历的回忆,当她遇到第三个人的时候,这个人也是这个医生的朋友,这个人在她的生活中曾扮演了很重要的角色。从那时起,她继续和这个绅士有密切的联系,就在预计要做梦的前一天,她还在期待着他的到来,但是他并没有来。如果我能够对这种情况做进详细的报告的话,我就会很容易地发现,当她见到她以前的老朋友时,她表现出的曾做过这个预见性的梦的幻想等于在说:"啊!医生,现在你使我想起了过去的时光,那个时候,如果我们安排一

---

① 德文"zusammentreffen"既有"巧合"的意思,也有"遇见"的意思。

个约会,我是不会白白等待 N 的。"[1]

正在我们想到某人时,就遇到了他,这种"明显的巧合"(remarkable coincidence)是我们都很熟悉的。我在我自己身上观察到一个简单而且容易解释的例子,这很可能是说明类似事件的一个很好的范例。在我获得了教授头衔后的几天[2]——在专制统治的国家中教授是有相当权威性的——当我走到市中心的时候,我的思绪突然转向了童年期的一个复仇的幻想,即想去报复一对已婚的夫妇。几个月前,这对夫妇请我去给他们的小女儿看病,这个女孩在做了一个梦后,出现了有趣的强迫症状。我对这个病例很感兴趣,我认为我了解其病因。但是,我的治疗方案被她的父母谢绝了,而且我明白他们想要换一个外国权威,这个权威以有效的催眠疗法著称。我现在的幻想是,在这个权威的治疗彻底失败后,这对夫妇再来求我进行治疗,并且说,现在他们完全相信我,等等。但是我却会回答说:"是的,现在你们对我有信心了——现在我也是教授了。这个头衔并没有改变我的能力;我当大学讲师的时候,你们没有用我,那么我现在做了教授,也可以不用我。"——这时,我的幻想被一个很大的声音打断,"教授,你好!"我抬头一看,向我走来的正是我拒绝他们的提议而进行了报复的那对夫妇。当时我的第一个反应便是,这种印象并非奇迹。我在一条宽阔、笔直、几乎没有什么人的街道上走,迎面而来的正是这对夫妇;在我们相距 20 码的时候,我可能偶然的一瞥看到了他们的身影,并认出了他们,但我却——按照

---

① 这个事件在弗洛伊德去世后发表的论文"一个得到实现的有预兆的梦"(1941c)中进行了更为详细的报告,《弗洛伊德全集标准版》,第 5 卷,第 623 页,其手稿可追溯到 1899 年 11 月 10 日。

② 1902 年 3 月。

一个消极幻想的模式——把这个知觉放到了一边,很明显这是自发产生的情绪的原因在这个幻想中发挥了作用。[1]

这里还有一个"明显的预言应验"的例子,这次是奥托·兰克提供的(1912):[2]

"不久前,我自己也经历过一次不同寻常的'明显巧合',正在我想某个人的时候,偏偏就遇到了这个人。圣诞节前不久,我走在去奥匈银行的路上,想用10元新银币换些零钱作为送人的礼物。当我沉浸在这些野心幻想中时:我的财产少得可怜,而这个银行大楼里则有成堆的金钱,这是一种鲜明的对比,此时我转向了那个银行所在的一条狭窄的街道。我看到有一个小车停在那里,很多人从银行进进出出的。我对自己说:无疑,出纳员是有时间兑换我的几块金币的。不管怎么说,我很快就会办完事了。我写了想要兑换零钱的银行单据,并且说:'请给我金币(gold)。'我马上注意到了我的失误——当然,我应该要求兑换银圆(silver)——并且从幻想中惊醒。现在我距入口仅有几步之遥,我看到一个年轻人向我走来。我想我认识这个人,由于我眼睛近视,我还没能确定他到底是谁。当他走近一点后,我认出他原来是我弟弟的一个中学朋友,他的名字叫戈尔德(Gold)。戈尔德的哥哥是个著名的作家,在我开始我的文学生涯时,我曾期望得到他的大力帮助。但是,这种帮助我最终也没有得到,结果我并没有获得我所期望的物质成功,这就是我去银行的路上幻想的主题。因此,当我沉迷于我的幻想中时,我一定无意识地感知到戈尔德先生向我走来;表现在我的意识中(就是梦想获得物

---

[1] 参见在"鼠人"的病例中发生的类似事件(1909d),《弗洛伊德全集标准版》,第10卷,第231页和第270页。

[2] 这是1912年增补的。

质成功），我觉得以这种形式在柜台上请求兑换金币，而不是价值较小的银圆。但是，另一方面，这个失误的事实——我的无意识能够知觉到某个对象，而我的眼睛却只能以后才认出来——似乎可以用布洛伊勒（1910）称之为'复合准备'（complexive pre-paredness）（*Complexbereitschaft*）的东西来解释。正如我们已经看到的，这与物质的事情相反，而且从一开始就与我更好的认识相反，这指引我走进这座大楼，在那里只能兑换金币和纸币。"

我们也必须①把下面的情况包括在神奇的和"神秘的"范畴之内：在某一时刻，或某一情境中我们所具有的特殊感受，我们以前确实有过相同的感受，或者以前曾经到过这个相同的地方，虽然经过努力回忆，我们未能清晰地回忆起以前确实以同样的方式来过这里。我认识到，当我把一个人在某些时刻产生的想法成为"感受"时，我只不过是遵从着松散的语言学用法。毋庸置疑的问题是进行某种判断，更确切地说，是一种知觉判断；但这些情况却有其自身的特点，我们千万不要忘记考虑这个事实，正在寻找的东西却怎么也回忆不起来。我不知道这种"déjà vu"（似曾相识）的现象是否严肃地证明是一个人以前的心理存在；但是心理学家们当然已经把注意力转向了这个问题，而且已经在努力地用各种独特的方式来解决这个问题。但是，他们提出的某些尝试性的解释，在我看来，似乎没有一个是正确的，因为他们谁也没有考虑到表面现象背后的东西，以及适合于这种现象产生的条件。根据我的观察，这些心理过程本身就是这种"似曾相识"——即无意识的幻想——的现象的始作俑者，但即便当今的心理学家们也仍然普遍忽略这些过程。

------

① 从这里一直到英文版第 267 页"改善这种情境的愿望"，都可以追溯到 1907 年。

在我看来,把以前曾体验过某种事情的感受称为幻觉是错误的。相反,在这些时刻确实触及了我们以前曾经经历过的东西,只是我们无法有意识地把它回忆起来,因为它还从未成为有意识的。简而言之,这种似曾相识的感受与一种无意识幻想的回忆相对应。这里存在着无意识幻想(或白日梦),就像存在着同样类型的意识创造一样,这种意识创造每个人都可以从他自己的经验中了解到。

我知道这个主题值得我们进行最详尽的阐释,但在这里我只是想对一个具体的"似曾相识"的例子进行分析。在这个例子中,这种感受的特点是特别强烈和持久。一个 37 岁的女士对我说,她对她在 12 岁半时的经历有最清晰的记忆,那是到乡村去看她的几个学友。当她进入大院后,她马上觉得自己以前曾来过这里。当她进入客厅时,这种感受又重复出现,所以她觉得自己原来就知道这个房间的隔壁是什么样的,以及从那里会看到些什么,等等。但是,这种熟悉的感觉可能起源于早期到过这座房子和庭院,可能是她在年龄很小的时候来过,但是,在询问过其父母后,这种可能性就被绝对排除和否认了。报告这件事的女士并没有寻求从心理学方面予以解释,而是把这种感受的出现视为对其情绪生活有重要意义的一种预见性的表示,因为这些同学对她以后的生活意义重大。但是,如果我们考虑到她当时出现这种现象的处境,就会使我们对这一现象产生另一种看法。当她去看望她的学友的时候,她知道,这几个女孩子只有一个哥哥,当时他病得很重。她在来访期间实际上也瞟了他一眼,虽然他看上去病得很严重,她对自己说,他将不久于人世了。现在,她自己唯一的哥哥在几个月前也患上了白喉;在他生病期间,她不得不和她的父母分开几星期,而和她的一个亲戚呆在一起。她相信,她的哥哥这次和她一起去了乡下;而且她认为这是他生病后的第一次重要旅行。但是,她的记忆对这些事情都很不确定,却对所有其他的细节有深刻印象,尤其是对她在那一天穿的衣服,她的印象格外清晰。(参见英文版第13页脚注。)了解到这些信息后,任何人都不难从这些暗示中得出结论:预料她的哥哥会死去,这种预料当时在这个女孩的思想中发挥了重要作用,但这种预期要么从未成为有意识的,要么,在她的哥哥恢复健康后,又被她强烈地压抑下去。但是,如果情况恰恰相反,她的哥哥没有恢复健康,那么她就要穿另一种衣服——丧服了。她在其朋友的家里发现了一种类似的情境,她的哥哥也濒临死亡,而且事实上他不久后就死了。她应该在意识中记住这件事,几个月前,她自己也经历过这种情境:但是,她并没有记住这件事——这是被压抑所阻止了——相反,代之而起的是她把记住某事的感受转移到其周围环境中、庭院和房子,成为以前确实曾经看到过这种情境的"记忆幻觉"(fausse reconnaissance)的受害者。从抑制出现这个事实我们可以得出这样的结论,她以前对她的哥哥死亡的预期还远未从某种幻想的欲望中排除。这样,她就会成为家中唯一的孩子。在她后来患神经症期间,她遭受着最严重担忧的折磨,害怕失去自己的父母,通常,分析就能够揭示,在这种症状的背后有着具有同样内容的无意识愿望。

我也能够以同样的方式把我自己的"似曾相识"的短暂经历追溯到当时的情绪聚集。"这将再次成为一次机会,唤起了此时或彼时在我身上形成的作为一种愿望而表现出来的旨在改善这种情境的(无意识的和不知道的)幻想。"——对这种似曾相识现象的解释,①迄今为止只有一位观察者做了认真的考虑。他就是费伦茨博士,本书的第3版(1910)得益于他提供的如此多的有价值的贡献,他给我写信就这个主题做了如下说明:"从我自己的情况,以及其他人的情况来看,我自己深信,这种无法解释的熟悉感都可以追溯到无意识的幻想,在现在的情境中,使人无意识地想到了这些幻想。在我的一个患者身上发生的事情表面看来不同,但实际上也是相当类似的。这种感觉经常地出现,但通常证明这种感觉起源于前一天晚上做的那个梦的被遗忘(被压抑的)一部分,由此可见,'似曾相识'似乎不仅可能起源于白日梦,同样也可能起源于夜间的梦。"

后来我听说,格拉斯特(Grasset,1904)也对这个现象做出过解释,他的解释和我自己的观点极为相似。②

1913年,③我曾写过一篇短文,描述了另一种与"似曾相识"非常类似的现象(1904a)。这就是"似曾听说症"(déjà raconté),即在精神分析治疗过程中发生的,认为自己已经报告过某种非常有趣事情的幻想。在这些情况下,患者主观上坚信,他在很久以前就已经详细描述过某种特殊的记忆材料。但是,医生则肯定持相反的看法,而且通常能使患者相信他记错了。对这种有趣的失误行为的解释可能是这样的:这个患者觉得急需将这个信息交流出去,而且想要这样做,但他却未能付诸实施,现在,他将对前者的记忆当成了对后者的替代,以此来实施他的意图。

---

① 这个自然段的其余部分是1910年作为一个脚注而增补的,下面那个自然段是作为一个脚注在1917年增补的。它们都于1924年被转移到这个文本中。

② 关于"似曾相识"的一个特殊案例,而且带有相当不同的解释,可以在1909年给《梦的解析》(1900a)增补的一段话中发现,《弗洛伊德全集标准版》,第5卷,第399页。对一个类似现象的讨论——对"人格解体"的讨论——请参见弗洛伊德关于"阿克罗波利斯记忆的障碍"(Disturbance of Memory on the Acropolis)这篇论文(1936a)。

③ 这一节的最后两个自然段是1924年增补的。

一种类似的情况,而且很可能也具有相同的机制,可以在费伦茨(1915)所谓"假定的"(supposed)失误行为中看到。我们相信,有些事情——有些物件——我们会遗忘、误置或丢失;但我们却能够使我们自己相信没有做过任何这样的事情,并认为事情本来就如此。例如,一位女患者又返回到医生的家里,给出的理由是她要取回遗落在那里的伞;但是医生却发现,她实际上手里就拿着这把伞。① 因此这种失误行为显然与某种冲动有关,而且这种冲动足以作为她想把伞放到这里的一种替代。除了这种差异之外,这种"假设的"失误行为与真正的失误行为完全对应。但是,人们完全可以认为,这太便宜了。

五②

最近,当我有机会把名字遗忘的一些例子,以及对这些例子的分析,报告给一个学哲学教育的同事时,他马上回答说:"这确实很有意思;但在我这里,对名字的遗忘却大不相同。"这件事显然不能用如此简单的方式来处理,我认为我的同事以前从未考虑过对名字的遗忘进行分析,他也不能说出在他这种情况下这种事情的发生有何不同。但是,他的这个说法却涉及很多人都倾向于关注的一个问题,这里对失误行为和偶然行为的解释是仅适用于个别情况,还是具有普遍的适用性?如果仅适用于个别情况,那么其条件是什么?在这种条件下可以以此来解释也可能以另一种方式来产生的那些现象。在回答这个问题时,我的经验使我进退维谷。我只能发出一声警报,不要设想我们在这里证明的这种联系很难找到;因为每次当我对自己或患者做

① 这个例子摘自费伦茨的论文。
② 这一节的前两个自然段可追溯到 1901 年。

测试的时候，就像在所报告的这些例子中一样，可以清楚地看出存在着某种联系，或者说我们认为有联系这种看法至少是有良好基础的。当然，如果不能每次都成功地发现某种症状行为背后隐藏的意义，这也不足为怪，因为，反对这种解决方案的内在抵抗的强度是一个必须考虑的决定性因素。同理，我们也不可能对自己或患者的梦都做出解释；为了证明这个理论具有普遍性，如果一个人能够用一部分方法去深入探寻这种隐藏的联系，那也就足够了。经常发生的情况是，在第二天尝试解释一个梦时，你会觉得这个梦很费解，但往往在一个星期或一个月以后，这个梦的秘密就会昭然若揭，因为在发生了某种真实的变化之后，减少了与之竞争的心理价值。[①] 这也同样适用于对失误和症状行为的解释。在(英文版)第107页那个读误的例子中("乘车穿越欧洲")，使我有机会表明，某种最初无法解释的症状，在对被压抑想法的真正兴趣消失后，就可以用分析来解释了[②]。只要这种可能性——我的哥哥获得令人羡慕的头衔比我早——存在，那么，这种读误就会抵抗我想要分析它的每一次努力；在结果表明他不可能以这种方式证明他比我优越后，问题的解决之路便豁然开朗。因此，我们也不能认为，抵抗分析的所有这些情况都归咎于这个机制，而不是归咎于这里所揭示出来的心理机

---

① 参见弗洛伊德在《梦的解析》(1900a)中的一些话，《弗洛伊德全集标准版》，第5卷，第524—525页，以及后来发表的两篇关于梦的解释的论文，1911e(同上书，第12卷，第93—94页)和1925i(第一节)。

② [这是1924年增补的脚注：]这里还出现了一些具有经济学性质的非常有趣的问题，人们考虑的问题是，心理过程的目的是获得快乐，减少痛苦。怎样才有可能用替代联想的方式通过不快乐的动机重新回忆起一个被遗忘的名字，这已经是一个经济学问题了。陶斯克(1913)的一篇大作提供了很好的例子说明，如果一个人成功地使之与愉快的联想联系起来，这个被遗忘的名字就可以回忆起来了，因为这就可以抵消由于回忆这个名字而预期会产生的不愉快。

制。这种假设需要的不只是反面的证据。再者,相信对失误和症状行为可以做出某种不同的解释,这种情况在所有健康人身上都可能会发现,对这种相信做好准备便使这种假设完全失去了证据性价值。这显然是一些同样的心理力量的表现,这些力量使人产生了神秘感,因而也使自己致力于保守这个秘密,并且抵抗对其做出解释。

另一方面,我们也一定不要忽略这个事实:仅仅通过其本身的力量,压抑的想法和冲动当然不可能在症状行为和失误行为获得表现。因为,在神经分布方面的这种一边倒的技术可能性,必定是独立表现出来的;此时只有通过被压抑的意图,使这种意图本身被意识感觉到,才能使这种可能性得到很好的利用。在言语失误的情况下,哲学家和语言学家的详细研究力图确定,使自己服务于这种意图的结构和功能关系是什么。如果我们在失误行为和症状行为的决定因素中,区分出一方是无意识动机,另一是在与此相对应的生理和心理-物理关系,那就会出现一个公开的问题:在正常范围内,是否还有其他因素——就像无意识动机,及其替代物——能够沿着这些关系路线产生失误和症状行为。对这个问题的回答并非我的任务。

尽管在精神分析①和关于失误的一般观点之间存在着足够大的差异,但我的目的并不是想夸大这种差异。我宁可将自己的注意力转向那些差异已不再那么明显的例子上。对于那些最简单和最不引人注意的口误和笔误而言——或许只是单词被压缩,或少了单词和缺失了字母——做更复杂的解释是没有用的。按照精神分析的观点,我们必须坚持认为,对意识的某种干扰已

---

① 这个自然段是 1917 年增补的。

经揭示了它在这些情况下的存在,但是,我们说不清楚这种干扰来自哪里,其目的是什么。事实上,除了证明它的存在之外,并没有其他的意义。在这些情况下,我们也可以看到语音的相似性和心理联想的接近性是怎样对失误发挥作用的:对这个事实我们从来就不会争辩。但是,这是一个合理的科学要求,即对口误和笔误这些基本现象应该依据那些明确说明过的例子来进行判断,对其进行研究可以得出明确结论,了解引起失误行为的方式。

六①

从我们开始讨论口误以来(英文版第53页及以下),我们就满足于证明:失误行为有某种隐藏的动机。借助于精神分析,我们已经开始认识这种动机。迄今为止,我们还几乎未能考虑在失误行为中表现出来的心理因素的普遍性和独特性;不管怎么说,我们还不想对此做更仔细的界定,并且测试一下它们是否遵从某些法则。现在,我们也不想以某种激进的方式来处理这件事,对这个主题我们完全可以从另一个角度进行探讨,因为我们最初采取的措施不久大家就会看到。② 这里可以提出几个问题,我至少应当提出来并对此加以概述。(1)在错误和偶然行为中表现出来的想法和冲动的内容与根源是什么? (2)驱使某种想法或冲动利用这些行为作为表达手段的决定因素是什么? 是什么使它决定这样做的? (3)是否可以在这种失误和通过这种方

---

① 除了英文版第272页和第274页上的脚注之外,本章其余部分均可追溯到1901年。

② [这是1924年增补的脚注:]本书具有完全普及性的特点,其目的只是,通过收集一些例子,为无意识的但却发挥作用的心理过程这个必要的假设铺平道路,并且避免完全从理论上来考虑这种无意识的性质。

式表达出来的东西的性质之间建立永恒而明确的联系？

我将首先收集材料来回答最后一个问题。在讨论口误的例子时(英文版第53页及以下)，我们发现，有必要超越想要表达的内容，而且必须要在这个意图之外的某件事情中来寻找言语混乱的原因。在很多情况下，讲话者对这些原因是什么显然是有意识的，也是知晓的。在那些最简单和最明了的例子中，它是同一种想法的另一个翻版——是一个听起来仿佛它也有同样(表达思想)的权利的版本，它阻碍了思想的表达，但又不可能解释为什么使用一个版本，而不使用另一个版本(这些就是梅林格尔和梅耶所讲的"污染"[英文版第54页])。在第二组例子中，打败另一个版本的动机是一个值得考虑的因素，但并没有证明这个动机足够强烈，可以把这个版本完全压抑下去 ("zum vorschwein gekommen"，[英文版第57页])。这个被压抑的版本也是完全有意识的。只有在第三组例子中，才能毫无保留地认为，这种起干扰作用的想法不同于想要表达的想法，也只有在这种情况下才能够确定有一种显然根本的区别。起干扰作用的想法要么通过思想联想与被干扰的想法联系起来(由于内在矛盾而形成的干扰)，要么两者之间并没有本质的联系，而且受到干扰的单词是通过某种未曾预料的外部联想而碰巧与起干扰作用的想法联系起来的——而这些联系常常是无意识的。在我从我的精神分析中提供的例子中，整个言语过程都受这些想法的影响，这些想法很活跃，但与此同时它们又完全处在无意识状态下；这些想法要么被这种干扰本身泄露出来 ("Klapper — sch-lange"—"kleopatra"[英文版第65页])，要么通过使有意识想要表达的言语的不同部分之间相互干扰而使之产生某种间接的影响(在'Ase natmen'这个例子中，对其发生作用的是'Hasenauer

大街'和对一个法国女人的回忆都处在背景中,[英文版第 63 页])。言语干扰产生于被压抑的或无意识的想法,这些想法具有最多种多样的起源。因此,这种研究无法使我们在任何方向都进行概括。

对我提供的读误和笔误的例子进行比较考察,会导致我们得出同样的结论。和口误一样,在有些情况下,读误和笔误看起来起源于某种凝缩作用,并没有什么其他动机存在(如,Apfe 这个例子,英文版第 61 页)。但是,如果发生了这样一种凝缩作用,它在梦的工作中是正常的但在我们清醒的想法中却是错误的,是否不一定非要满足一定的条件呢? 若能了解这一点,那就很令人满足了。从这些例子本身还无法获得关于这个问题的任何信息。但是,我不会因此得出这样的结论:除了意识注意力的放松之外,实际上并没有任何其他条件,因为我从其他资源获悉,正是这些自发的活动①,才具有正确和可靠性的特点。我更强调这样的事实:就像在生物学领域如此经常发生的那样,在这里,与那些病态的环境相比,正常的环境或那些接近正常的环境更不适合于作为研究的主题。我期望,在对那些非常轻微的障碍进行阐述时还比较模糊的东西,将在解释那些严重的障碍时得到阐明。

在读误和笔误中也有许多的例子,在这些例子中我们可以看出一种更深远和复杂的动机。"坐木桶(tub)跨越欧洲"(英文版第 107 页)是一种阅读障碍,可以解释为由于某种深远想法的影响所致,这种想法在本质上很陌生,它产生于某种被压抑的嫉妒和野心冲动,并且利用"Beförderung"这个"转换单词"形成与

_____

① 意即,意识注意力不与关注的活动。参见上文英文版第 132 页。

被阅读的那个无关紧要和纯真主题的某种联系。在'Burckhard'这个例子中(英文版第 117 页),这个名字本身组成了一个这类转换单词。①

无疑,言语功能中的这些障碍更容易出现,而且会对干扰的力量提出更小的要求,比其他心理活动中的要求要小。(参见上文英文版第 222 页。)

当一个人开始在恰当的意义上考察遗忘时——也就是,对过去经历的遗忘——他就处在了不同的背景中。[为了把这些遗忘与更严格意义上的遗忘进行区分,我们可以把在第一章和第二章所描述的对专有名词的遗忘和对外语单词的遗忘,说成是"记忆的溜失"(slipping the memory),将意图的遗忘称为"遗漏"(omission)]。遗忘之正常过程的决定因素是我们所不知晓的。② 这也提醒了我们,并非我们认为遗忘了的一切都被遗忘

---

① 这个术语(德文是"Wechsel")在当代的那个"杜拉"的病例中(1905e)在两三处地方使用过,例如,《弗洛伊德全集标准版》,第 7 卷,第 65 页脚注。弗洛伊德也曾使用过"言语桥"(verbal bridge)这个术语,例如上文英文版第 49 页。在对"鼠人"的分析中也使用过(1909d),同上书,第 10 卷,第 213—214 页。参见类似的"联想桥",上文英文版第 109 页。

② [这是 1907 年增补的脚注]对于遗忘在其恰当意义上的机制,我或许可以提出如下说明。一般地说,记忆材料会受到两种影响,即凝缩和歪曲。歪曲是心理生活中主要倾向发挥作用的结果,首先是针对那些一直发挥实际作用并且对凝缩表示强烈抗拒的记忆痕迹。那些变得无关紧要的痕迹则不加抵抗地屈从于凝缩的过程;但是,通过观察就会发现,除此之外,如果这些起歪曲作用的倾向在它们寻求表现的地方一直不满意,那么,它们就会以无关紧要的材料为资源。由于凝缩和歪曲的这些过程持续的时间很长,在此过程中每一种新的经验都会在转换记忆内容方面发挥作用,人们通常认为,正是在这一段时间,记忆的内容才很不确定和模糊不清。其最大的可能性是,毫无疑问在遗忘中存在着直接的时间功能。[对于这些观点中某些早期观点的草稿,请参见上文英文版第 134 页第二个脚注。这些观点的主旨已经在弗洛伊德论诙谐的那本书(1905c)的第六章中一个简短的脚注里提出了了,《弗洛伊德全集标准版》,第 8 卷,第 168 页。对感情记忆被遗忘之过程的一个有趣的讨论将在 1895 年弗洛伊德论"设计"(Freud,1950a)一文的第三部分中的第三节中找到。]——就被压抑的记忆痕迹而言,可以证明,这些痕迹虽然经历了最漫长的岁月,但并没有发生任何改变。无意识是不受时间限制的。(转下页)

了。在这里我们的解释只和以下情况有关：只要遗忘打破了规则，即遗忘的是一些不重要的东西，而重要的东西则在记忆中被保存下来，这种遗忘才会使我们感到惊讶。对那些似乎需要某种特殊解释的遗忘案例的分析表明：遗忘的动机必然都是因为不愿意记住某事，这件事可能会引起人们忧伤的情感。我们开始猜想，这种动机的目的在心理生活中相当普遍地表现出来；但它总是受到与其针锋相对的其他力量的阻碍，使这种表现很难奏效。这种不愿意记住那些忧伤印象的程度和意义，似乎值得我们做最仔细的心理学考察；再者，我们不可能把以下问题从这个更广泛的脉络中分离出来，即哪些条件使这种有普遍针对性的遗忘在个体的案例中成为可能。

在意向遗忘的情况下，另一个因素则凸显出来。那种只能在压抑中推测出来的冲突——由于不愿记忆那些令人伤心的东西而将其压抑下去——在这里变得真实可见，在对这些具体例子的分析中，我们经常可以识别出一种对立意志的存在，这种对立意志与意向相对立，但又不消除它。正如我们在失误行为的例子中描述过的那样，在这里可以识别出两种心理过程。（参见英文版第272—273页。）要么这种对立意志与这种意向直接对抗（在这种情况下，后者的目的具有一定的重要性），要么其本质与

心理固着(psychical fixation)的最重要和最新奇的特点是：所有的印象不仅以和最初接受时完全相同的形式保存着，而且也以它们后来在发展过程中所采纳的形式保存着。这种事态是不可能通过与另一个领域的比较来例证的。从理论上讲，记忆内容的每一种早期状态都能因此而被再次储存到记忆之中，即使其内容很久以前就已经将其原始的联系用新近的联系进行了交换。[这似乎是最早明确地提到无意识的"无时间性"。参见编者对关于无意识的心理玄学论文的一个脚注(1915e)，《弗洛伊德全集标准版》，第14卷，第187页。弗洛伊德曾尝试从罗马城古迹中取得的一个比较来作为例证，但在其后期著作《文明及其缺憾》(1930a)的第一章中认为无用而被放弃了，在这本书中对记忆和遗忘的本质作了另一个冗长的讨论。]

这个意向本身没有什么联系,并且借助于某种外部联想而与其联系起来(这是在意向几乎无关紧要的情况下)。

同样的冲突也在控制着人们的闪失行为。在阻碍这种活动中表现出来的冲动常常是一种相反的冲动,但更经常的是一种完全无关的冲动,它只是通过在行为实施过程中对行为进行阻碍,从而利用这个机会使冲动获得表现。那些由于某种内在冲突而引起干扰的例子是一些更为重要的例子;它们也包含某些更重要的活动。

在偶然行为或症状行为中,内在冲突变得越来越不重要。这些被意识视为几乎没有价值或者完全忽略的动作表现,可以用来表达各种不同的无意识或者压抑冲动;在大多数情况下它们是幻想或欲望的象征性表现。

关于第一个问题——在失误行为中表现出来的想法和冲动的根源是什么(英文版第 272 页)——我们可以说,在很多情况下你会很容易地发现,这些起干扰作用的想法来源于心理生活中被压抑的冲动。在健康人当中,道德教育对此施以重压的自我中心的、嫉妒的、敌对的情感和冲动,经常会利用失误行为所提供的途径,以便使它们的力量得到某种表现,不可否认,这些情感或冲动确实存在,但却没有被更高级的心理机构认识到。对这些失误和偶然行为的默许在很大程度上等同于对不道德的顺从性容忍。在这些被压抑的冲动中,各种性冲动所发挥的作用都不小。在我的例子中通过分析而揭示出来的想法中,这些特殊的性冲动实际上很少出现,这是我的材料中的一个意外事件。因为我分析的这些例子在很大程度上取自我自己的心理生活,这种选择首先是有偏向性的,而且旨在排除与性有关的材料。有时候也可能是由于起干扰作用的想法引起了一些完全无知的反对和考虑所致。

现在,我们该回答第二个问题了——就是说,心理的决定因素要为某种被迫寻求表现的想法负责,这种想法不是以完整的形式,而是以某种寄生的形式,作为另一种想法的变体或障碍来寻求表现(英文版第272页)。失误行为的一些最惊人的例子使以下这种情况似乎有可能发生,这种决定因素必须在能够被意识许可的关系中来寻找:就是说,在或多或少具有"被压抑的"这种明显特征的问题中来寻找。但是,如果我们通过一系列的例子对这个特点进行分析,它就会被分解到更模糊的迹象之中。认为浪费时间而对某些东西不予考虑的倾向,或者考虑到这种想法与要处理的问题并没有恰当的关联,作为阻碍某种想法的动机(此时通过干扰另一种想法来寻求表达),这种倾向或考虑所发挥的作用与以下情况相同,就像对不服从的情绪冲动要进行道德的谴责,或者就像完全从完全无意识的思想序列中派生出来的一样。这些失误和偶然行为是由什么因素决定的,沿着这些线索是不可能探察到其普遍性质的。其中一个重要的事实是从这些探究中产生出来的。失误的动机越是微不足道,而且这种在其中获得表达的想法越是没有受到反对——因而越有可能被意识所允许——一旦人注意力转向这个现象,那么对这个问题的解释就越容易。最轻微的口误立刻就会注意到,而且会自发地得到纠正。在动机来源于真正被压抑的冲动之处,这种情况就必须通过仔细的分析才能够得到解释,有时这种分析本身也会遇到很多困难,或者证明是不成功的。

因此,我们把这个最终探究的结果作为证据无疑是正确的,要想对失误和偶然行为的心理决定因素进行满意的解释,就要沿着其他的思路和用不同的方法去寻找。因此,任性的读者就会在这些讨论中看到边缘破裂的迹象,在这些边缘地带这个主题已经多少有点人为地与更广阔的领域分离开来。

七

我想应该说几句话,至少对这个更广阔的领域位于什么方位予以说明。正如我们运用分析开始了解到的那样,可以认为,失误和偶然行为的机制在其最基本的方面与梦的形成的机制是一致的,我已经在我的《梦的解析》一书中论梦的工作那一章论述过了。在这两种情况下,我们发现了凝缩作用和妥协形成(感染混合)都是存在的。现在我们面临相同的情境:通过不熟悉的途径,以及通过外部联想的方式,使无意识的想法作为对其他想法的改变而表现出来。梦的内容中的不和谐、荒谬和错误,导致人们很少认识到梦是心理活动的产物,这些谬误也是以同样的方式产生的,尽管这和我们在日常生活中常犯的错误一样,这些谬误确实可以更自由地使用现成的手段。在这两种情况下,一种不正确功能的出现可以用两种或几种正确功能之间的那种独特的相互干扰来解释。

从这种一致性中可以得出一个重要的结论。如果我们有大量的证据证明,在我们的醒觉生活中这种失误行为也以这种形式发挥作用,那么这种独特的工作方式——我们可以在梦的内容中看到其最惊人的成就——就不能归结为心理生活的睡眠状态。同样的联系也不允许我们假设,这些使我们感到异常和奇怪的心理过程是由心理活动中某种根深蒂固的衰败决定的,或者是由心理功能的病理状态决定的。[1]

———————————

① 参见《梦的解析》(1900a),《弗洛伊德全集标准版》,第 5 卷,第 607—608 页。

直到我们了解到,这些精神神经症状,尤其是癔症和强迫性神经症的心理形成,在其机制中重复这种工作方式的所有基本特征,我们才能够对这种导致失误行为和梦中意象出现的奇怪的心理活动形成一种正确的图像。因此,这就成为我们继续研究的出发点。但是,对我们来说还有另一种特殊的兴趣,根据这种最后的类比来考虑失误、偶然行为和症状性行为。如果我们把它们比作精神神经症(psychoneurosis)的产物,比作神经症症状,那么,两个经常重复的说明——意即,在神经问题上正常和异常之间的界限是流动的,我们都有点神经症——便具有了意义并且获得支持。即便没有任何医学经验,我们也可以建构各种类型的这种神经疾病,这些类型只不过是神经症的暗示——formes frustes①:这是一些症状少,或者很少出现,或者不太严重的情况——换句话说,这些情况下的神经症表现得比较轻微,其病状表现的数量、强度和持续时间都比较轻微。但是,我们或许绝不可能通过推断而得出结论,正是这种最经常表现出来的神经症行为,形成了正常和疾病之间的中介。对于我们正在探讨的这种类型来说,其病理表现就是失误行为和症状行为,其特点可用下列事实来说明:这些症状存在于不太重要的心理功能中;而那些可能声称具有更高心理价值的所有事物,则不会受到干扰。在症状以相反的方式分布之处——就是说,这些症状在最重要的个体和社会功能中表现出来,而且可能会有碍于我们的饮食营养、性生活、职业活动和社会生活——这便是严重的神经症的标志,而且比那些在种类和强度上各不相同的病理表现具有更典型的特点。

---

① "formes frustes"(模糊不清的形式)。法语单词"fruste"主要用来指"被摩擦"或"磨损的"硬币或奖章。

但是,还有一件事:最严重的和最轻微的神经症都有共同之处,而且同样可以在失误和偶然行为中找到;这些现象都可以追溯到不完全被压抑的心理材料,尽管这些材料被意识排除在外,但并没有被剥夺表现自己的所有能量。

附录一

弗洛伊德年谱

摘自《弗洛伊德自传》(上海人民出版社 1987 年版,略有改动。)

1856 年	5 月 6 日生于奥地利(现属捷克的)摩拉维亚的弗赖堡。
1859 年	3 岁 全家迁居莱比锡。
1860 年	4 岁 又迁维也纳。
1865 年	9 岁 进施帕尔中学学习。
1873 年	17 岁 以优异的成绩毕业于施帕尔中学,秋季考进维也纳大学医学院。
1875 年	19 岁 赴英国旅行,回维也纳后立志攻读医学。
1877 年	21 岁 发表鳗鱼生殖腺的形态与构造的论文,入恩斯特·布吕克生理实验室工作。
1878 年	22 岁 研究八目鳗幼鱼苗的脊髓。

1879 年　　23 岁　研究淡水蟹的神经系统。

1881 年　　25 岁　获得医学学位。

1882 年　　26 岁　与妹妹的朋友玛尔塔·贝尔纳斯邂逅,六月中
　　　　　　　　旬订婚;七月,进维也纳总医院工作。

1883 年　　27 岁　五月,进梅涅特负责的精神病科工作。

1884 年　　28 岁　一月,进神经科;七月,发表有关古柯碱的
　　　　　　　　论文。

1885 年　　29 岁　夏,离开维也纳总医院;九月,被任命为维也
　　　　　　　　纳大学讲师;十月,得到一笔奖学金后前往巴黎,师
　　　　　　　　从法国神经学家沙可。

1886 年　　30 岁　二月,自巴黎返国,途径柏林,去巴金斯基的
　　　　　　　　诊所,了解儿童精神疾病方面的情况;四月,在维也
　　　　　　　　纳开业行医;五月向"医学协会"汇报在沙可那儿的
　　　　　　　　所见所闻;秋,与贝尔纳斯结婚。

1887 年　　31 岁　十一月,结识柏林医生弗里斯,结为好友。

1889 年　　33 岁　夏天,前往法国南锡,进一步了解催眠法;十
　　　　　　　　月,长女玛西黛诞生。

1891 年　　35 岁　出版《论失语症》;二月,次子奥列弗诞生;全
　　　　　　　　家搬到贝尔加泽街十九号居住,直到一九三八年才
　　　　　　　　离开。

1892 年　　36 岁　三子恩斯特诞生。

1893 年　　37 岁　次女苏菲诞生;和布洛伊尔合作发表初论
　　　　　　　　《癔病症状的心理机制》。

1894 年　　38 岁　开始与布洛伊尔意见不合。

1895 年　　39 岁　小女安娜诞生;与布洛伊尔合写的《癔病的
　　　　　　　　研究》出版;七月二十四日,对自己的梦境作了首次

的分析。

1896 年　　40 岁　与布洛伊尔彻底决裂；十月十三日，父亲去世。

1897 年　　41 岁　开始对自己进行精神分析。

1898 年　　42 岁　反表有关幼儿性欲的理论。

1900 年　　44 岁　《梦的解析》问世。

1902 年　　46 岁　被维也纳大学特聘为教授；与阿尔弗雷德·阿德勒等四青年创办"星期三心理学社"。

1903 年　　47 岁　与患难时的好友弗里斯交恶。

1904 年　　48 岁　出版《日常生活中的心理病理学》。

1905 年　　49 岁　出版《玩笑及其与无意识的关系》《多拉的分析》和《性学三论》。

1906 年　　50 岁　与弗里斯断绝关系；开始与荣格通信联系。

1907 年　　51 岁　演讲《创造性作家与白日梦》；与荣格会面；撰写《强迫观念活动与宗教仪式》。

1908 年　　52 岁　四月二十七日，第一届"国际精神分析大会"在萨尔茨堡召开。

1909 年　　53 岁　九月，应美国马萨诸塞州伍斯特市克拉克大学校长霍尔的邀请，与荣格等前去参加该校二十周年校庆活动，并作了精神分析学方面的系列演讲；自此，精神分析学在美国开始产生影响。

1910 年　　54 岁　三月，在纽伦堡召开第二届"国际精神分析大会"，会上成立了"国际精神分析协会"，弗洛伊德安排荣格任首任主席；撰写《列奥纳多·达·芬奇和他童年的一个回忆》。

1911 年　　55 岁　在魏玛召开第三届国际精神分析学大会；同

年秋,与阿德勒决裂。

1912年　56岁　与威廉·斯泰克尔决裂;欧内斯特·琼斯等最忠实的支持者发起组织一个名叫"秘密委员会"的小组,专门负责弗洛伊德的日常事务以及与外界联系方面的工作。

1913年　57岁　在慕尼黑召开第四届国际精神分析大会;《图腾与禁忌》出版。

1914年　58岁　荣格退出精神分析协会;发表《精神分析运动史》和《米开朗基罗的摩西》。

1915年　59岁　四月,发表《对战争与死亡时期的思考》等论文。在维也纳大学开讲《精神分析引论》;提出"心理玄学"的设想。

1916年　60岁　《精神分析引论》出版。

1918年　62岁　在布达佩斯召开第五届国际精神分析学大会。

1919年　63岁　在维也纳创办"国际精神分析出版公司"。

1920年　64岁　在海牙召开第六届国际精神分析学大会;著《超越唯乐原则》。

1922年　66岁　在柏林召开第七届国际精神分析学大会。

1923年　67岁　四月,上颚发现肿瘤,做首次手术;发表《自我与本我》,提出新的人格理论。

1924年　68岁　在萨尔茨堡召开第八届国际精神分析学大会。

1925年　69岁　撰写《自传》;在洪堡召开第八届国际精神分析学大会。

1926年　70岁　奥地利官方在弗洛伊德七十岁寿辰时,首次通过广播介绍弗洛伊德的生平。

1927 年　　71 岁　出版《幻觉的未来》;在因斯布鲁克召开第十届国际精神分析学大会。

1929 年　　73 岁　德国著名作家托马斯·曼发表《弗洛伊德与未来》的演讲,认为弗洛伊德是现代思想史上最重要的伟人之一;《文明及其不满》出版;在牛津召开第十一届国际精神分析学大会。

1930 年　　74 岁　荣获歌德文学奖,因健康等原因,由女儿安娜·弗洛伊德前往法兰克福参加授奖仪式。

1932 年　　76 岁　著《精神分析引论新编》;在威斯巴顿召开第十二届国际精神分析学大会。

1933 年　　77 岁　希特勒掌权,有关精神分析的书刊被禁。

1934 年　　78 岁　在卢塞恩召开第十三届国际精神分析学大会;从这次大会开始,弗洛伊德因病情严重,已无法亲自参加。

1935 年　　79 岁　当选为英国皇家学会通讯会员。

1936 年　　80 岁　纳粹分子冻结"国际精神分析出版公司"财产。

1938 年　　82 岁　三月,纳粹入侵奥地利,"国际精神分析出版公司"财产被全部查封;
六月,在欧内斯特·琼斯等人帮助下克服重重障碍,离开维也纳前往英国伦敦;九月,接受最后一次手术治疗。

1939 年　　83 岁　三月,《摩西与一神教》出版;九月二十三日,在伦敦去世。

附录二

弗洛伊德也疯狂

郑世彦　文

大名鼎鼎的弗洛伊德大家应该都熟悉——对，就是那个长着大胡子，一手拿着雪茄，双眼紧盯着你的弗洛伊德——奥地利著名的精神病学家、心理学家及精神分析学的创立者。在我们大众的眼里，他或许是全世界最为著名的心理学家和心理医生了——没有之一。

弗洛伊德被誉为对 20 世纪思想影响最大的三个犹太人之一，另外两位是马克思和爱因斯坦。不过，弗洛伊德觉得爱因斯坦比他走运多了，他曾对爱因斯坦说："因为你研究的是数学物理，不像我研究的心理学，人人可插嘴。"但看眼下电视上那么多心理专家，弗洛伊德说的真是没错！

弗洛伊德喜欢把自己和其他伟人相比，经常提到的是哥白尼与达尔文——他们仁的理论都极具革命性，都极大地打击了人类的自信心——哥白尼提出地球不是宇宙中心,达尔文提出人是由猴子变来的,而弗洛伊德认为我们的行为不是由意识(而是无意识)支配的。他还说,人们做的稀奇古怪的梦、不小心说错的话、失误的动作背后都有着不为人知的意义。这下,弗洛伊德真的把我们唬住了!

且不论弗洛伊德的理论对错与否,在其创立一百年多以来,一直有人对此争论不休,已经说明了他的成就瞩目。当然,弗洛伊德取得的巨大成就与他的个人性格不无关系——嗯,和大多数成功人士一样,弗洛伊德其实也有点儿疯狂。这主要表现在以下三点:

首先,弗洛伊德先生特别守时。据他的侄儿瓦尔丁格形容:弗洛伊德是靠着时钟过活的人。每天早晨7点起床,8点开始接见病人,直至12点。下午1点开始午餐,钟声一响,一家人就会聚集到饭厅餐桌边。弗洛伊德从书房里出来,他太太在餐桌的另一头与他面对面坐下,女佣随之出现,把饭菜端到桌子上。饭后,弗洛伊德会去散步以促进血液循环,有时候他会去顺道寄书稿或买雪茄。下午的会诊在3点进行,往往一直到晚上9点为止。然后是晚餐,饭后有时他会与小姨子打一会纸牌,要不就是跟太太或女儿散步,散步的终点站总是一家咖啡厅。晚上的其余时间,弗洛伊德则用来看书、写作或从事精神分析期刊的编辑杂务,他总是在凌晨1点就寝。这真是一个令人生畏的习惯啊!

其次,弗洛伊德特别热爱心理学。在他的第一本书《癔症研究》出版那年,弗洛伊德在给弗利斯的信中曾经写道:"像我这样的人,不能没有玩具木马或盘踞心思的热情,或者用席勒的话来说,不能没有一个暴君降临在我身上;而现在我知道这个暴君已经出现,那就是心理学。"那一年,虽然弗洛伊德已经39岁,可是他后半生神速般地完成了 20 多卷本著作。能找到自己的兴趣所在，当然是件好事，不过，弗洛伊德似乎有点走火入魔。弟子兰克认为弗洛伊德之所以"承认自己是无神论者"，是因为"他创造了自己的私人宗教"。最后，他自己成为了精神分析学领域的宗师式人物，不允许门徒有任何的异见或背叛。在荣格与其决裂之后，弗洛伊德选取了六位亲信，组成了一个秘密委员会，以维护精神分析运动的顺利发展，并且还给每人了一个象征凝聚力的指环！

最后，弗洛伊德有点强迫倾向。弗洛伊德承认他本人具有强迫性特征，他曾对荣格说，如果他患有什么神经官能症的话，就是强迫性那种了。我们见到的弗洛伊德总是衣着极度整洁，连头发和胡子也梳得一丝不乱，就如同今日也有着强迫倾向的明星贝克汉姆。更不幸的是，弗洛伊德还受到了一些神秘数字的折磨，这个想法开始于 1899 年。那年，弗洛伊德 43 岁，他写了一本书叫《梦的解析》（1900 年出版）；同时，他得到了一个新电话号码——14362。因此，他推断，其他数字象征着他的死亡时间，即 61 岁或 62 岁；这是他写给荣格的信中说的。除此之外，弗洛伊德还表现出一些其他强迫性习惯或特质。比如：抽雪茄成瘾，即使患有周期性心律不齐、口腔上颚发生癌变也不作罢；收藏癖，他的收藏品密密麻麻地摆满在他的书架和写字台上，以至于任何一件艺术品不能尽显其作为艺术收藏的美感。

不过，话又说回来，天才有点异常也是很正常的吧，所谓"不疯魔不成活"嘛！我们当然不能因此就说弗洛伊德患有强迫症，这些谨慎自律、一丝不苟的品质和对真理的热切追求，在许多杰出人士身上都有所表现，这也正是我们需要见贤思齐的地方。只有当这些优秀品质被过分放大时，一味强迫性地要求检查和再检查,才会导致患者无法正常生活和工作,我们称之为强迫症。对弗洛伊德来说,他的强迫习惯无疑是促使其成功的一个重要因素。那么,弗洛伊德是如何养成这样的强迫习惯的呢?既然他的强迫与成就联系如此紧密,我们或许可以推测其与以下两个因素不无关系:

一方面,可能源自他母亲对他充足的爱,因为曾有老妇人对她预言,"恭喜她生了头胎,并为这个世界带来一个伟人"。弗洛伊德后来自己知道这事,虽然嘴上说不可当真,但心里也未必完全不信。

另一方面,则可能来自父亲对他的打击。在小弗洛伊德两岁时,他常常尿床,但当他因此受责时,他就会对父亲说:"长大后,我要给你买张新的大红色的床。"在他七八岁时,有一天晚上他非要睡在父母房间里,为此他父亲说"这孩子将来一定没出息"。这句话对弗洛伊德的抱负造成了严重的打击,以至于这一场景一次又一次地出现在他的梦里。而且,在梦中,它们始终都同弗洛伊德的累累硕果联系在一起。这些梦似乎不停在说:"爸爸,你看,我还是有出息的!"

摘自豆瓣阅读专栏
《心理学八卦集》